> 개정증보판

현대선교의 핵심주제 8가지

안 승 오 지음

기독교문서선교회

기독교문서선교회(Christian Literature Crusade: 약칭 CLC)는
1941년 영국 콜체스터에서 켄 아담스에 의해 시작되었으며
국제 본부는 영국의 쉐필드에 있습니다.
현재 약 650여명의 선교사들이 59개 나라에서 180개의 본부를 두고,
이동도서차량 40대를 이용하여 문서 보급에 힘쓰고 있으며
이메일 주문을 통해 130여국으로 책을 공급하고 있습니다.
CLC는 청교도적 복음주의 신학과 신앙을 선포하는
국제적, 초교파적, 비영리 문서선교기관으로서, 하나님의 뜻에 합당한 책을 만들고
이 책을 통해 단 한 영혼이라도 구원되길 소망하며
이를 위해 주님이 오시는 그날까지 최선을 다할 것입니다.

8 CRUCIAL ISSUES IN CONTEMPORARY MISSION

by
Paul Seung-Oh Ahn

2011
Christian Literature Crusade
Seoul, Korea

| 프롤로그 |

이 책을 쓰게 된 동기와 목적

19세기까지 선교는 아주 간결하고 명료하게 정의되어졌었다. 즉 '선교란' 복음을 알지 못하는 지역에 가서 복음을 전하고 스스로 서갈 수 있는 교회를 세워 하나님 나라를 확장하는 활동으로 이해되었다. 그러나 20세기 들어서면서부터 선교를 단순하게 기술하는 것이 점차로 쉽지 않게 되었다. 똑같이 '선교'라는 용어를 사용하면서도 에반젤리칼 진영의 선교이해와 에큐메니칼 진영의 선교이해는 상당한 차이를 보이는 경향이 생겨났다. 이와 같이 같은 용어를 사용하면서도 서로 다른 이해와 관심을 가지고 있다 보니 선교를 정의하는 것 자체가 매우 어려운 일이 되었다. 그래서 유명한 선교학자 데이비드 J. 보쉬는 "궁극적으로 선교는 정의할 수 없다"라고 표현하였고, 스티븐 니일 같은 학자는 "과거엔 선교의 방법이 문제였는데 이제는 선교 자체가 문제다"라는 말을 하기도 하였다. 선교가 무엇인지에 대한 논의 자체가 워낙 복잡하게 됨으로 말미암아 효과적인 선교 방법을 논하는 것은 그만두고 선교가 무엇인가에 대한 논의 자체가 어려운 정도가 되었다는 것이다. 이와 같이 복잡한 선교개념을 잘 이해할 수 있는 중요한 열쇠 중의 하나는 에큐메니칼 진영에서 제시된 몇 가지 핵심적인 선교개념들을 잘 이해하는 것이다. 이와 같은 개념들이 어떤 배경에서 탄생되어졌고, 어떤 내용을 담고 있는지, 그리고 그 개념이 지니고 있는 기여점과 한계점 등을 잘 살펴보면 현대 선교의 맥을 쉽게 잡을 수 있게 된다.

이와 같은 이유에서 본 서는 에큐메니칼 선교 신학에 있어서 가장 중요한 핵심을 이루고 있는 8가지의 선교 주제들을 담아 보았다. 이 주제들은 19세기의 세계상황과 달라진 20세기의 상황 속에서 상황에 맞는 바른 선교를 하고자 하는 고뇌 속에서 탄생되어진 것들이다. 이 주제들은 과거의 선교를 갱신하고 바르게 하고자 하는 의도 속에서 탄생되어졌던 주제들이며, 그런 점에서 오늘의 세계 속에서 선교를 수행하는 우리들이 반드시 잘 이해해야 할 주제들이다. 그런데 이러한 주제들은 19세기의 선교를 갱신하고 발전시킨다는 점에서 좋은 기여점을 지니는 반면에 이 주제들 속에도 한계점이 있다. 즉 19세기 선교의 문제점들을 갱신하고 보완하는 기여를 하는 반면에 19세기 선교의 강점을 약화시키는 부작용 또한 내포하고 있다는 것이다. 마치 어떤 질병을 치유하기 위하여 어떤 약을 복용할 때 그 약으로 인해 질병이 낫지만 또한 그 약으로 인한 부작용 또한 있을 수 있는 것과 같은 이치라 할 수 있겠다. 이런 이유로 에큐메니칼 선교에서 제시된 선교개념들을 무비판적으로 수용하기 보다는 각 주제들의 기여점 및 한계점을 잘 보면서 선별적으로 수용하는 작업은 바른 선교를 수행하는데 있어서 필수적인 작업이 되는 것이다. 본 서는 이런 기본적인 방향을 가지고 오랜 시간 여러 곳에 기고한 글들을 모으고 약간씩 손질하여 만들었다.[1] 처음 글을

---

1) 본 서에 수록된 글들의 출처는 다음과 같다. 제1장 '하나님의 선교'는 "다시 생각해보는 하나님의 선교"「장신논단」22집(2004), 제2장 '상황화'는 "상황화 개념의 기원과 전망"「선교와 신학」14집(2004), 제3장 '인간화'는 "인간화 개념의 기원과 방향"(「신학과 목회」25집, 2006), 제4장 '선교사 모라토리움'은 "선교사 모라토리움과 선교의 방향"「신학과 목회」21집(2004), 제5장 '생명살림'은 "생명살림 개념의 배경과 통전적 방향성 연구"「신학과 목회」23집(2005), 제6장, '하나님의 나라'는 "WCC의 하나님 나라 이해와 선교"「선교와 신학」12집(2003), 제7장 '종교간 대화'는 "종교간 대화의 기원과 전망"「선교신학」11집(2006), 제8장 '종교다원주의'는 종교다원주의 속에서의 선교자세「신학과 목회」20집(2003)로 수록되었음을 밝혀둔다. 아울러 부록에 실린 글들 중 첫 번째 부록 "다시 생각해보는 19세기 서구 선교사"는 「선교신학」11집(2005)에 실린 글이고, 두 번째 부록 "다시 생각해보는 삼자원리"는 「선교신학」8집 (2004)에 수록된 글이다.

쓸 때부터 선교에 관심이 있는 분은 누구나 쉽게 현대선교에 있어서 핵심이 되는 주제를 쉽게 이해할 수 있도록 쉽게 쓰고자 노력했다. 이 책은 다음과 같은 점에서 독자들에게 도움을 줄 수 있으리라고 생각한다.

첫째, 현대선교에서 가장 중요하게 다루어지는 이슈들이 무엇인가에 대하여 알 수 있도록 도울 것이다. 현대 선교가 워낙 많은 것들을 다루고 있기 때문에 무엇이 가장 핵심적인 쟁점인지를 쉽게 알기가 어려운 면이 있다. 본 서에서는 이것을 8가지로 정리하였고, 부록에 2가지 주제를 추가하였다. 물론 이 외에도 핵심적인 주제들이 더 많이 있다. 그러나 본 서에 나타난 주제들을 잘 이해한다면 현대선교에서 이슈가 되고 있는 문제들을 대부분 파악하게 될 것이며, 따라서 현대선교에 대한 깊이 있는 이해를 갖게 될 것이다.

둘째, 각 이슈에 대한 간결하고도 쉬운 이해를 얻을 수 있게 될 것이다. 각각의 이슈들에 대하여 이런 저런 이야기들을 여기 저기서 듣기는 하였지만 정작 그 이슈가 왜 중요한 것이며, 그 이슈가 어떤 배경 하에서 출현하게 되었는지를 일목요연하게 정리한 책은 그리 많지가 않은 것이 현실이다. 그러나 본 서를 읽으면서 독자들은 각 이슈들의 핵심적인 내용이 무엇이며 그 이슈가 어떤 배경 속에서 출현하였으며, 이 주제를 어떤 방향으로 이해하는 것이 바른 선교를 위한 방향인지를 쉽게 이해할 수 있게 될 것이다.

셋째, 독자들은 본 서를 읽으면서 각 주제들이 지니고 있는 장단점을 객관적으로 볼 수 있는 시각을 얻게 될 것이다. 대부분의 경우 본 서에 나타난 주제들에 대하여 좋은 점만을 언급하든지 아니면 문제점만을 말하는 경향이 많다. 본 서에서는 각 주제가 지니고 있는 기여점과 문제점을 최대한 객관적으로 공정하게 분석하고자 노력하였으므로, 본 서를 읽으면서 독자들은 그 주제들에 대한 바른 시각들을 얻을 수 있으리라 생각한다.

넷째, 본서의 부록에는 '19세기 선교사'에 대한 글과 '삼자원리'에 대한 글을 담아 보았다. 1900년대 초반까지만 해도 19세기 선교사들은 대부분 위대한 선교사들로 평가되면서 본받아야 할 분들로 여겨졌다. 또한 19세기 선교의 가장 핵심적인 사역원리 중 하나인 '삼자원리' 역시 가장 효과적인 선교원리로 수용되어졌었다. 하지만 20세기 후반부에 들어서면서부터 19세기 선교사들과 삼자원리에 대한 많은 비평들이 쏟아져 나왔다. 본 서에서는 이러한 비평들의 출현 배경, 내용, 평가 등을 제시하였으므로, 독자들은 이 글들을 보면서 바람직한 선교사의 모습과 선교원리에 대한 지혜를 얻을 수 있으리라 생각한다.

마지막으로, 본서는 각각의 주제들을 이해한 후 추구해야 할 바람직한 선교의 방향을 제시하여 놓았다. 즉 각각의 주제들에 대한 기여점과 제한점을 최대한 공정하게 기술한 후에 바람직한 세계선교를 위하여 그 주제들을 어떤 방향으로 이해하고 실천해 나가면 좋을지를 기술하여 놓았으므로, 본 서를 읽으면서 독자들은 현대선교의 방향이 어디로 진행되는 것이 바람직할 것인가에 대한 전반적인 이해를 비교적 쉽게 얻을 수 있으리라 생각한다. 아무쪼록 이 책이 나오기까지 많은 도움을 주신 모든 분들께 감사를 드리며 이 책이 한국교회와 세계선교의 발전에 미약하나마 보탬이 되기를 바란다.

2011년 2월
영남신학대학교 선지동산에서

저자 안 승 오

conTents

| 프롤로그 | 5

주제 I. 하나님의 선교 Missio Dei 17

1. '하나님의 선교' 개념의 태동 배경 19

2. '하나님의 선교' 개념의 전개 과정 21
   1) 후켄다이크(J. C. Hoekendijk)
   2) 비체돔(Georg F. Vicedom)
   3) 세계 교회 협의회(World Council of Churches)

3. '하나님의 선교' 개념의 기여점과 제한점 27
   1) 교회의 선교 자세를 갱신케 함
   2) 세계에 대한 교회의 책임성을 일깨워 줌
   3) 선교 개념의 폭을 넓혀 줌
   4) 샬롬 개념의 편중 경향
   5) 교회 자체의 약화 가능성
   6) 하나님의 활동에 대한 혼동 가능성
   7) 복음 전도 중심의 선교 약화 가능성

4. '하나님의 선교' 개념의 바람직한 방향 정립 37
   1) 철저한 겸손과 헌신을 요구하는 선교
   2) 하나님께 절대적인 신뢰를 두는 선교
   3) 세상에 대한 관심과 책임감을 지는 선교
   4) 구속사적 차원을 함께 강조하는 선교

요약 및 전망 42

주제 II. 상황화 CONTEXTUALIZATION 45

1. 상황화 개념의 배경과 내용 47
   1) 토착화
   2) 하나님의 선교

2. 상황화 개념 평가 53
   1) 상황 vs. 말씀
   2) 급진적 변혁 vs. 점진적 변화
   3) 참여 vs. 전달
   4) 지역신학 vs. 보편신학

3. 상황화 개념의 바람직한 전개 방향 모색 64
   1) 사회 변혁과 함께 교회 세움을 강조하는 방향
   2) 자신학화와 함께 복음의 보편성을 강조하는 방향
   3) 내용과 함께 방법을 모색하는 방향

요약 및 전망 70

8 Crucial Issues in Contemporary Mission

주제 Ⅲ. 인간화 HUMANIZATION 73

1. 인간화 개념의 이론적 배경 75
　1) 하나님의 선교 개념
　2) 해방신학

2. 주요 에큐메니칼 선교대회에 나타난 인간화 개념 81
　1) 웁살라 대회(1968)
　2) 방콕 대회(1973)
　3) 나이로비 대회(1975)

3. 인간화 개념에 대한 평가 88
　1) 세상에 대하여 책임적인 교회 형성
　2) 사회 구조를 볼 수 있는 관점 제공
　3) 인간화를 포함하는 복음화
　4) 복음화 열정의 약화 가능성
　5) 인간화의 실현 가능성

요약 및 전망 99

주제 IV. 선교사 모라토리움 MISSIONARY MORATORIUM 101

1. 선교사 모라토리움의 내용과 배경 103
1) 선교사 모라토리움의 내용
2) 모라토리움 요구의 배경

2. 모라토리움에 대한 반응들 107
1) 에큐메니칼 진영의 반응
2) 복음주의 진영의 반응

3. 선교사 모라토리움의 기여점 및 약점 110
1) 선교의 자세를 재고하게 한다.
2) 현지 교회가 스스로 서도록 돕는 일에 주력해야 한다.
3) 선교의 인력과 재력을 효율적으로 사용하도록 도전한다.
4) 모라토리움은 선교 자체의 중지와 연관될 수 있다.
5) 모라토리움은 합리적인 해결 방안이 아니다.
6) 현지 교회를 넘어뜨리는 결과를 가져올 수도 있다.

4. 선교사 모라토리움 요구와 바람직한 선교자세 118
1) 현지인과 하나가 되도록 힘써야 한다.
2) 현지인을 존중해야 한다.
3) 초기부터 자립 선교를 지향해야 한다.
4) 동역 선교를 지향해야 한다.
5) 미전도 지역 선교를 지향해야 한다.

요약 및 전망 126

주제 V. 생명살림 Enlivening the Creation 129

1. 생명 살림에 대한 관심 배경 131
　1) 생태계 문제의 심각성
　2) 총체적 생명 죽임의 현실
　3) '생명' 이라는 용어의 포괄성

2. 생명 살림의 구체적 영역들 136
　1) 정의(Justice)
　2. 평화(Peace)
　3) 창조질서 보전(Integrity of Creation)

3. 생명 살림 개념과 함께 고려되어야 하는 점들 144
　1) 성경에 나타난 '생명' 의 의미
　2) 생명 살림의 통전적 방향

요약 및 전망 153

주제 VI. 하나님의 나라 THE KINGDOM OF GOD 157

1. 성경이 말하는 하나님의 나라 159
1) 점진적으로 성장해 가는 나라
2) 사회 변혁보다는 개인의 회심을 통해 이루어지는 나라
3) 하나님의 선물과 잔치로서의 하나님 나라
4) 인간의 책임적인 동참을 요구하는 나라
5) 역사성과 초월성을 동시에 지니는 나라
6) 모든 사람을 포함하는 나라

2. 세계 교회 협의회의 하나님의 나라 이해 166
1) 하나님 나라의 초월성보다는 역사성을 강조하는 경향
2) 개인적인 죄의 청산보다 구조악의 제거를 강조하는 경향
3) 인간의 해방과 체제를 하나님의 나라와 혼동하는 경향
4) 교회보다 세상에 주안점을 두는 경향

3. 세계 교회 협의회에서 행하는 선교의 모습 170
1) 인간화를 위한 노력
2) 정의, 평화, 창조보전을 위한 노력
3) 모라토리움의 수용
4) '종교 간 대화' 추구

요약 및 전망 177

8 Crucial Issues in Contemporary Mission

주제 VII. 종교간대화 DIALOGUES AMONG RELIGIONS 179

1. 종교간 대화가 강조되게 된 배경 181
1) 제국주의 시대의 선교에 대한 반성
2) 교통수단과 정보통신 도구의 발달로 인한 빈번한 접촉
3) 종교 분쟁 문제 해결을 위한 대안 추구의 한 노력
4) 포스트모더니즘적 사고

2. 종교간 대화를 말하는 신학적 이유 186
1) 타종교인들 가운데서도 역사하시는 삼위일체 하나님
2) 타종교와의 대화는 곧 우리 자신의 잘못을 수정하는 좋은 계기가 된다.
3) 대화는 평화로운 인류공동체 건설에 필수적이다.

3. 종교간 대화의 기여점과 한계점 192
1) 종교간 긴장 갈등 해소에 어느 정도 도움을 준다.
2) 기독교의 대사회적 이미지 개선에 도움을 줄 수 있다.
3) 대화는 이미 주어진 진리에 대한 확신을 약화시킬 수 있다.
4) 대화는 다원주의에로의 길로 이어질 수 있다.
5) 현실적 가능성이 약한 경향이 있다.

4. 종교간 대화의 방향성 201
1) 공동의 선을 추구하는 방향
2) 상호 배움보다는 복음 전달에 강조점을 두는 방향
3) 상황에 따른 대화 전략 추구의 방향

요약 및 전망 207

주제 VIII. 종교다원주의 RELIGIOUS PLURALISM 209

1. 종교다원주의의 태동 및 흐름 211

2. 종교다원주의의 내용 214
  1) 포용주의
  2) 다원주의

3. 종교다원주의의 지지 배경 220
  1) 압도적인 다원화 분위기
  2) 지구촌의 갈등과 전쟁 위협
  3) 구원문제에 대한 의문

4. 종교다원주의의 기여점 및 문제점 224
  1) 다원화 시대에 맞는 선교 전략 형성을 자극함
  2) 구원 개념의 혼란 가능성
  3) 인간 이성에 기초를 둠
  4) 상황에 따라 진리가 조작될 수 있는 가능성
  5) 종교의 안락사를 초래할 수 있는 가능성

5. 다원주의 시대의 선교 자세 231
  1) 불필요하게 독선적인 모습은 자제하라.
  2) 선명한 복음을 소유하라.
  3) 분량 이상의 생각을 품지 말라.
  4) 철저한 겸손과 헌신으로 복음을 전하라.

요약 및 전망 236

부록 I. 다시 평가해보는 19세기 서구 선교사 239
RE-EVALUATING THE MISSIONARIES OF THE 19TH CENTURY

부록 II. 다시 생각해보는 삼자원리 269
RE-THINKING THE THREE-SELF PRINCIPLE

주제 I. 하나님의 선교 MISSIO DEI

지난 반세기 동안 선교에 있어서 가장 큰 영향력을 미친 개념이 있다면 그것은 아마도 '하나님의 선교' (Missio Dei) 개념일 것이다. 이 개념으로 인해 교회는 스스로를 보는 '교회관', 세상을 보는 '세상관', 그리고 선교의 핵심인 '구원관' 까지도 새롭게 정립하게 되었다. 과연 이 개념의 실상은 무엇이며 이 개념의 강점과 약점은 무엇일까?

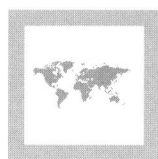

지난 반세기 동안 선교에 있어서 가장 큰 영향을 미친 개념이 있다면 그것은 아마도 '하나님의 선교' 개념일 것이다. 이 개념이 처음에는 주로 진보적 개신교 진영에 의해 수용되었지만 잇따라서 동방정교회, 가톨릭교회, 그리고 복음주의자들에 의해서도 수용되었다. 결국 이 개념은 거의 모든 기독교 교회에 의해 수용되었으며, 그 교회들의 선교에 강력한 영향력을 미쳤다. 이런 점에서 데이비드 보쉬(David J. Bosch)는 '하나님의 선교' 개념이 지난 반세기의 선교신학에서 가장 결정적인 변화를 가져온 개념이었음을 말하고 있다.[1] 그러나 그는 하나님의 선교개념이 또한 본래 그 개념을 제창하였던 이들의 본래적인 의도와는 다른 방향으로 전개되었음도 지적하고 있다.[2] 즉 하나님의 선교는 뭔가 왜곡되고 편중되게 이해되어져왔다는 것이다. 이런 이유로 이 개념의 좋은 의도에도 불구하고 이 개념에 의한 선교 역시 부분적으로 왜곡되어진 점이 있게 된 것이다. 본

---

1) 데이비드 J. 보쉬, 『변화하고 있는 선교』, 김병길, 장훈태 공역(서울: CLC, 2000), 576-577.
2) Ibid., 580.

장에서는 이 개념이 본래 어떤 의도에서 제안되어졌고, 어떻게 이해되어져 왔는지를 살펴본 후에 하나님의 선교개념의 바른 방향 정립을 시도해보고자 한다.

1. '하나님의 선교' 개념의 태동 배경

2차 세계대전 이후에 식민지가 붕괴되면서 서구 선교는 많은 점에서 장애물을 만났다. 우선 많은 신생 독립국가들이 독립을 쟁취하면서 과거의 민속종교나 전래 종교로의 복귀를 시도하면서 서구 선교사들의 입국을 제한시키거나 추방하는 일이 발생하였다. 또한 전 인류의 3분의 1 가량이 공산주의 이데올로기의 영향권 아래 들어감으로써 기독교 선교에 대한 강력한 방해 내지는 탄압이 자행되었으므로 서구 선교는 상당한 장애를 겪게 되었고, 많은 서구 선교사들이 세계 여러 선교지에서 철수할 수밖에 없게 되면서 전통적인 선교활동이 실제적으로 불가능하게 되었고 이로 인해 서구 선교는 대단히 위축되게 되었다.

또한 서구교회는 자신들이 행해 온 선교가 제국주의 팽창과 깊이 연루되어서 제국주의 세력과 타협하는 죄악을 범하였으며, 2차에 걸친 야만적인 세계대전이 소위 기독교 국가들의 주도로 이루어졌으며, 이 전쟁으로 자신들의 온갖 수치가 드러났을 뿐 아니라 비서구 세계에 말할 수 없는 피해를 주었다는 사실을 통렬하게 깨닫게 되었다. 아울러 자신들이 전한 복음은 자신들의 문화와 문명으로 옷 입혀져 있었으며, 자신들의 선교자세는 가부장주의, 비관용, 오만함 등으로 점철되었으며, 문화 파괴, 사회 구조 와해, 전통 종교 억압, 낯선 이방교회 설립, 정체성 손상 및 정체성 형성의 저해 등을 가져오게 되었고, 피선교지의 교회가 서구에 종속되는 불평등한 관계가 이루어졌다는 사실도 깨닫게 되었다.[3] 아

---

3) 김영동, 『교회를 살리는 선교학』(서울: 장로회신학대학교 출판부, 2003), 259-260.

울러 이러한 잘못에 대한 비난까지 받으면서 서구교회는 비기독교 세계에 대하여 깊은 죄책감을 느끼게 되었다. 거기다가 과거에 선교를 받아야만 한다고 생각되던 제3세계에도 제법 기독교가 많이 성장하게 되면서 불평등한 관계의 청산과 제국주의와 결탁한 서구교회와의 단절을 추구하면서 자립교회의 확립과 자기 정체성을 찾기 위한 노력을 하게 되었다.[4]

이 같은 상황 속에서 1952년 IMC(Internatioal Missionary Council) 빌링엔 대회는 승리자나 정복자의 태도가 아닌 희생과 섬김의 자세가 필요함을 깨닫고 '십자가 아래에서의 선교' 라는 주제로 선교대회를 가졌다. 정복적이고 전투적인 서구식 십자군의 선교가 아니라 그리스도의 뒤를 따르는 십자가의 선교를 해야 한다는 생각에서였다. 빌링엔 대회가 끝난 후 독일 슈트트가르트 교구의 감독이었던 칼 하르텐슈타인(Karl Hartenstein)은 빌링엔 대회의 신학적 성과를 개인적으로 요약하면서 Missio Dei 라는 라틴어 술어를 처음 사용하였다.[5] 그러니까 이 용어는 전통적으로 행해왔던 식민주의적인 오만한 선교자세를 교정하고 선교의 새로운 돌파구를 찾아보려는 노력 가운데서 생겨났다고 할 수 있다.

하르텐슈타인은 이 용어를 말할 때 바르트의 변증법적 신학을 적극 수용하였다. 그는 바르트의 신학을 모든 인간적 열정(Pathos), 즉 "너희가 하나님같이 되리라"고 속삭이는 모든 인간 중심주의(Anthropozentrismus)와 인간열정주의(Anthropotathismus)와의 투쟁으로 이해하였다. 그는 하나님을 본래의 하나님 위치로 돌려놓은 것이 바르트의 신학이라고 보았고, 모든 신학은 하나님으로부터 나와야 한다고 생각했다. 이런 이해 위에서 그는 오직 '하나님으로부터' 의

---

[4] 전호진, 『한국 교회와 선교 II』(서울: 도서출판 엠마오, 1985), 23.
[5] 그가 말한 부분은 다음과 같다. "선교란 단순히 개인의 회심이나 주님의 말씀을 향해 복종하는 것만을 뜻하지 않는다. 그것은 또한 공동체의 회집에 대한 의무만을 뜻하는 것이 아니라, 선교란 구원받은 전 피조물 위에 그리스도의 주권을 세우려는 포괄적인 목표를 가지고 아들의 보내심(an der Sendung des Sohnes), 즉 하나님의 선교(der Missio Dei)에 참여하는 것이다" Karl Hartenstein, "Theologische Besinnung", Karl Hartenstein, "Theologische Besinnung", in Walter Freytag ed., *Mission zwishen Gestern und Morgen* (Stuttgart: Evang. Missionsverlag, 1952), 54.

신학을 추구함으로써 그 당시 선교의 잘못된 동기와 목표를 수정하고자 하였고, 이를 위해 모든 인간중심주의와 인간 열정주의를 거부함으로써 인간중심에서 하나님 중심으로 선교의 개념을 변화시킨 Missio Dei의 신학적 기틀을 마련할 수 있었다. 그리하여 모든 인간학적 원리의 절대화와 모든 형태의 선교의 자기 의인화에 대항하여 오직 하나님만이 선교의 동기와 목적이며, 그 분께서 이 모든 것을 행하신다고 하였다. 선교의 주체와 근원은 하나님이시며, 선교하는 자는 오직 그의 속죄에 근거하여야 한다고 보았다.[6] 그는 이 같은 하나님의 선교 개념을 말함으로써 전통적인 개종과 교회 설립을 위한 선교를 넘어서서 세상 속에서 그리스도의 주권을 세우는 포괄적이고 통전적인 의미에서의 '하나님의 선교'를 말함으로써 선교신학에 큰 기여를 하였다. 그런데 그가 이 같은 하나님의 선교개념을 말할 때, 그는 선교를 타락한 세상에서 하나님의 통치를 보여주는 활동으로 이해하는 종말론적 시각과 선교를 하나님의 구원사적 계획안의 결정적인 예표로 보는 구원사적 시각을 동시에 지니고 있었다.[7]

2. '하나님의 선교' 개념의 전개 과정

하르텐슈타인은 Missio Dei 라는 용어를 처음 말하였지만 그 용어에 대한 자세한 배경이나 설명을 하지 못한 채 곧 타계하고 말았다. 그의 사후에 Missio Dei 개념은 비체돔과 후켄다이크에 의하여 더욱 체계화 되었다고 할 수 있는데, 비체돔은 주로 구속사적 관점을 많이 강조한 반면, 후켄다이크는 주로 종말론적 관점을 많이 강조하였다고 볼 수 있다. 그리고 이 개념이 세계교회협의회(WCC)에 의하여 수용되어질 때는 주로 후켄다이크의 영향력이 더 컸던 것으로 보인

---

[6] K. Hartenstein, "Krisis der Mission?" in *Die Furche 17* (1931), 205-206.
[7] 김은수, 『현대선교의 흐름과 주제들』(서울: 대한기독교서회, 2001), 136.

다. 이 개념이 어떻게 발전되어졌는지를 살펴보자.

1) 후켄다이크(J.C. Hoekendijk)

하나님의 선교개념을 주도적으로 이끌어 간 사람은 네덜란드의 신학자 후켄다이크(J.C. Hoekendijk)이다. 그는 세계교회협의회의 전도부 초대간사 및 세계교회협의회(WCC)와 국제선교협의회(IMC)의 협력위원회 간사(1949-1952)로 일했다. 후켄다이크의 불만은 우선적으로 교회가 지나치게 자기중심적이 되고 선교 중심적이 되지 못하는데 있었다. 이러한 교회중심적인 선교관은 틀린 중심을 잡고 회전하기 때문에 항상 정도에서 벗어나기 마련이고 선교의 범위가 불가피하게 축소된다고 보았다. 즉 선교의 전 지평이 교회에 의하여 가리게 된다는 것이다. 자연히 선교는 교회의 범위를 벗어날 수 없고, 교회를 에워싼 세계를 교회론적인 범주로 정의하게 되며 세계는 더 이상 세계로 존재하지 않고 단지 일종의 훈련장처럼 여겨지게 된다는 것이다.[8] 아울러 이 같은 교회중심의 선교관은 선교를 곧 '교회화'로 생각하게 되면서 교회형성과 교파증식에만 관심을 기울이게 되며, 전도를 행할 때에도 "…교회의 영향력을 다시금 획득하려는 사실을 성경적으로 위장하는 경우가 많다"[9]라고 주장하면서 교회중심적인 선교 이론을 맹렬하게 비판하였다. 그는 교회중심적 선교관을 '교회주의 이단'으로 보면서 교회론을 '왕국-복음-파송-세계'라는 틀 속에서 논의해야 한다고 생각했다. 그리고 교회를 '왕국-복음-파송-세계'의 컨텍스트 속에서 논의할 때에 여기에서 교회는 고정된 자리가 없다고 보았다.[10]

똑같이 Missio Dei라는 용어를 말하면서도 아들의 파송이나 교회의 파송을

---

[8] J. Hoekendijk, "The Church in Missionary Thinking", *I.R.M.*, July, 1952, 324-332.
[9] J. C. 후켄다이크, 『흩어지는 교회』, 이계준 역(서울: 대한기독교서회, 1994), 10.
[10] J. Hoekendijk, "The Church in Missionary Thinking", 333.

강조한 비체돔과는 달리 후켄다이크는 하나님 자신의 파송을 강조함으로써 세계 속에서 자신을 나타내는 하나님, 세계와 분리되지 않는 하나님을 강조한다. 그는 교회가 교회적 구조들로부터 나와서 기동성있는 그룹들로 개방되어야 하며, 세속화되어야 하고, 현대세계 속의 인간들과 완전한 동일화(full identificaion)를 이루어야 한다고 주장했다.11) 이러한 이해의 영향으로 말미암아 세계 속에서의 그리스도인의 사회적 책임의식이 강화되었지만, 교회의 중요성과 의미를 너무 축소시키는 결과를 가져오기도 했다.

그는 선교의 목표를 '샬롬'으로 보았다. 샬롬은 인간 영혼 구원 이상의 것으로 평화, 정직, 공동체, 조화, 정의 등의 포괄적인 것을 의미한다. 그는 샬롬이 메시아가 추구한 핵심적인 요소라는 근거로 메시아가 평강의 왕이라는 말씀(사 9:6), 이 사람이 우리의 평강이 될 것이라는 구절(미 5:5), 그가 이방 사람들에게 화평을 전할 것이라는 말씀(슥 9:10), "평안을 너희에게 끼치노니 곧 나의 평안을 너희에게 주노라"(요 14:27)등을 말한다.12) 그는 샬롬을 사회적 사건으로 인간 사이에 그리고 인간과 더불어 일어나는 사건으로 이해했다.13) 교회는 이 샬롬을 만들어 감으로써 하나님 나라에 참여할 수 있게 되고 이를 위해서 교회는 존재한다고 보았다. 그의 이 같은 샬롬 이해 속에서 우리는 그가 하나님의 선교를 특별히 현재적 종말의 시각에서 많이 강조하고 있음을 알 수 있다. 즉 하나님의 선교를 처음 말한 하르텐슈타인이 이 땅에서의 그리스도의 통치의 '벌써'와 '아직 아니'의 철저한 긴장을 유지하면서도 '아직 아니'의 경향을 많이 나타낸 반면, 후켄다이크는 하나님의 활동과 실제 이 땅 위에 펼쳐지고 있는 세계역사를 직접적인 상관관계에서 파악함으로써 하나님의 선교를 현재적 종말의 시각 즉 '벌써'의 차원에서 이해하는 경향이 강하다. 후켄다이크는 하나님의 선교개

---
11) Ibid., 77-78.
12) J.C. Hoekendijk, 『흩어지는 교회』, 17.
13) Ibid., 17-18.

념을 지나치게 현재적 종말론의 시각에서 해석한 경향이 있었으며, 이것은 하르텐슈타인이 본래 의도했던 것과는 상당히 거리가 먼 것이었다.[14]

2) 비체돔(Georg F. Vicedom)

게오르크 F. 비체돔은 『하나님의 선교』(Missio Dei)라는 책을 써서 Missio Dei의 개념을 널리 퍼지도록 공헌한 사람이다. 그는 하르텐슈타인의 'Missio Dei'를 주로 구속사적 의미에서 해석하였다. 그는 하나님의 선교를 하나님의 창조와 활동을 나타내는 총괄개념(Inbegriff)으로 이해했고, 하나님의 선교 역사를 곧 '구원사'(Heilsgeschichte)로 보았다. 그가 하나님의 선교를 구원사적으로 본 것은 다음과 같은 그의 하나님 나라 이해에도 잘 나타난다.

> 하나님의 통치는 그것과 반대인 이 세상 나라의 통치와 완전히 다르다고 하는 것이 바로 예수 그리스도에게서 분명해진다. 예수 그리스도는 사람들에게 외적인 행복의 나라를 가져다주지 않는다. 그는 사람들이 인간으로서 당연히 말할 수 있다고 믿는 바의 소원들을 결코 이루어주지 않는다. 그는 사람들이 그에게서 무엇을 얻을 수 있을 것이라는 환상을 결코 허용치 않으며, 오히려 그들은 예수 그리스도를 위하여 고난 받아야만 한다는 것을 그들에게 분명히 말한다.[15]

이런 점에서 비체돔은 후켄다이크처럼 샬롬을 이 땅 위에 이루는 것을 선교의 목표로 보기보다는 하나님의 구원사를 이루는 것을 선교의 목표로 보는 경향이 강했다. 그는 "… 예수의 나라에 참여하는 일은 항상 회개와 뗄 수 없는 관계에 있다. 이 점에 주의를 기울이지 않는 사람은 교회와 선교에 있어서 항상 그릇된 목표를 세울 것이며, 아무리 경건한 일을 수행한다고 해도 그는 세상 나라 속으

---

14) 김은수, 『현대선교의 주제와 흐름들』, 139.
15) 게오르크 F. 비체돔, 『하나님의 선교』, 박근원 역(서울: 대한기독교출판사, 1980), 40-41.
16) Ibid., 41.

로 빠져들게 될 것이다"16)라고 말하면서, 선교의 목표를 모든 인간들에게 복음을 전하고 그들을 구원하여 그리스도의 교회로 모으는 일로 말하고 있다.17)

또한 비체돔의 교회관은 후켄다이크의 그것처럼 많이 부정적이지 않다. 물론 비체돔도 교회 자체가 선교의 출발점, 목표, 주체로 인식되는 것의 위험성을 지적하였다. 그러나 그가 강조한 것은 선교를 위한 주도권이 하나님에게 있다는 것이었으며, 하나님의 선교를 위하여 교회가 여전히 필요한 것을 인식하고 있었다. 하나님은 구속사 완성의 목표를 위하여 아들을 파송하며 아들의 파송은 그의 교회를 통해서 지속된다. 이런 점에서 예수는 첫 번째 선교사이고 그의 십자가의 죽음에서 구원의 활동은 현재한다. 하나님의 구원활동은 교회의 선교를 가능하게 하며 교회는 하나님의 공적인 구원공동체로서 표시되고 구원의 역사적 현재로 부각되는 것이다.18) 그는 선교의 목표를 "… 모든 인간을 구원하여 그리스도의 교회로 모으는 일"19)이라고 말함으로써 하나님의 선교에 있어서의 교회의 위치를 인정하고 있다. 후켄다이크가 선교의 과제를 세상에서 샬롬을 이루는 것으로 보면서 선교는 교회를 세우는 것이 아니라 세상을 섬기는 것에서 이루어지는 것으로 보았고, 이로 인해 교회의 위치를 상당히 축소시킨 경향이 있는데 비하여, 비체돔은 하나님의 선교를 강조하면서도 여전히 교회의 역할을 인정하고 있다.

3) 세계교회협의회(World Council of Churches)

하나님의 선교개념은 세계교회협의회의 신학방향을 정립하는데 많은 영향을 주었다. 특별히 협의회는 1950년대 이후로 후켄다이크의 강한 영향 아래에 놓여 있었기 때문에 후켄다이크의 Missio Dei 개념이 지대한 영향을 주었다. 먼저

---

17) 비체돔, 『하나님의 선교』, 130-131.
18) Ibid., 163-164.
19) Ibid., 130.

하나님의 선교개념과 연관된 WCC의 선교목표를 보면 후켄다이크가 주장했던 선교의 목표인 샬롬이 주된 선교의 목표로 강조되고 있다. 여기에서 샬롬의 범위는 교회 안이 아니라 전 세계를 포함하며, 영적인 측면만이 아니라 실존의 모든 측면을 포함하는 것이다. 하나님의 관심이 전 세계에 있기 때문이다. Missio Dei는 이 모든 것의 샬롬을 이루기 위한 하나님의 행위이며 교회는 그 선교에 참여하게 되는 것이다.[20]

이와 같이 광범위한 샬롬의 내용이 WCC의 대회에서는 다양한 형태로 표현되었는데, 1968년 웁살라 대회의 경우엔 인간화로 표현되었다. 웁살라 총회 제2분과위원회에서는 인간화(humanization)를 선교의 목표로 삼았다. 즉 오늘의 근본적인 문제는 인간에 대한 문제이며, 모든 비인간화의 현상을 극복하고 인간을 인간답게 하는 것이야말로 선교의 일차적 과제라고 보았다. 그리고 이 같은 인간화의 진정한 모델로 예수 그리스도가 제시되었으며, 예수의 인간성을 드러내어 예수와 같은 사람을 만드는 것이 선교의 주된 목표로 제시되었다.[21]

또한 1975년 나이로비 대회에서는 선교의 주제를 '정의, 참여, 지탱될 만한 사회'(JPSS, a Just, Participatory, Sustainable Society)로 보았고, 1983년 벤쿠버와 1990년 서울 대회에서는 '정의, 평화, 창조질서 보존' JPIC(Justice, Peace, Integrity of Creation)을 주제로 삼았으며,[22] 1991년 캔버라로 오면서 창조질서의 보존을 특별히 중요한 내용으로 부각시켰다. 즉 캔버라는 생명의 신학을 삼위일체 하나님과 예수 그리스도에게 기초를 두고, 창조세계 속에 현존하시는 성령을 강조하였다. 이 같은 결과로 하나님의 선교는 매우 폭넓은 선교의 과제를 제시하게 되었는데, 그것은 단순히 영혼을 구원하고 교회를 세우는 것을 넘어서서 샬롬을 이루시는 하나님과 동역자의 관계 안에 들어가는 것, 세계역사

---

20) 데이비드 J. 보쉬, 『변화하고 있는 선교』, 579.
21) Norman Goodall, ed, *The Uppsala Report 1968* (Geneva, WCC, 1968), 27-29.
22) 이형기, 『복음주의와 에큐메니칼 운동의 세 흐름에 나타난 신학』(서울: 한국장로교출판사, 1999), 333.

안에서 하나님의 하는 일들과 그리스도 안에 있는 인간성을 지적하는 것, 그리고 하나님의 선교의 견지에서 역사 안에서 일어나는 변화들을 이해하면서 그 변화를 위한 일과 투쟁에 동참하는 것으로 이해되었다.

이런 점에서 하나님의 계획의 초점은 교회 안에서가 아니라 세계 속에서 발견된다. 세상은 하나님의 구원역사의 출발점이요 현장이다. 신자들은 정치, 사회, 경제 등의 제 분야에 파송되어지고 교회와 세상은 분리가 아닌 공동 운명적인 연대관계에 선다. 그리스도의 주권성은 신자들에게 영적 진리에 대한 강조보다 사회 정의를 위한 투쟁을 고취시킨다. 즉 강조점이 교회에서 세상으로 옮겨지면서 교회는 단지 세상의 한 부분으로 이해되어진다. 그리고 하나님의 선교는 부름 받은 공동체인 교회로부터 출발하는 선교가 아니라 교회가 하나님으로부터 보냄 받은 현장인 세계로부터 출발한다. 세상에 강조점이 주어지면서 교회는 단지 구원받은 세계의 한 표상의 부분에 불과하게 된다. 하나님의 일차적인 관계는 세계이고 교회는 세계의 부분으로서 정의된다. 여기에서 전통적인 명제인 '하나님-교회-세계'의 순서는 '하나님-세계-교회'로 뒤바뀌게 된다.[23] 이와 같은 이해 위에서 결국 선교의 주체가 교회이고 교회의 확장이 곧 선교의 성적 표임을 말하던 교회의 선교는 종말을 고하게 된다.

3. '하나님의 선교' 개념의 기여점과 제한점

하나님의 선교개념은 확실히 엄청난 영향력을 미쳤다. 이 개념은 WCC의 선교신학의 가장 근본적인 토대 중의 하나가 되어 세계선교의 향방을 주도하면서

---

23) WCC, *The Church for Others: Two Reports on the Missionary Structure of the Congregation* (Geneva: WCC, 1968), 16-17.

세계선교를 여러 가지 면에서 많이 갱신하였다. 그러나 이 개념은 또한 여러 가지 약점도 지니고 있다. 이러한 기여점과 약점을 잘 분석해보는 것은 이 개념의 새로운 방향정립을 위하여 중요한 작업이 될 것이다.

1) 교회의 선교 자세를 갱신케 함

세상의 많은 기관들이 그렇듯이 지상 위의 교회 역시 세월이 흐르면서 쉽게 내향적이 되고, 기구화되고, 자체의 성장과 수적인 확장에만 몰두하는 경향이 있다. 또한 선한 의도에서 선교를 하면서도 자기 교파의 확장과 강화와 유지를 위하여 공간적 및 양적 교세 확장적인 선교를 수행하게 되기 쉽다. 아울러 각파의 신앙고백과 신조를 중심한 배타적이고 독선적인 선교 사상과 운동을 전개하면서 개 교파 혹은 개 교회중심의 선교사상과 운동을 전개하는 경향이 있다. 그래서 참된 하나님 나라 구현을 위한 선교보다는 개 교회 혹은 개 교파의 이익과 명예를 앞세우는 선교를 하는 경향이 있는 것이다.[24]

하나님의 선교는 바로 이런 교회와 교회의 선교를 향하여 선교의 참된 인도자는 바로 하나님 자신임을 일깨워줌으로써 교회가 기구화되고 내향화되는 것을 방지하면서, 교회는 그 어떤 형태로든 그 자체가 절대화될 수 없다는 메시지를 주었던 것이다. 또한 교회란 하나님의 구원을 선포하고 증거할 때 비로소 참 교회가 된다는 사실을 일깨워줌으로써 교회의 선교적 사명을 다시 한번 일깨워주었다.

2) 세계에 대한 교회의 책임성을 일깨워 줌

이스라엘의 존재목적이 그러했듯이 교회의 존재 목적 역시 세상을 위한 것이

---

24) 이장식, "하나님의 선교개념의 검토", 『기독교 사상』, 1977년 6월호, 7.

다. 교회는 결코 교회만을 위해 존재할 수 없다. 그럼에도 불구하고 교회는 종종 희랍적인 사고 방식을 가지고 교회와 세계를 지나치게 이원론적으로 보아온 경향이 있다. 교회는 종종 자신만을 위한 담을 높이 쌓고 자신의 이익만을 위해 존재하고자 하는 유혹을 받았고 실제로 그렇게 해왔다. 세상에 대하여는 무책임한 교회의 모습을 드러낸 적이 많았던 것이 사실이다. 하나님의 선교는 하나님의 일차적인 관심이 바로 세계에 있음을 강하게 일깨워주었고, 이로 인해 격변하는 세계와 역사 속에서 그리스도인의 사회적 책임의식을 강화시켜 주었다. 아울러 세계에 대한 눈을 열어줌으로써 사회, 경제, 정치, 문화 등 폭넓은 분야에서의 선교의 영역과 과제를 획득할 수 있게 해주었다.[25]

3) 선교개념의 폭을 넓혀 줌

보쉬는 하나님의 선교에 대한 논의를 마치면서 "우리가 다시 좁고 교회중심적인 선교 견해로 되돌아가는 것은 상상할 수 없다"[26]라는 말로 끝을 맺는다. 이 말은 하나님의 선교개념이 선교개념을 폭넓게 만든 공을 세웠다는 것을 암시하고 있다. 물론 선교개념을 무작정 넓혀서 선교의 핵심 자체를 희석시키고 너무 많은 일에 관여함으로 말미암아 현실적으로 아무것도 제대로 실천할 수 없도록 만드는 것은 문제이다. 그러나 선교의 과제를 제대로 일깨워주어서 사회구조개편과 창조 질서의 회복 등의 주제를 선교에 포함시킴으로 말미암아 폭넓은 안목을 가지고 교회의 선교가 영혼구령과 교회개척에만 머무르지 않고 세계를 위한 예언적 직무와 사도적 직무를 균형감 있게 감당할 수 있도록 눈을 열어준 것은 Missio Dei의 귀중한 공헌이다. 즉 하나님의 선교는 선교신학의 방향에 사회에

---

25) 김은수, 『현대선교의 주제와 흐름들』, 125.
26) 데이비드 J. 보쉬, 『변화하고 있는 선교』, 581.

대한 관심을 불어넣음으로써 선교를 한 차원 더 높은 단계로 끌어올렸다는 공로를 인정받을 수 있을 것이다.

4) 샬롬개념의 편중 경향

하나님의 선교에 의한 선교의 목표는 샬롬으로 제시되어 있다. 앞에서 살펴본 대로 후켄다이크가 이해한 샬롬은 주로 사회적 사건이며 인간 사이에 그리고 인간과 더불어 일어나는 사건이다. 그것은 생명에 관계되며 그 안에 종사하고 있는 손길들을 통해 '생명과 정의 그리고 하나님의 나라'를 세상 속에서 이루어 나가는 것이다.[27] 교회는 이 평화를 만들어 감으로써 하나님의 나라에 참여할 수 있게 되고 이를 위해 교회는 존재한다는 것이다. 샬롬에 대한 이러한 이해는 상당 부분 현실적 세계에서 이루어지는 샬롬 즉 사회적 정치적 의미의 샬롬을 많이 강조하는 경향이 있다. 물론 이러한 샬롬의 개념은 구약에 많이 나타나며, 구약에 사용된 '샬롬'의 정의 중 일부는 사회적 정치적 의미의 '샬롬'의 의미를 지니고 있는 것이 사실이다.

그러나 구약에 나타난 샬롬개념에서 간과하지 말아야 할 중요한 사실은 '샬롬이란 하나님이 계약에 따라 행동하신 결과이자 공의의 결과'라는 사실이다 (사 32:17). 즉 하나님과의 관계에 근거하지 아니한 샬롬은 거기에 어떠한 샬롬의 모습이 있다 하더라도 구약이 의도하는 샬롬이 아니다. 구약이 말하는 샬롬은 평정, 평강, 안정 등과 같은 의미를 내포하고 있는데 이런 것들은 모두 하나님께 근거를 두고 있으며 하나님께로부터 오는 선물이다. 즉 구약에 나타난 샬롬은 하나님의 은혜로 완성되는 것이다.[28] 즉 그것이 개인적인 차원의 샬롬이든 정치

---

27) 김은수, 『현대선교의 흐름과 주제』, 125.
28) R. 레어드 해리스 외, 『구약원어신학사전』(하)(서울: 요단출판사, 1986), 1163-1164.

적 사회적 차원의 샬롬이든 그 근본은 하나님과의 관계회복을 전제로 하여 이루어지는 것이다. 이런 점에서 후켄다이크와 WCC의 샬롬 이해는 샬롬의 근본 뿌리에 대한 관심보다는 샬롬의 결과에 너무 치중하는 것이 아닌가 하는 의구심을 들게 한다. 또한 샬롬의 내용을 개인적인 차원의 것보다는 사회 정치적인 차원의 것으로 많이 강조하는 경향도 한편으로 편중된 느낌이 있다.[29]

5) 교회 자체의 약화 가능성

앞에서도 보았듯이 하르텐슈타인이나 비체돔은 하나님의 선교를 강조하면서도 교회의 위치를 결코 약화시키지 않았다. 하르텐슈타인은 "교회는 '땅위의 그리스도의 통치의 중심이자 세계역사의 중심'이며, '그리스도의 몸으로서 그리고 성령의 수행자(Tragerin)'로서 그리스도의 사역을 계속하는 공동체이다"[30]라고 말하였다. 그런데 호켄다이크와 그 영향을 받은 WCC는 세상에 지나치게 강조점을 두다가 그만 교회를 너무 약화시키는 결과를 낳고 말았다. 물론 그들이 그런 것을 의도하지는 않았을 것이다. 그러나 결과는 그렇게 되었다. 너무 지나치게 한쪽을 강조하다가 다른 한쪽을 놓치는 오류를 범하게 된 것이다. 이런 이유에서 후켄다이크의 신학은 무교회신학(non-church theology)이란 평가를 받기도 한다.[31] 서정운은 후켄다이크의 선교신학에 대하여 많은 공헌점을 인정하면서도 그의 교회관에 대하여 평가하면서 "어쩌면 오늘의 서구교회가 활력을 잃고 신자의 수가 현저히 준 것은 그가 그토록 부르짖은 반교회중심신학(反敎會中心神學)이 가져온 하나의 결과로 볼 수도 있다"[32]고 말한다.

---

29) 이현모, 『현대선교의 이해』(대전: 침례신학대학교 출판부, 2000), 86-87.
30) Karl Hertenstein, "Theologische Besinnung", 58f.
31) Thomas Shivute, "The Theology of Mission and Evangelism", in *The International Missionary Council from Edinburgh to New Delhi* (Helsinki: The Finish Society for Missiology and Ecumenics, 1980), 194.
32) 서정운, "후켄다이크의 선교관", 『교회와 신학』, 제20집, 1988년, 222.

후켄다이크의 하나님의 선교이해가 왜 이처럼 약한 교회를 만드는 결과를 가져왔을까? 후켄다이크는 교회가 교회의 담을 넘어 세상 속으로 뛰어 들어가는 세속화를 이루어야 한다는 것을 계속 강조했다. 이것은 참으로 맞는 말이다. 교회는 세상 속으로 들어가야 한다. 그리고 세상을 섬겨야 한다. 그러나 교회의 세상에 대한 책임성을 강조한 것은 좋지만, 교회와 세상 사이의 담이 완전히 무너짐으로 말미암아 교회의 정체성 자체가 사라지게 되면 결국 교회는 세상을 제대로 섬길 수 없게 된다. 우리는 이것을 이스라엘의 정체성 유지에 대한 하나님의 관심 속에서 잘 볼 수가 있다. 이스라엘의 종국적인 목적은 열방을 섬기는 것이었다. 그러나 하나님은 초기에 이스라엘이 열방과 섞이는 것을 엄히 경계하셨다. 어차피 열방을 섬길 것이고 이를 위해서는 당연히 열방과 교제하는 것이 필요할 것인데, 왜 그토록 철저하게 열방과 섞이는 것을 막으셨는가? 바로 이스라엘의 정체성을 먼저 확실히 세우시려는 목적에서였다. 이스라엘이 세상을 섬기는 것에 앞서서 해야 할 일은 먼저 자신의 정체성을 굳건하게 하는 거룩한 백성이 되는 일이었다.[33] 자신의 정체성을 제대로 세우지 못한 상태에서 세상을 바로 섬긴다는 것은 하나의 희망사항에 불과하다.

이것은 교회에도 그대로 적용된다. 세상을 향한 교회의 책임을 강조하는 것 못지않게, 아니 그것보다 더 앞서서 해야 할 일은 바로 교회를 바로 서도록 만드는 일이다. 이런 점에서 보이는 교회를 무시하며, 전통적 교회를 타락의 상징처럼 보는 경향은 오히려 교회로 하여금 제대로 세상을 섬기지 못하게 할 수 있다. 후켄다이크의 오류는 교회와 세상의 경계선을 너무 철저하게 철폐하고자 하는 것이었다. 물론 그의 의도는 교회로 하여금 더욱 세상을 잘 섬길 수 있도록 하기 위함이었다. 그러나 마치 막시즘이 이론적으로는 가장 이상적인 사회를 세울 수

---

33) John H. Piet, *The Road Ahead: Theology for the Church in Mission* (Grand Rapids, MI: Eerdmans, 1970), 41-42.

있을 것 같았지만 현실적으로 이루어지지 않았던 것과 마찬가지로 후켄다이크의 생각 역시 현실화되어지지 않았다.[34] 교회가 세상을 참으로 섬기고 변화시키려면 여전히 성과 속은 구분되어야 하고, 성을 성으로 유지하는 활동이 필요하다. 교회 자체의 성스러움이 무너지는데 어떻게 세상을 섬기어 성스럽게 변화시킬 수 있겠는가?

후켄다이크는 또한 하나님의 선교가 세상 속에 있는 세속적인 기관들을 통해서도 이루어진다는 것을 강조한다. 물론 하나님은 세상 속에서 역사하시며, 다양한 종류의 사람들을 불러 역사하신다. 그러나 그렇다고 세상의 사람들이나 세속적인 기관들이 하나님의 나라 완성을 위하여 특별한 부름을 받은 사람들과 동일하게 인식될 수는 없다. 그렇다면 하나님은 아브라함을 부르실 필요도 없었고, 이스라엘과 특별한 언약을 맺으실 필요가 없었다. 선지자들을 보내실 필요도 없었고, 제자들을 따로 세우실 필요도 없으셨을 것이다. 이런 점에서 세속적인 기관들을 통해서도 하나님의 선교를 이루어 가신다고 하면서 교회의 위치를 약화시키는 주장은 구원사의 완성을 위한 하나님의 선택을 무시하는 것이 될 수 있다. 그리고 교회가 아니어도 하나님의 선교에서 일할 사람이 많다는 것을 자꾸 강조하면 결국 교회는 약화될 수밖에 없는 것이다. 교회가 아니어도 일할 일군이 많다면 교회가 하나님의 선교에 동참해야 할 동기가 많이 약해지는 것은 당연한 결과인 것이다. 이런 점에서 보쉬는 말한다. "그러므로 교회의 직분들을 단지 기능적으로, 결론적으로 부수적인 것으로 간주하는 호켄다이크의 경향은 우리를 어디에도 인도하지 못한다."[35] 아울러 보쉬는 평생을 통해 가차 없이 교회를 비판하고 교회론을 위한 여지가 전혀 없다고 강하게 주장했던 호켄다이크

---

34) 채수일은 하나님의 선교를 강조하고 실천했던 교회의 목회자들이 가난 때문에 가족을 희생시키는 것을 지속할 수 없어서 다른 직장을 찾아 나선 반면, 복음주의적인 교회들은 엄청난 자본의 힘을 가지고 대규모적으로 사회봉사사업을 전개한다는 것을 지적한다. 채수일, "하나님의 선교(Missio Dei): 한국에서의 전개와 과제", 선교와 문화, 『선교신학』 제6집 (서울: 한들출판사, 2002), 259.
35) 데이비드 J. 보쉬, 『변화하고 있는 선교』, 697-698.

마저도 후에는 교회를 향하여 등을 돌리는 것이 불가능한 것임을 발견했다고 언급한다.36)

6) 하나님의 활동에 대한 혼동 가능성

후켄다이크의 하나님의 선교이해에 의하면 하나님은 주로 세상에서 그리고 세상의 역사적인 과정 속에서 그의 목적을 이루어 가신다. 하나님의 선교에서는 사회 정의와 복지를 위한 모든 활동도 다 하나님의 역사에 속하게 된다. 따라서 세상 속에서 활동하시는 하나님을 아는 것이 매우 중요하며, 하나님의 선교는 역사발전, 역사와 종말론의 문제 및 역사에 나타나는 하나님의 활동에 관심을 집중하는 경향이 있다. 그런데 이러한 견해는 역사 내재주의적인 견해를 가지고 구속사를 세속사와 완전히 일치되게 보는 것이다. 이러한 견해는 사회적 참여를 높일 수 있다는 장점을 가지는 반면, 사회적 해방이 기독교의 구원으로 혹은 정치적 투쟁이 선교활동으로 인식될 위험성을 지니고 있는 것이다.37) 이런 점에서 보쉬는 "세속역사와 구속역사가 비록 분리될 수 없다 할지라도 그것들이 동일한 것은 아니다. 그리고 세상의 건설이 직접적으로 하나님의 통치를 가져오지 않는다"38)라는 사실을 분명히 지적하고 있다.

후켄다이크가 이해하는 하나님의 선교의 논리에 따르면 구조적 악이 있고 이에 대항하는 운동이 일어나고 있으면 이는 하나님의 선교이고 교회는 이 활동에 자발적으로 뛰어들어서 협력해야 하고 이것이 교회의 선교가 된다. 그러나 역사

---

36) Ibid., 572.
37) 김은수, 『현대선교의 흐름과 주제들』, 125.
38) 데이비드 J. 보쉬, 『변화하고 있는 선교』, 574. 존 브라이트도 이와 유사한 견해를 피력했다. "국가나 정치, 또는 국가의 부강함과 번영, 심지어 종교나 종교 개혁을 위한 온갖 노력, 이 모든 것들은 하나님의 나라를 이룩할 수 없으며 하나님이 다스리시는 백성도 만들어 낼 수 없다는 것이다. 이 땅의 질서는 좋게 말하면 하나님의 질서의 근사치라고 할 수 있다. 그러나 나쁘게 말하면 하나님의 질서를 우스꽝스럽게 모방한 것밖에 안된다." 존 브라이트, 『하나님의 나라』, 김철손 역(서울: 컨콜디아사, 1992), 163.

에서 일하시는 하나님의 활동이 무엇인지를 구체적으로 제시하지는 않고, 다만 인간의 행위를 통해 실현되는 사회정의가 하나님의 일로 암시되고 있다. 한 걸음 더 나아가 사회정의 실현을 위한 혁명적 행동이 하나님의 일로 신성시된다. 그러나 실제적으로는 사회적, 구조적 악에 대항하는 활동들 중에는 그 결과가 또 다른 구조적 모순을 만들거나 더 어려운 상황을 만들기도 하는 것을 볼 때에 악에 대항하는 운동을 너무 쉽게 하나님의 선교와 동일시하는 것에는 문제가 있음을 보게 된다.[39] 이런 점에서 덴마크의 선교학자 아가르도는 하나님의 선교개념이 잘못되면 인간의 모든 세속적 활동을 무조건 거룩한 것으로 인정하는 모순을 범한다고 지적하였다.[40]

7) 복음 전도 중심의 선교 약화 가능성

하나님의 선교는 말 그대로 하나님이 선교를 행하신다는 것을 강조하는 개념이다. 교회의 참여 여부에 관계없이 하나님은 하나님의 선교를 수행해 나가신다는 것이다. 이것은 맞는 말이지만 이것이 잘못 강조되다보면 하나님의 선교는 그리스도인들의 선교적 기여를 필요로 하지 않는다는 방향으로 전개될 수 있는 가능성을 다분히 갖는 것이다. 즉 하나님의 선교개념이 조금 극단화되면 전통적인 교회 설립 형태의 선교가 불필요하거나 교회자체가 하나님의 선교에서 별로 중요하지 않게 여겨질 수 있게 된다. 이러한 경향은 아링(Aring)에게서 잘 나타나는데, 그는 "우리는 하나님을 전하는 데 전혀 참여하지 않는다. 결론적으로, '하나님의 선교'는 이런 점에서 우리의 선교적인 노력으로 그분을 지원할 필

---

39) 이현모, 『현대선교의 이해』, 87.
40) Johannes Aagaard, "Mission After Uppsala 1969", Mission Trends No. 1, Gerald Anderson, ed. (Grand Rapids, Eerdmans, 1974), 17.

없이 하나님이 자신을 전하신다는 것을 의미한다"[41]고 말한다. 이러한 점에서 하나님의 선교개념은 교회로 하여금 선교적인 책임을 소홀히 하게 만드는 데 일조할 수 있는 가능성이 다분히 있다.

이러한 경향은 특별히 복음전도 사역에 두드러지게 나타난다. 이형기는 빌링겐의 Missio Dei를 평가하면서, "삼위일체론적 파송의 신학의 맥락에서 교회의 사회참여가 매우 강조되어 18-19세기적 복음전도가 대단히 약화되는 경향이 있다"[42]라고 지적한다. 파송에 대한 성경의 본문을 해석할 때에도 세상으로의 파송 개념만을 채택하고, 교회가 특별히 선발한 사람을 특정지역에 파송하는 선교의 대사명에 대한 본문은 외면하는 경향이 강하다.[43] 그리하여 협의회는 복음을 듣지 못한 사람들에게 복음을 전하는 선교보다는 각처의 억눌린 자들의 울부짖음을 들어야 하고 이들의 해방을 위해 힘써야 함을 강조하면서 자주 해방 투쟁과의 연대를 칭송하며 그와 같은 일을 실천하는 데 노력을 기울여왔다. 예를 들어, 1980년 호주 멜본 대회에서 개최된 제3차 선교와 복음화 대회(CWME)는 "나라이 임하옵시고"라는 제목으로 총체적 복음화론을 다루었다. 제1 분과에서는 주장하기를 선교란 억압하는 것이 아니라 해방하려고 노력하는 것이고, 착취하려는 것이 아니라 정의를 위해 노력하는 것이고, 가난이 아니라 충만이며, 노예가 아니라 자유며, 질병이 아니라 건강이며, 죽음이 아니라 생명이라고 정의하고, 복음화의 중심 요소를 정의 사회를 위한 질서와 인권을 위한 투쟁에 참여하는 것이라 하였다.[44] 결국 하나님의 선교개념의 영향으로 협의회는 사회적 관심과 구원에 초점을 맞추면서 전통적 전도의 개념인 복음에 의한 개인 영혼 구

---

41) P.G. Aring, *Kirche ein Ereignis: Ein Beitrag zur Neuorientieung der Missions-theologie* (Neukirchen-Vluyn, Neukirchener Verlag, 1971), 88.
42) 이형기, "에큐메니칼 운동사에 나타난 선교신학", 『선교와 신학』 4집 (서울: 장로회신학대학교출판부, 1999), 63.
43) 전호진, 『한국 교회와 선교 II』, 111.
44) 이동주, 『현대선교신 학: 복음주의적 입장에서 본 종교다원주의와 세속화 신학』 (서울: 기독교문서선교회, 1998), 195.

원의 차원을 약화시키면서 주로 사회구원을 많이 강조하게 되었다.

4. '하나님의 선교' 개념의 바람직한 방향 정립

지금까지 하나님의 선교개념의 공헌점과 제한점 등을 살펴보았다. 하나님의 선교개념이 참으로 하나님의 선교에 공헌하는 개념이 되기 위해서 이 개념의 공헌점은 극대화하고 제한점은 수정되어져야 할 것이다. 하나님의 선교가 어떠한 방향으로 새롭게 개념 정립이 되어야 할지 생각해보자.

1) 철저한 겸손과 헌신을 요구하는 선교

앞에서 살펴본 대로 하나님의 선교개념이 출현하게 된 배경은 제국주의적 선교에 대한 반성에 그 결정적인 계기가 있다. 즉 제국주의적인 자세를 가지고 현지인들과 그들의 문화를 무시하고 외국의 것을 신앙이라는 이름으로 강요한데 대한 반성이며, 자기만족이나 교세의 확장 같은 이기적인 욕구에서 비롯된 선교에 대한 뉘우침에서 시작된 것이었다. 이처럼 제국주의적 선교자세를 갱신코자 하는 반성에서 대두된 하나님의 선교는 실제로 이런 잘못을 수정하는데 매우 큰 공헌을 하였다. 즉 하나님의 선교는 기구화된 교회, 내향적인 교회, 수의 확장과 교회 성장만을 목표로 하고 있는 교회들을 일깨워 줌으로 하나님의 전 우주적, 전 역사적, 그리고 전 시간적인 구원의 사건을 식별토록 도전하였던 것이다.

하나님의 선교는 하나님이 친히 행하시는 선교요, 이 선교에 동참하는 인간들의 선교는 당연히 하나님의 뜻을 따라 선교에 임해야 하는 것이다. 하나님의 뜻을 따라 예수는 "오히려 자기를 비어 종의 형체를 가져 사람들과 같이 되었고,

… 자기를 낮추시매 죽기까지 복종하셨으니… "(빌 2:7-8)의 자세로 선교하셨다. 하나님의 선교를 수행하고자 하는 교회는 이 예수의 길을 따라 철저히 자신을 낮추는 선교를 해야 한다. 바울이 빌립보 교회의 주역들에게 "아무 일에든지 다툼이나 허영으로 하지 말고 오직 겸손한 마음으로 각각 자기보다 남을 낫게 여기라"(빌 2:3)고 한 권면을 받아들여 우리도 철저히 겸손한 자세로 선교에 임해야 한다. 또한 모든 잘못되고 이기적인 동기들을 부숴 버리고 "보내신 이의 영광을 구하는"(요 7:18) 선교를 수행해야 한다.

2) 하나님께 절대적인 신뢰를 두는 선교

선교가 하나님의 선교라고 하면 선교는 하나님의 본연의 사역이며, 따라서 하나님이 계획하고 원하시는 것에 대하여 하나님이 책임도 지신다는 것을 의미한다.[45] 이것은 흔히 하나님의 선교에 대하여 오해하는 사람들의 생각과 같이 하나님의 사람들과 교회의 도움이 없이도 하나님이 그의 선교를 수행하신다는 방향으로 나아가서 교회를 약화시키는 방향으로 이해되어서는 안 된다. 오히려 하나님에 대한 절대적인 신뢰 가운데 어떠한 상황 가운데서도 낙심치 아니하고 선교에 임하는 동력이 되어야 한다. 사실 선교의 현실을 생각해보면 과연 그리스도의 지상 명령이 실제로 이루어질까 하는 회의에 빠질 수 있다. 빠른 속도로 퍼져가는 이슬람의 부흥을 보면서,[46] 이미 복음화가 되었던 유럽지역이 오히려 재복음화가 필요한 지역으로 퇴보되는 현상을 보면서,[47] 지상명령 완수의 가능성

---

[45] 칼 뮬러,『현대선교신학』, 김영동, 김은수, 박영환 역(서울: 한들출판사, 2002), 65.
[46] 회교는 1900년에 12.4%를 차지하였는데, 2000년에는 21.5%를 차지할 정도로 급성장하였다. 물론 이 증가는 대부분 지역인구증가에 기인한 것이지만 어찌되었든 급속도로 성장하는 것은 사실이다. 패트릭 존스톤,『세계기도정보』, 559.
[47] 영국의 경우 상당수의 교회들이 회교사원으로 팔리고 있으며, 독일의 경우 1800 여개의 개신교 교회마다 주일평균 참석교인이 20명 정도이다. 안영권, "한국 교회선교의 비젼과 협력",『한국 교회선교의 협력과 비젼』(서울: 도서출판 횃불, 1993), 198.

에 대하여 깊은 회의가 스며들 때가 있다.

그러나 하나님의 선교는 이러한 의심들을 과감히 깨부순다. 우리 인간의 작은 머리로 다 측량할 순 없지만 선교의 주인이신 하나님은 하나님의 계획과 뜻에 따라 시작하신 일을 이루실 것이다. 하나님은 당신의 선교를 위하여 필요한 일꾼들을 세우시고 훈련하시고 능력을 주셔서 반드시 그의 선교를 이루실 것이다.[48] 선교가 하나님의 소관이기 때문에 반드시 승리할 것이라는 점을 그리스도의 복음 전파자들은 확신해야 한다. 비록 전하는 자가 실패하고 사람들이 그 메시지를 거부한다 하더라도 하나님의 사역은 계속될 것이고 종국에는 승리할 것이라는 믿음을 가져야 한다.[49] 이런 믿음을 가질 때에 우리는 과감하게 선교를 위하여 헌신할 수 있는 것이다. 헌신은 믿음에서 나오는 것이다. 이길지 질지도 확실치 않은 것을 위하여 목숨을 걸 사람은 없다. 분명히 승리하고 그 결과로 영원한 기쁨에 동참할 수 있다는 믿음이 충천할 때 헌신할 수 있는 동력을 얻게 되는 것이다. 하나님의 선교는 바로 이런 믿음을 심어주는 것이다.

3) 세상에 대한 관심과 책임감을 지는 선교

하나님의 선교는 선교신학의 방향에 사회에 대한 관심을 불어넣는 데 크게 공헌하였다. 세계에 대한 교회의 책임성을 강조하여 교회와 세계를 지나치게 이원론적으로 보아 온 희랍적인 담을 무너뜨리고 하나님 나라와 세상 사이의 상호관련성을 그리스도의 현존의 자리로 해석함으로 말미암아 세상에 대한 교회의 책임감을 일깨워주었다. 세상은 하나님의 사랑의 대상이다. 그곳에 사는 모든 창조물들의 구원과 행복에 대하여 하나님은 깊은 관심을 가지신다. 하나님의 사랑의 대상인 창

---

48) 개린 밴 뤼넨, 『선교학 개론』, 홍기영, 홍용표 역(서울: 서로 사랑, 2000), 41.
49) Ibid., 42.

조물들의 행복을 위한 정의, 복지, 평화 등의 문제에 대하여 깊은 관심을 갖는 것은 선교의 중요한 차원이다. 이러한 것은 실제로 복음을 전하는 선교에도 큰 도움이 된다. 비셜후프트가 말한 것처럼 권력과 특권의식, 인종차별, 부, 가난, 억압 등의 문제로 사람들이 복음을 제대로 듣지 못하고 있는데, 이런 문제들이 적극적으로 해결되어질 때에 복음을 들을 귀도 열어지는 것이다.50) 그러므로 선교는 이러한 문제들을 진지하게 고려하면서 정의와 평화를 구현하는 일에 힘써야 한다.

또한 선교는 창조질서 보존의 문제를 심각하게 고려해야 한다. 종래의 보수적인 선교는 사회를 단지 멸망해가는 곳으로만 보면서 구원의 대상으로만 여기는 것에서 그친 경우가 많았다. 이 세계 자체가 하나님의 사랑의 대상으로서 창조질서가 보존되어야 하고 아름답게 가꾸어져야 하는 대상이라는 사실을 거의 인식치 못했다. 오늘의 세상을 보면, 인간들은 자신을 창조의 중심에 위치시키고 자연을 대상화, 수단화, 주변화하여 자신들의 필요에 따라 이용하고 착취하고 있다. 신자유주의 시장경제 속에서 제품의 생산과 소비의 확산으로 말미암아 지구적 차원의 자원소모가 증가되어지고 있다. 또한 다국적 기업으로 저개발 국가에 진출한 선진자본은 그 지역에서의 자연착취를 가속화하고 있다. 거기다가 전 지구와 생태계를 파멸로 몰아갈 수 있는 핵문제가 바로 우리 곁에 도사리고 있다. 이와 같은 문제는 결코 방심하며 넘길 문제가 아니다. 인간은 생태학적 한계 안에서 살 수밖에 없기 때문에 이것은 바로 우리 자신의 문제인 것이다.51) 현재 이 세계는 환경오염과 파괴 그리고 생태계의 위기 속에서 "모든 피조물이 다 이제까지 함께 탄식하며 함께 고통하며"(롬 8:22) 그의 구속을 기다리는 상황이다. 이런 점에서 전 생태계의 구원을 이루어 가시는 하나님의 선교에 대한 참여

---

50) W. A. Vissert Hooft, *New Delhi Speaks Out Christian Witness, Service and Unity* (New York: Association Press, 1961), 43.
51) 김은수, "생태적 위기와 선교적 과제", 『한국기독교신학논총』, Vol. 30 (서울: 대한기독교서회, 2003), 544-547.

는 선교의 중요한 과제가 되어져야 하는 것이다.

4) 구속사적 차원을 함께 강조하는 선교

하나님의 선교를 주창한 하르텐슈타인은 세계를 위한 예언자적 직무와 사도적 증거를 분리하지 않고 종말론적 시각과 구속사적 관점을 함께 가지면서 이 개념을 말하였다. 하지만 후켄다이크는 Missio Dei를 지나치게 현재적 종말론의 시각에서만 해석하였고, 이러한 영향이 WCC에도 나타남을 보았다. 이런 이유로 WCC의 선교신학은 구속사적 관점에 비하여 현재적 종말론이 지나치게 강조되는 경향이 있고, 이로 인해 정치적 사회적 참여를 적극적으로 뒷받침하는 급진주의적인 신학이라는 인상을 풍기기도 한다. 실제로 WCC의 방향은 세계에 대한 사도적 헌신에서 세계에 대한 봉사적 헌신으로 바뀐 듯한 느낌을 주기도 한다.

하나님의 선교개념은 다시금 균형 잡힌 이해를 가질 필요가 있다. 특별히 약화되어진 구속사적 측면에 다시금 강조점이 주어질 필요가 있다. 하나님의 선교에서 강조하는 샬롬은 분명히 하나님과의 관계에 그 뿌리가 놓여있기 때문이다. 하나님과의 관계를 회복하기 위하여 죄악된 길로부터 돌아와 예수 그리스도를 따르고 그의 교회 공동체의 일원이 되는 개인적인 회심의 전도는 여전히 'Missio Dei'의 핵심적인 사항이 되어야 하며,[52] 이 일을 위하여 교회는 최선의 노력을 경주해야 한다.

하나님의 선교의 관점에서 생각하면 하나님은 교회를 통해서만 그의 나라를 이루어 가시는 것이 아니라 세상의 사람들, 단체들, 국제기구, 정부들을 통해서도 그 나라를 이루어 가신다고 할 수 있다. 하나님의 선교를 교회와 기독교인들만이 독점한다는 생각도 배제해야 할 것이다. 그리고 인류의 평화와 샬롬을 구

---

[52] Karl Hartenstein, "Theologische Besinnung", 64.

현키 위해 이들과의 대화와 협력을 이루어가야 할 것이다. 그러나 복음을 전하는 일은 하나님의 선택을 입은 백성들에게 주어진 독특한 사명이며, 샬롬을 이루는 가장 근본적이고도 가장 핵심적인 사역이다. 다른 어떤 세상의 기관도 이일을 위해 헌신하지 않는다. 그러므로 우리는 다시 한번 구속사적 관점의 중요성을 새롭게 인식하면서 이 사역에 더욱 힘써야 한다.

요약 및 전망

하나님의 선교개념에 대한 평을 하면서, 보쉬는 "… 하르텐슈타인은 선교를 세속화와 수평화로부터 보호하고, 선교를 전적으로 하나님에게만 예속시키기를 원했다. 이것이 일어나지 않았다"[53]라고 말했다. 확실히 하나님의 선교개념은 지나치게 한쪽으로 치우치게 해석되면서 본래의 의도와 맞지 않은 방향으로 전개된 경향이 있다. 샬롬의 결과는 강조하되 그 근원을 약화시킨 것, 샬롬을 위한 도구로서의 교회를 약화시킨 것, 하나님의 선교활동에 대한 혼동 가능성, 그리고 선교의 불필요성을 조장할 가능성 등의 문제점을 배태하게 되었다. 이런 점 때문에 일부 사람들은 하나님의 선교개념을 무조건 거부하려는 경향을 보이기도 하였다.

확실히 우리는 보쉬가 말한 것처럼, '아직 무정형하고 희미한 패러다임의 경계선'[54]에 살고 있는 것 같다. 아울러 이런 시기에는 '지나치게 반동적이거나 지나치게 혁명적인 접근들'[55]이 우리의 선교에 도움이 되지 않는다는 보쉬의 조언을 기억하면서 통전적이며 균형 잡힌 선교신학을 모색하는데 마음을 모아

---

53) 데이비드 J. 보쉬, 『변화하고 있는 선교』, 580.
54) Ibid., 544-546.
55) Ibid.

야 할 것이다. 그 동안 거의 잊혀져왔던 하나님의 선교개념의 구속사적 측면을 다시 되찾아 균형 잡힌 이해를 갖는 것이 중요할 것이다. 즉 하나님의 선교개념이 세상을 강조하면서도 교회를 결코 약화시키지 않는 개념이 되어야 할 것이다. 또한 샬롬을 강조하면서도 샬롬의 기초가 되는 복음전도의 차원을 함께 강조하는 개념이 되어야 할 것이다. 하나님의 선교개념이 참으로 하나님의 선교에 기여할 수 있는 개념으로 바로 이해되어지길 바란다.

현대선교의 핵심 주제 8가지

주제 II. 상황화 CONTEXTUALIZATION

1970년대 초에 나타난 '상황화' (Contextualization) 라는 개념은 그 전에 있었던 '토착화' (Indigenization) 개념과 어떤 점에서 다른가? 에큐메니칼 진영과 복음주의 진영이 동일하게 '상황화' 라는 용어를 사용하면서도 서로 다른 이해를 보이고 있는데 그 차이점은 무엇일까? 상황화의 기원과 내용을 살펴보면서 상황화의 바람직한 방향을 추구해 본다.

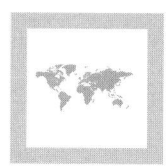

    선교를 수행함에 있어서 기독교 복음의 정체성을 상실하지 않으면서도 선교 현장에 있는 사람들이 그 복음을 들을 때 그것이 자신들의 공동체와 상관이 없는 것으로 여기지 아니하고 그것이 바로 자신들을 위한 것으로 느껴지고 받아들여질 수 있도록 만드는 것은 참으로 중요한 일이 아닐 수 없다. 따라서 선교는 '상황화'라는 용어가 생기기 전부터 상황화의 문제를 생각하지 않을 수가 없었을 것이며 이런 점에서 상황화의 주제는 참으로 오랜 역사를 지닌 주제이며 중요한 주제임에 틀림이 없다. 그럼에도 불구하고, 1970년대 초에 상황화(contextualization)의 개념이 처음 나왔을 때 복음주의 진영의 반응은 한마디로 경계와 거리감이었다. 비록 로잔회의에서 조심스럽게 이 용어가 수용되기는 했지만 에큐메니칼 측에서 처음 사용된 이 용어에 대한 거부감은 그 후 여러 곳에서 표현이 되었다. 그러나 윌로우뱅크 회의에서 상황화의 성경적 정당성이 입증되면서 서서히 복음주의 그룹도 이 개념을 받아들이게 되었다.[1] 이제는 복음주의

---

1) 이현모, "포스트모더니즘이 현대 선교신학에 끼친 영향", 『선교를 위한 문화 인류학』, 한국 복음주의 선교신학회 편(서울: 이레서원, 2001), 441.

진영이나 진보진영이나 모두 상황화란 용어를 함께 사용하고 있는 실정이다.

그러나 그럼에도 불구하고 여전히 복음주의 진영에서는 상황화 중 외부적 요소에 대한 상황화인 문화적 차원의 상황화 개념은 토착화의 연장선상에서 커다란 논란없이 받아들이는 반면, 상황화 개념을 신학에까지 적용시키는 신학적 차원의 상황화 개념에 대해서는 아직도 쉽게 수용하지 못하는 경향이 있다.[2] 그리하여 똑같이 상황화란 용어를 쓰면서도 복음주의와 에큐메니칼 진영은 서로 다른 개념 혹은 강조점을 생각하는 경향이 있다. 즉 복음주의 진영은 효과적인 선교 방법적인 차원에서 상황화란 용어를 사용하는 반면에 에큐메니칼 진영에서는 사회변혁과 해방을 생각하면서 상황화란 용어를 사용하는 경향이 강하다.[3] 이처럼 명확하지 않게 사용되고 있는 상황화에 대한 바른 이해를 갖기 위해서는 상황화란 용어가 본래 어떤 배경에서 나왔는지 그리고 어떤 강조점을 지녔는지 등에 대한 연구를 통하여 상황화에 대한 바른 이해를 갖고, 이 같은 이해 위에서 상황화의 바른 방향성을 제시해볼 수 있을 것이다. 따라서 이 장에서는 상황화라는 개념의 뿌리와 주요 강조점 등을 찾아보고 평가하면서 상황화가 어떤 방향으로 나가는 것이 바람직할 것인가 하는 것을 고찰하고자 한다.

1. 상황화 개념의 배경과 내용

앞서 언급했듯이 상황화의 과제는 선교의 초창기부터 주어진 과제였으므로 상황화와 유사한 의미를 지닌 용어들은 많이 있어왔다.[4] 그런데 과거 식민지였

---

2) Ibid.
3) 데이비드 J. 보쉬, 『변화하고 있는 선교』, 김병길, 장훈태 역(서울: 기독교문서선교회, 2000), 668.
4) 상황화와 유사한 개념을 김영동은 적응(Accommodation), 사회화(Enculturation), 문화 변용(Acculturation), 지역 신학(Local Theology), 토착화(Indigenization) 등으로 정리하고 있다. 김영동, "상황화의 역사적 배경과 이론에 대한 신학적 고찰," 『하나님 나라와 선교』, 서정운 명예총장 은퇴 기념 출판위원회 편(서울: 대한기독교서회, 2001), 164-166.

던 나라들이 독립을 얻는 세계정세의 변화와 그로 인한 신학적 인식의 변화 등으로 인해 상황화 개념이 태동되게 되었다. 본 장에서는 상황화 개념이 출현하기 전에 상황화 개념의 한 전신으로 여겨질 수 있는 개념인 토착화 개념과 상황화 개념을 비교 연구하고, 상황화 개념의 이론적 토대가 되었다고 볼 수 있는 하나님의 선교개념을 살펴보면서 상황화 개념의 탄생배경과 상황화의 주된 강조점을 함께 살펴보자.

1) 토착화

토착화란 삼자원리 혹은 네비우스 방법 등으로 요약되어질 수 있는 것으로 자치, 자립, 자전하는 토착교회 형성을 주된 목표로 삼는 원리이다. 상황화는 바로 이 토착화에 기본적인 근간을 두고 탄생하였다. 물론 상황화는 토착화와는 여러 가지 면에서 많은 차이점을 보여주는 것이 사실이지만, 상황화가 토착화를 디딤돌로 삼고 탄생하였다는 것은 1970-1977년까지 신학 교육기금의 이사였던 Shokie Coe의 말 중에서 "그것은 (상황화〈contextualization〉) 토착화란 용어가 의미하는 모든 것을 포함하지만 그 이상으로 넘어가기를 추구한다"[5]라는 말 속에서 찾을 수 있다. 즉 상황화란 기본적으로 토착화의 개념을 포함하면서 토착화의 오류, 편견, 틈새 등을 교정하면서 새로운 시대 상황에 맞는 선교원리로 제시된 것이었다.[6]

1970년대에 들어서면서 신학교육기금은 2/3세계의 인권적으로 억압받는 자들, 계층 및 계급의 차별로 인해 빚어진 소외된 자들, 그리고 가난한 자들을 위한 사회적 변혁에 깊은 관심을 갖게 되면서 많은 서구의 개인주의적 구원관과

---

5) Theological Education Fund, *Ministry in Context* (Bromiley, Kent: TEF, 1972), 19-20.
6) Don M. McCurry, ed., *The Gospel and Islam* (California: MARC, 1979), 107.

윤리관이 이런 상황에 처한 사람들을 소홀하게 대하고 있음을 발견하였다.[7] 뿐만 아니라 신학 교육마저 세습적이고 전통적인 패턴을 지속할 뿐 교회가 가지고 있는 종 됨(slave)의 사역을 제대로 하지 못함을 발견하였다. 즉 신학 교육이 가난한 자와 억눌린 자를 해방하는 메시지로서 복음을 제시하지 못하고, 그 결과 복음의 능력으로써 가난한 자와 억눌린 자의 해방이라든가 억압자의 지배권으로부터 벗어나게 하는 역할을 제대로 하지 못하고 있음을 보게 되었다.[8] 신학 교육 기금은 이와 같은 상황을 신학 교육의 위기로 보면서 정치, 경제, 사회를 바꾸어나갈 수 있는 신학 교육 즉 2/3세계의 특수한 지역적 필요와 상황에 적절히 대응할 수 있는 정책을 발전시킬 수 있는 교육의 필요성을 절감하게 되었던 것이다. 상황화라는 용어는 바로 이와 같은 배경 속에서 출현하게 되었다.

그렇다면 토착화를 포함하면서도 토착화를 극복한다고 하는 상황화는 토착화와 비교하여 어떤 차이점을 지니고 있는가? 먼저 토착화는 전통 문화 안에서 어떻게 효과적으로 복음을 전파할 것이냐에 대하여 초점을 맞추어 하나의 문화권에 맞는 적절하고 의미 있는 언어와 전달 형태를 가지고 복음을 전달하는 과정에 깊은 관심을 갖는 반면에 상황화는 역사적 상황에서 현실에 도전하고 그 현실을 변화시킬 목적으로 하나님 말씀과 세상과의 접촉점을 찾으려는 데 주된 관심을 두고 있다. 토착화는 문화적인 요소와 연관성을 지니면서 기독교적 요소들을 어떻게 문화에 잘 적응시킬까 하는 문제를 다루고 있다면, 상황화는 상황을 변혁할 수 있는 새로운 신학적인 작업에 관심을 기울이고 있다.[9] 즉 토착화는 주로 복음의 전달 방법에 관심을 두고 있다면, 상황화는 상황을 변혁할 수 있는 새로운 복음의 내용에 많은 관심을 가진다고 할 수 있다. 이런 점에서 토착화란

---

7) 정홍호, "문화와 상황화", 『선교를 위한 문화인류학』, 한국복음주의 선교신학회 편(서울: 이레서원, 2001), 282.
8) Bruce Fleming, *Contextualization of Theology: An Evangelical Assessment* (Pasadena, CA: William Carey Library, 1980), 83-87.
9) 정홍호, "문화와 상황화", 277-278.

용어는 전통적인 문화에 대한 복음의 반응이라는 면에서 사용되는 경향이 있는 반면에 상황화는 그런 것을 무시하지는 않지만 세속성(secularity)과 기술문명 (technology) 그리고 2/3세계 국가들의 정치적 투쟁까지도 고려하는 것이다.[10] 이상과 같은 논의 속에서 우리는 토착화와 상황화를 다음과 같이 단순화하여 비교해 볼 수 있을 것이다.[11]

	토 착 화	상 황 화
목 적	자립적인 교회성장	세상의 변화 (샬롬의 구현)
방 법	복음의 전파 및 교회 개척	현지인에 의한 현지의 신학
사 역 자	선교사가 주도하되 현지인의 적극적인 참여 유도	현지인, 특별히 신학자
관심영역	문화 영역	정치, 경제, 사회, 환경 등의 모든 영역
전 제	선교 초기 교회	어느 정도 성장한 교회

토착화와 상황화는 언뜻 생각하기에는 비슷한 개념인 것 같지만 이상의 표에서 볼 수 있듯이 사실은 상당한 차이를 지니고 있다. 우선 목적을 보아도 토착화는 건강한 자립교회 설립을 가장 주된 목적으로 삼는 반면에 상황화는 주로 하나님의 선교개념을 따라서 세상에 샬롬을 이루는 것을 그 주된 목적으로 삼고 있다. 물론 토착화에서도 샬롬의 차원을 고려하지 않는 것은 아니지만, 자립교회 설립이 사회의 변화와 샬롬을 가져오리라고 보므로 자립교회 설립에 더 많은 강조점을 둔다. 또한 이상의 목적을 이루는 방법도 두 원리는 현저한 차이를 보인다. 토착화에서는 복음의 전파로 인한 영혼구원과 교회의 개척이 주된 방법이

---

10) Bruce Fleming, *Contextualization of Theology: An Evangelical Assessment*(William Carey Library, 1980), 52-53.
11) 토착화와 상황화에 대한 다른 비교는 김영동, "상황화의 역사적 배경과 이론에 대한 신학적 고찰", 166-167과 K. Haleblian, "The Problem of Contextualization", *Missiology* XI/1, January, 1983, 98 등을 참조해보라.

라면, 상황화는 현지인에 의한 자신학화를 주된 방법으로 생각한다. 즉 현지의 문제를 해결하고 그 곳에 샬롬을 이루기 위해서는 현지를 잘 아는 현지인 신학자에 의해 현지에 맞는 신학을 세우는 것이 해결의 길이라고 본다.

이러한 방법을 실행하는 사역자 역시 많은 차이를 지니는데, 토착화에서는 아직 교회가 어리므로 선교사가 주도권을 지닌다. 그러나 삼자원리에서 볼 수 있듯이 토착화의 주된 관심은 속한 시일 내에 현지인들이 스스로 복음을 전하고 교회를 세워나가도록 하는 것을 주된 목표로 삼으므로 처음부터 현지인의 참여를 강하게 요구하고 있다. 반면 상황화에서는 선교사의 위치는 거의 무시된다. 어차피 현지인이 현지에 맞는 신학을 만들어야 하므로 현지인 신학자의 역할이 많이 강조되는 경향이 있다. 신학 교육 기금의 주된 목적은 바로 이러한 자신학화의 작업을 할 수 있는 신학자를 키워내는 것이며, 이런 점에서 신학 교육 기금에서 상황화라는 용어를 가장 처음 말했다는 것은 결코 우연이 아닐 것이다.

두 원리는 교회 상황에 대한 전제도 차이를 보인다. 토착화에서는 기본적으로 아직 교회가 스스로 설 수 없는 어린 교회를 전제한다. 반면에 상황화는 스스로 자신학화를 할 수 있을 정도 성장한 교회를 전제하는 것이다. 또한 둘 사이의 주된 관심분야도 상당한 차이를 보인다. 토착화에서는 어떻게 하면 복음을 효과적으로 전할까 하는 데 주된 관심이 있으므로 자연히 성경과 이를 해석하는 성경 신학에 많은 관심을 지니는 반면, 상황화에서는 현장의 문제를 어떻게 해결할까에 관심을 지니므로 주로 현장의 문제가 무엇인지를 파악하는 사회 과학과 자신학화 등에 깊은 관심을 가진다. 즉 토착화는 현지인의 마음에 말씀을 심고 현지인들로 하여금 그 말씀에 따라 삶을 살도록 하게 하는 것이 주된 관심이라면 상황화는 주로 현실적인 사회 문제 해결과 구조 변혁 등에 관심이 많다.

2) 하나님의 선교

상황화 개념이 토착화 개념을 뛰어 넘어 탄생하게 된 가장 주된 이론적 배경은 하나님의 선교개념이라 할 수 있다. 상황화의 개념은 사실 하나님의 선교개념이 빚어낸 결과물이라고 해도 과언이 아닐 것이다. 상황화 개념의 태동배경이 하나님의 선교개념과 긴밀하게 연결되어 있다는 사실은 쇼키 코우의 다음과 같은 말에서도 잘 나타난다. "상황성은 … 상황(context)을 만드는 것에 대한 비판적인 평가가 Missio Dei의 견지에서 매우 중요하다는 것이다. 그것은 시대의 징조에 대한 선교 신학적인 통찰이다."[12] 쇼키 코우의 이 말은 상황성에 대한 고려가 하나님의 선교개념에서 매우 중요하다는 것이며, 이러한 하나님의 선교개념이 세계교회협의회의 주된 신학적 토대로 뿌리를 내리면서 상황화의 개념이 태동되게 되었다.

둘 사이의 연관성을 좀 더 자세히 살펴보자. 하나님의 선교개념은 샬롬을 선교의 주된 목표로 강조한다. 그리고 이 샬롬의 범위는 교회 안이 아니라 전 세계를 포함하며, 영적인 측면만이 아니라 실존의 모든 측면을 포함한다.[13] 이 샬롬은 시대적 상황에 따라 다양한 형태로 표현되었는데, 웁살라 총회 제2 분과위원회에서는 인간화(humanization)를 선교의 목표로 삼았고,[14] 1983년 벤쿠버와 1990년 서울 대회에서는 '정의, 평화, 창조질서 보존' 즉 JPIC(Justice, Peace, Integrity of Creation)을 주제로 삼았으며,[15] 1991년 캔버라로 오면서부터는 창조질서의 보존을 특별히 중요한 내용으로 부각시켰다. 하나님의 선교는 세상을 하나님의 구원역사의 출발점이요 현장으로 본다. 하나님의 선교는 부름 받은

---

12) Shoki Coe, "In Search of Renewal in Theological Education", Theological Education, IX, 4 (Summer, 1973), 241.
13) 데이비드 J. 보쉬, 『변화하고 있는 선교』, 579.
14) Norman Goodall, ed. *The Uppsala Report 1968*(Geneva, WCC, 1968), 27-29.
15) 이형기, 『복음주의와 에큐메니칼 운동의 세 흐름에 나타난 신학』(서울: 한국장로교출판사, 1999), 333.

공동체인 교회로부터 출발하는 선교가 아니라 교회가 하나님으로부터 보냄 받은 현장인 세계로부터 출발한다.16)

이 같은 이해 위에서 결국 선교의 주체가 교회이고 교회의 확장이 곧 선교의 성적표임을 말하던 교회의 선교는 종말을 고하게 되었고 이와 함께 자연히 교회선교를 모토로 삼고 있던 토착화는 신학적 지지기반을 상실하게 되었다. 앞서도 언급했듯이 토착화 개념에서는 기본적으로 선교의 목적이 자립하는 교회의 설립이었다. 교회를 세우는 것이 곧 영혼구원과 사회변혁의 가장 효과적인 방법이라는 생각을 가지고 있었고, 적어도 1950년대까지는 이러한 개념에 대하여 물음표를 다는 사람이 거의 없었다. 그러나 하나님의 선교개념이 태동하고 이것이 WCC의 주된 신학으로 자리를 잡으면서 상황이 많이 달라졌다. 이제 교회를 세우는 것은 교파를 확장하는 또 하나의 제국주의 행태로 여겨지게 되었다. 이런 상황에서 교회설립을 목표로 하는 토착화 원리는 더 이상 시대적으로 어울리지 않는 개념이 되고 말았다. 결국 복음을 효과적으로 전하고 자립교회를 세우는 것을 목표로 하는 토착화를 대신할 다른 원리의 출현이 필요하게 되어졌으며, 여기에서 상황화의 개념이 태동하게 된 것이다. 이런 점에서 상황화는 하나님의 선교개념을 배경으로 하여 탄생된 것이라 할 수 있는 것이다.

2. 상황화 개념 평가

앞에서 살펴본 대로 상황화의 주된 관심들은 정당한 것이고 토착화가 놓치고 있었던 부분들을 잘 잡고 있다고 할 수 있다. 즉 토착화를 포괄하면서도 토착화

---

16) WCC, *The Church for Others: Two Reports on the Missionary Structure of the Congregation* (Geneva: WCC, 1968), 16-17.

를 넘어서서 더 넓은 부분을 역동적으로 변화시키는데 기여한다고 할 수 있다. 그럼에도 불구하고 상황화는 토착화가 강조한 점들을 놓치면서 한편으로 치우친 경향을 보이는 것이다. 즉 본 연구에 나타난 4가지의 대비 가운데 상황화는 주로 앞의 것을 강조하는 경향이 있다.

1) 상황 vs. 말씀

인간은 상황 속에서 성경을 읽고 복음을 읽고 이해한다. 또한 복음이 구체적으로 실천되는 곳은 바로 상황이다. 상황과 무관한 복음은 이미 복음이 아니다. 성경이 문화와 상황을 고려하지 않은 채 일방적으로 선포한다면 그것은 허공을 치는 결과를 초래할 수밖에 없다. 이런 점에서 구티에레즈(Gutierrez)는 콩가르(Y. Conger)의 말을 인용하여 말하기를, "현대세계의 실질적인 문제에 반응하려면 계시로부터 출발하는 고전적인 신학을 버려야 한다고 말한다. 오히려 세계와 역사로부터 나온 사실들과 질문들로부터 시작해야 한다"[17]고 주장한다. 그러니까 상황을 강조하는 상황화는 상황을 출발점으로 택하고 성경을 그 상황에 비추어서 해석하려는 경향이 강하다. 즉 복음의 메시지가 상황으로 적용되는 것으로가 아닌, 상황으로부터 끌어낼 수 있는 것으로 간주되는 경우가 많다.[18] 이처럼 출발점을 성경이 아닌 상황으로 할 경우에 성경의 의도와는 다른 결론으로 도달되어질 가능성이 있는데, 이런 점에서 니콜스는 '신학함의 출발점이 최종산물을 결정지을 것'[19]이라는 의미심장한 말을 한 바 있다. 상황화는 상황을 텍스트에 우선하는 것으로 보면서 '위로부터의 신학' 즉 말씀으로부터의 신학을

---

[17] G. Gutierrez, *A Theology of Liberation: history politics and salvation* (New York: Orbis Books, 1988), 12.
[18] 이러한 경향을 우리는 웁살라 대회의 "세계가 안건을 제시한다"라는 말속에서 잘 찾아볼 수 있다. Max Stackhouse, *Apologia: Contextualization, Globalization, and Mission in Theological Education* (Grand Rapids, MI: Eerdmans, 1988), 38-81.
[19] 브루스 니콜스, 『상황화: 복음과 문화의 신학』, 김성웅 역(서울: 생명의 말씀사, 1992), 32.

배제하거나 경시하고, '아래로부터의 신학'을 추구하는 경향이 강하다. 이 같은 상황화는 자칫 신학을 특정상황에 끼워 맞추는 상대주의 위험과 함께 상황주의(contextualism)를 절대화하는 위험을 지니며 성경의 권위보다 상황을 우선시하는 그릇된 상황화를 초래하기가 쉽다.[20]

물론 우리가 경험하고 읽어낸 상황도 중요한 하나의 표준이 된다. 확실히 우리는 현재의 상황 속에서 복음을 읽고 이해한다. 그런 점에서 상황은 부인할 수 없을 정도의 결정적인 성질과 역할을 지닌 것이 사실이다. 복음이 어떤 주어진 문화 속으로 들어갈 때 복음 자체도 새로운 조명을 받고 육화되어진다.[21] 즉 복음도 상황에 따라서 다르게 이해되어지는 것이다. 그러나 그렇다고 해서 상황이 신학적인 반성을 위한 우월한 권위로 여겨져서는 안 된다.[22] 상황은 말씀의 결정적인 통제를 필요로 한다. 즉 말씀이 시금석이 되어서 우리의 상황과 상황 읽기를 비판할 수 있어야 한다.[23] 그렇지 않을 경우 일치된 신앙 전통을 잃게 될 것이고, 이것이 없는 곳에서 상황화는 신앙주의적인 정치의 새로운 분파를 산출하게 되며 이것은 모든 신학적인 대화를 무용하게 만든다.[24] 즉 상황이 아무리 중요하다해도 상황이나 인간(이성이나 경험이나 지식)이 신학적 성찰의 유일하고 기본적인 권위를 지니는 것은 아니다. 상황은 어디까지나 '표준화된 표준'(norma normata)일 뿐이다. 이에 비해 말씀은 '표준화하는 표준'(norma

---

20) 상황화 신학은 상황을 중시하며 상황을 신학적 담론의 중요한 변수로 수용하면서, '아래로부터의 신학'을 추구하는 경향이 강하다. 이처럼 상황화 신학이 '위로부터의 신학'을 배제하거나 성경의 권위보다 상황에 더 우선적인 권위를 둘 때 상황화는 매우 위험할 수 있는 것이다. 즉 특수성을 강조하는 상황화를 너무 강조하다보면 복음의 보편적인 본질을 상실할 수 있는 가능성이 커지기에 죤 코너는 탈상황화(decontextualization)를 주장하기까지 하는데, 이런 주장을 심각하게 고려할 필요 있는 것이다. John H. Connor, "When Culture Leaves Contextualized Christianity Behind", *Missiology: An International Review*, Vol. 19(1), January, 28.
21) James A. Scherer, ed., *New Directions in Mission and Evangelization 3: Faith and Culture* (New York: Orbis Books, 1999), 226.
22) Max Stackhouse, *Apologia*, 26.
23) 데이비드 J. 보쉬, 『변화하고 있는 선교』, 636.
24) Ibid., 637.

normans)으로서 판단하는 기준이 되는 것이다. 위로부터의 계시와 성경과 복음의 정체성인 예수 그리스도의 십자가 구속과 성령의 임재가 신학적 성찰과 체계의 나침반이 되어야 하는 것이다.25) 따라서 상황을 지나치게 강조할 경우 복음의 예언적 기능이 약화되고 성육신적 기능만 강화됨으로써 과도한 무비판적 토착화가 이루어져 기독교의 정체성을 잃는 경우가 발생할 가능성이 높아진다. 그러므로 복음은 상황과 깊은 연관성을 지니면서도 상황과 어느 정도 거리를 두어야 한다.26) 그렇지 않을 경우 문화적 컨텍스트가 텍스트와 성경적 증거를 완전히 상대화시킬 위험성이 항상 존재하기 때문이다.27)

아울러 상황화가 너무 강하면 복음 자체를 현실과 절충해버리면서 복음자체가 변질될 수 있는 위험성이 있다. 즉 복음의 본질이 견지되는 한에서 선교지 문화가 존중되어야 하는데, 상황을 지나치게 강조할 경우 복음의 내용 자체가 변화되어질 수 있다는 문제점이 있다. 즉 옛것을 무비판적으로 수용하게 되면서 문화적이며 사회적인 죄를 간과하게 될 때, 온갖 종류의 혼합주의로 나갈 수 있는 위험성이 있다.28) 중요한 점은 복음이 문화가 아니며 문화가 복음을 대신할 수 없다는 사실이다. 그렇지 않으면 하나님의 계시를 문화와 혼돈하여 기독교의 근본적 정체성을 상실하게 된다. 절대적 규범이 없이 모든 것을 상황화해 가는 적용 방법을 택하게 된다면 그것은 곧 상대주의로 흐르게 될 것이며, 그것은 선

---

25) Ibid., 636.
26) 상황화의 이 같은 작업은 참으로 어렵고도 복잡한 작업이 아닐 수 없다. 이런 점에서 몰트만도 상황화의 고민을 "기독교 신앙은 그 태동에서부터 인간의 세상에 어떻게 적절하게 적용될 수 있을까 고민해 왔고 다른 한편으로는 그리스도안에서 정체성을 어떻게 유지할 것인가를 고민해왔다"라고 표현하고 있다. Jurgen Moltmann, *The Experiment Hope* (London: SCM Press, 1975), 1.
27) 김영동, 『교회를 살리는 선교학』, 455-456.
28) Ibid., 455. 이 같은 예를 아프리카의 상황화에서 찾아볼 수 있는데, 베르카일은 아프리카 신학의 주제들을 열거하는 가운데 전통종교에 대한 신학적 반영을 지적하면서 부족종교, 전통종교, 고대종교 등을 신학에 반영하는 것이 가장 두드러진 특징이라고 말한다. J. Verkyul, *Contemporary Missiology* (Grand Rapids, MI: Eerdmans, 1987), 277.

교에 도움이 되는 것이 아니라 오히려 선교의 힘을 극도로 약화시켜버리는 걸림돌로 전락되어질 가능성이 높다.

2) 급진적 변혁 vs. 점진적 변화

상황화라는 용어는 다양한 신학적인 모델을 포함하고 있는 포괄적인 용어다. 우크퐁은 상황화를 두 가지 주요한 형태 즉 토착화 모델과 사회 경제적 모델로 나누면서, 각각을 두 가지의 하부형태로 나누고 있다. 즉 토착화 주제는 번역모델과 문화화 모델로 나누고, 사회 경제적 모델은 점진적인 모델(정치신학과 발전신학)과 혁명적인 모델(해방신학, 흑인신학, 여성신학)로 나눈다.[29] 보쉬는 우크퐁의 이러한 견해를 약간 수정하여 첫 번째 모델의 문화화 모델과 두 번째 유형속의 혁명인 모델만이 상황신학으로 적절하다고 주장한다.[30] 즉 보쉬는 개인적 변화를 생각하는 토착화 모델 가운데 문화적 모델을 선택하고, 사회적 변혁을 생각하는 사회 경제적 모델 가운데서는 혁명적 모델을 선택한 것으로 보인다. 문화화 모델이란 기본적으로 개인과 그들의 문화를 변화시켜 사회를 변혁해 가는 점진적인 변화로 생각할 수 있고, 혁명적인 모델이란 사회 구조 자체를 혁명적으로 변혁하는 데 관심이 있는 것으로 생각할 수 있다. 물론 이 두 가지 접근은 서로 밀접하게 연관되어 있어서 완전히 분리하여 생각하는 것은 어렵고, 또한 어느 하나만 가지고는 완전한 사회 변화를 가져오기 어려울 것이다.

그런데 신학 교육기금에서 제안한 상황화는 확실히 사회 변혁에 더 많은 관심을 가지는 혁명적 모델의 상황화 측면이 강하다. 즉 기본적으로 복음 전도와 교

---

[29] Justin Ukpong, "What is Contextualization?", Neue Zeitschrift fur Mission- swissenschaft, vol. 43, 1987, 163. 한편 비번스(S. B. Bevans)는 상황화 모델을 다섯 가지 즉 번역모델, 인류학모델, 실천모델, 종합모델, 초월모델 등으로 나눈다. S. B. Bevans, Models of Contextual Theology (Maryknoll, Orbis Books, 1994), 24-39.

[30] Justin Ukpong, "What is Contextualization?", 163.

회 개척을 통한 개인과 사회의 변화보다는 세상의 변혁에 깊은 관심을 두고 있는 개념이다. 물론 토착화를 통한 개인적 변화를 염두에 두지 않는 것은 아니지만, 급진적 변혁을 추구하는 혁명적 모델에 더 많은 관심을 두고 있는 것이라 할 수 있다. 이런 점에서 아시아와 라틴 아메리카에서 나온 상황화는 주로 군부독재나 사회적 소외 혹은 경제적 빈곤에 대한 응답으로서의 상황신학으로서 주로 해방신학의 형태로 표출되게 되었다. 반면에 복음주의권에서는 똑같은 상황화라는 용어를 사용하면서도 주로 문화화 모델 즉 토착적인 교회를 세우고 그 교회를 통하여 점진적으로 개인과 사회를 변화시키는 접근을 염두에 두고 있다. 예를 들어 폴 히버트가 말하는 비판적 상황화 역시 기본적인 관심은 선교지에서 복음을 효과적으로 전하고 토착교회를 세우는데 필요한 문화적 모델의 상황화인 것이다. 이런 점에서 복음주의권에서 이해하는 상황화와 신학 교육기금에서 이해하는 상황화는 같은 용어를 쓰면서도 상당히 다른 관심과 접근방식을 지향하고 있음을 알 수 있다.

예수의 접근방법은 과연 어떤 것이었다고 볼 수 있을까? 그가 추구한 방법은 혁명적 변혁이었을까 아니면 점진적 변화였을까? 그의 접근 방식에는 확실히 혁명적인 측면이 없지 아니하였다. 그가 세리와 창기와 버림받은 자들에게 하나님의 나라를 선언하고 그들과 어울린 것 자체가 당시의 종교지도자들의 눈에는 매우 혁명적인 것이었다. 보쉬는 이러한 세상변혁으로서의 복음을 복음의 근원 되시는 예수의 삶 속에서 발견하면서 다음과 같이 주장한다.

> 그분(예수님)은 천상의 높이로 후퇴하지 않으시고 가난한 자들, 포로된 자들, 눈먼 자들, 억압받는 자들의 전적으로 현실적인 상황 속에 자신을 던졌다(눅 4:18 참조). 오늘날 역시 그리스도께서는 배고프고 병든 자들이 있는 곳, 착취당하고 소외당한 자들이 있는 곳에 계신다. 그의 부활의 능력은 인간 역사를 그 목표로 하여, "보라 내가 만물을 새롭게 하노라"(계 21:5)는 깃발 아래로 나아가게 한다. 교회의 주님처럼 선교하는 교회는 삶을 위하고 죽음을 대적하기 위해, 정의를 위하고

억압에 대항하기 위해 나서야 한다.[31]

또한 그가 가져올 하나님의 나라는 다니엘이 예언한 것 같이 모든 인간의 왕국을 뒤엎고 승리의 왕국으로 임하는(단 2:44) 하나님 나라의 측면이 있었다. 하나님의 나라가 완성되기 이전에 초월적인 인자의 활동도 있을 것이다(단 7:13-17). 하나님 나라 완성에 앞서서 전 우주적인 심판과 변화와 새로워짐이 있을 것이다(마 24장, 막 13장). 그러나 예수께서 강조하신 하나님의 나라는 이 같은 혁명적인 차원보다는 오히려 점진적인 변화 즉 개인들의 변화를 통한 점진적인 변화의 측면이 더 강하게 부각된 것으로 보인다. 즉 예수께서 가져오시는 하나님의 나라는 무력이나 극적인 시위에 의하여 시작되는 것이 아니라 누룩을 넣거나 씨를 뿌리는 것과 같은 미미해 보이는 활동으로 시작된다는 것이다.[32]

하나님 나라 오심의 표적에 대하여 묻는 질문에 대하여 예수께서는 "하나님의 나라는 볼 수 있게 임하는 것이 아니요 또 여기 있다 저기 있다고도 못하리니 하나님의 나라는 너희 안에 있느니라"(눅 17:20-21)라고 말씀하셨다. 이 말씀은 하나님 나라의 오심에 대하여 묵시주의자들이 기대하는 것과 같은 외적인 혹은 우주적인 표적을 기대하지 말라는 것을 내포하고 있다.[33] 즉 예수의 가르침 속에서 우리는 하나님의 나라가 유대 묵시문학이 기대하는 것과 같은 급진적인 변화나 젤롯당이 기대하는 정치 사회적 혁명을 통해서 일어나지 않는다는 것을 짐작할 수 있다. 예수께서 가르치신 천국의 비유 가운데 겨자씨의 비유나 누룩의 비유(막 4:30; 마 13:33; 눅 13:20-21)에 의하면 하나님의 나라는 매우 미미하게 시작되어 믿음이 없는 사람들의 눈에는 아예 보이지도 않을 정도라는 사실을 함축하고 있다. 적은 양의 밀가루 반죽에 누룩이 들어가서 작용을 할 때에 아무

---

31) 데이비드 J. 보쉬, 『변화하고 있는 선교』, 629.
32) Ibid., 101.
33) Mortimer Arias, *Announcing the Reign of God*(Philadelphia: Fortress Press, 1984), 14.

것도 일어나지 않는 것처럼 보인다. 그러나 무언가 미세한 작용이 지속적으로 일어나고 그것은 결국 밀가루 덩어리 전체를 완전히 바꾸어 놓는 결과를 가져오는 것이다.[34] 누룩이 이같이 눈에 보이지 않게 역사 하여 결국 전체 밀가루 덩어리를 바꾸듯이 적게 시작된 하나님의 나라 역시 전 세계에 영향을 주면서 전 세계를 바꾸는 것이다.

3) 참여 vs. 전달

앞에서도 언급했듯이 상황화의 주요한 신학적 근거는 하나님의 선교개념이다. 하나님의 선교개념이란 하나님이 친히 행하시는 선교에 우리가 동참해야 한다는 것이다. 1980년 호주 멜본 대회에서 개최된 제3차 선교와 복음화 대회(CWME)의 제1분과에서는 주장하기를 선교란 억압하는 것이 아니라 해방하려고 노력하는 것이고, 착취하려는 것이 아니라 정의를 위해 노력하는 것이고, 가난이 아니라 충만이며, 노예가 아니라 자유며, 질병이 아니라 건강이며, 죽음이 아니라 생명이라고 정의하고, 복음화의 중심요소를 정의 사회를 위한 질서와 인권을 위한 투쟁에 참여하는 것이라 하였다.[35] 즉 상황화는 정의 사회와 인간화를 이루기 위한 투쟁에 참여하는 것에 깊은 관심을 두고 있다.

그런데 하나님의 선교에 참여하는 것은 정의와 인간화를 위한 투쟁에 참여하는 것 못지않게 복음을 전달하는 것도 하나님의 선교에 참여하는 것이다. 부활하신 주님께서 "아버지께서 나를 보내신 것 같이 나도 너희를 보내노라"(요 20:21)하신 명령을 주님께서 이루신 구원의 소식을 전달하는 것으로 보기보다

---

34) George E. Ladd, *A Theology of the New Testament*(Grand Rapids, MI: W.B. Eerdmans Publishing Co., 1974), 99.
35) WCC, *Your Kingdom Come: Report on the World Conference on Mission and Evangelism*(Geneva: WCC, 1980), 177-178.

정의와 평화를 위한 투쟁에 참여하는 것에 강조점을 두는 것은 확실히 균형을 잃은 것으로 보인다. 이런 점에서 뉴비긴은 CWME를 평가하면서 가시적 교회 연합, 정의, 평화, 창조의 고상함 등은 강조하면서도, 하나님이 그리스도 안에서 우리에게 하신 일이 무엇인지를 세계에 알리는 책임과 기쁨은 별로 강조하지 아니한다고 평가한다. 아울러 만약 이 균형이 깨어진다면 새로운 유형의 식민주의가 나타날 수 있다고 덧붙인다.36) 상황화는 상황변화의 가장 주된 활동인 복음 전달보다 상황 변혁을 위한 참여에 주로 관심을 기울이는 경향이 강하다.

또한 참여를 강조할 때 나타날 수 있는 문제는 하나님의 활동에 대한 혼동의 가능성이다. 역사적으로 볼 때 하나님의 활동이라 생각하고 거기에 열심히 참여하였는데 후일에 하나님의 활동으로 오인한 것이었음을 실감한 사례가 많았던 것이 사실이다. 예를 들어 남아프리카의 진지한 그리스도인들은 수십 년 동안 그 나라에서 행해진 분리 발전의 정책(인종차별정책)을 그 나라의 문제들에 대한 하나님의 공정한 해결책이라고 생각하였다. 또한 독일의 국가 사회주의는 많은 그리스도인들에게 의해 신적인 간섭과 호의의 증거로 받아들여졌다. 또한 많은 그리스도인들은 구소련과 동유럽 그리고 다른 사회주의 국가들 가운데 있었던 정치적인 사건들과 발전들을 그 시대의 신적인 표적들로 보기도 하였다. 즉 역사를 통하여 볼 때 그리스도인들은 어느 특정한 시대를 지배하는 역사의 사회학적인 힘을 성례화하고, 그것들을 섭리와 구원의 사역들로 간주하는 경향이 있는 것이다.37)

더 나아가서 상황에의 참여를 주장하는 사람들은 자신들이 하나님의 의지에 관한 특별한 지식을 주장하면서 그들과 동의하지 않는 사람들은 '거짓된 양심'을 소유한 자로 선언하는 경향을 보이기도 한다. 즉 자신들은 특별한 지식에 접

---

36) Lesslie Newbigin, "The Dialogue of Gospel and Culture: Reflections on the Conference on World Mission and Evangelism, Salvador, Bahia, Brazil", *International Review of Missionary Research*, Vol. 21(2) (April, 1997), 50-52.
37) 데이비드 J. 보쉬, 『변화하고 있는 선교』, 633-634.

근하며 그러기에 상황을 해석할 수 있고 그 상황을 위한 복음이 무엇인지를 말할 수 있다고 생각한다. 아울러 자신들의 것을 인정하지 않는 사람들은 거짓된 양심을 가진 사람들이라고 낙인찍히며 하나님의 정의를 넘는 것으로 판단함으로써 혼돈을 가져오기도 한다.[38] 이런 점에서 보쉬는 하나님의 발자취를 확인하는 작업을 '위험이 동반된 모험' 그리고 '우리가 스스로 해결할 수 없는 문제를 가진 사업'이라고 표현하고 있다.[39]

4) 지역신학 vs. 보편신학

태버(Charles R. Taber)에 의하면, 상황화 신학은 현지인들이 자신들의 언어와 방법론으로 자신들에게 가장 현실적인 문제를 가지고 신학 하는 것을 의미한다. 현지인들은 자신들의 문화와 역사적 자원을 가지고 스스로 신학 할 자유를 가지며 그 신학이 지향하는 삶에 동참할 수 있어야 한다.[40] 더니스(William Dyrness)는 현재 다양한 문화 속에서 일어나고 있는 정치, 경제, 사회 등 제반 문제들이 신학화 작업을 기다리고 있다고 보면서 신학 작업은 그들의 삶의 현장에서 부딪히는 문제들을 가지고 성실하게 씨름하는 작업이라고 말한다. 그는 주장하기를 서구 신학은 서구 문화와 역사를 반영한 것이며 따라서 제3세계의 문제들에 대답할 수 없다고 하였다.[41]

---

38) Max Stackhouse, *Apologia: Contextualization, Globalization, and Mission in Theological Education* (Grand Rapids, MI: Eerdmans, 1988), 102f.
39) 데이비드 J. 보쉬, 『변화하고 있는 선교』, 633.
40) Charles R. Taber, "The Limits of Indigenization in Theology", *Missiology: An International Review*. Vol. 6(1), 1978, 67-68.
41) William Dyrness, *Invitation to Cross-Cultural Theology* (Grand Rapids, MI: Zondervan Publishing House, 1992), 18. 그에 의하면 서구 신학은 헬라 로마 사상과 결합되었고 성경해석이 스콜라적이며 개인주의적이며 비정치적이다. 이런 신학으로는 제3 세계의 정치, 경제, 사회 상황에 대한 답을 제공할 수 없다는 것이다.

아프리카 교회들은 과거 식민주의 시대와 비교하면서 그들의 문화적, 역사적 정체를 재탐구하고 있으며, 남미에서는 착취 또는 남용의 관점에서 그들의 신앙을 재고하며 그들의 성경을 다시 읽는다. 아시아에서는 힌두교와 불교 신앙의 관점에서 성경적 유일성을 다시 탐구한다. 더니스는 각 문화마다 다른 종류의 관심과 문제들을 가지고 있으므로 서구의 신학적 준거를 가지고 제3세계의 문제들을 해석해서는 안 된다고 주장한다.[42] 이런 점에서 볼 때 아프리카의 교회는 일부다처제, 마술, 정령, 주술의 문제에 대한 답을 주어야 할 것이다. 한편 인도의 교회는 카스트제도, 결혼지참금, 악한 눈 등에 관한 문제에 답을 주어야 할 것이다. 중국 교회는 부모의 권위, 일가친척에 대한 의무, 유교적 윤리 등의 문제를 외면해서는 안 된다. 서구 교회 역시 세속화, 현대의 오락문화, 극도로 가난한 세계와 서구 세계의 풍요로움 등 서구 문화가 당면한 문제들에 대해 생각해 봐야 한다.[43] 이런 점에서 각 지역의 문제를 해결하기 위한 지역신학을 추구하는 것은 분명히 의미 있는 일임에 틀림없다.

그러나 우리는 지역신학을 통하여 지역의 문제를 해결하는 것을 넘어서 지역신학이 신학의 보편성을 넘어서는 신학으로 변질될 가능성에 대하여도 신중한 자세를 지녀야 할 필요가 있다. 즉 지역신학이나 자기 신학화가 지나치게 강조될 경우 흔히 기독교의 범주를 넘어서는 신학이 발생할 가능성이 있음을 주시해야 한다. 때때로 상황에 대한 지나친 강조점이 성경의 가르침과는 거리가 먼 혼합적이고 정치적인 복음을 만들어내게 될 수 있는 것이다. 무한히 많은 수의 상황적이고 종종 상호 배타적인 신학들의 무비판적인 수용은 곧 상대주의의 위험을 불러올 수 있다. 복음이 자체의 보편성을 유지하지 못하고 기본구조와 아이덴티티를 잃어버릴 가능성이 있는 것이다. 상황을 너무 강조하는 특수신학을 추

---

42) Dyrness, *Invitation to Cross-Cultural Theology*, 22.
43) 폴 히버트, 『선교와 문화인류학』, 303-304.

구하다가 기독교의 핵심적인 메시지가 약화되고 유실되는 문제를 맞게 되는 것이다. 결과적으로 다원주의와 상대주의의 늪에 빠져서 아무것도 할 수 없게 될 가능성이 있음도 늘 깊이 염두에 두어야 하는 것이다.[44]

3. 상황화 개념의 바람직한 전개 방향 모색

상황화에 대한 평가에서 이미 분석했듯이 상황화는 토착화를 넘어서서 상황에 대한 예민한 감각을 가지고 사회변혁을 시도하며 하나님의 선교에 동참하며 현장에 맞는 지역신학을 추구한다는 점에서 많은 장점을 지닌다. 그러나 동시에 그것은 다른 한편을 무시하거나 놓친 한계점도 지님을 보았다. 이제 상황화가 어떤 방향으로 전개되어지는 것이 올바른지 함께 생각해보자.

1) 사회 변혁과 함께 교회 세움을 강조하는 방향

바람직한 상황화는 사회변혁을 추구하되 사회변혁의 기본적인 단계인 자립교회 설립을 위한 방안도 함께 추구하는 방향으로 나아가야 할 것이다. 물론 그 동안의 선교사역이 사회보다는 개인에게 초점이 맞추어지고, 정치, 경제, 사회 등 사회 전반을 포괄하기보다는 문화 영역에만 제한되어 있었던 것이 사실이다. 아울러 선교지에서의 교회 개척이 제국주의적 자기 확장으로 오용되어져 왔던 것도 사실이다. 그러나 그것이 교회 설립 자체를 부정하거나 무시하는 것으로 이어지는 것은 옳지 않다. 예를 들어 학교 교육제도에 잘못된 점이 있다고 해서 학교 자체를 없애야 한다고 주장하는 것으로 비약되어서는 안 되듯이 복음전도와

---

[44] 데이비드 J. 보쉬, 『변화하고 있는 선교』, 637.

토착교회 개척이 한 때 제국주의적 자기 팽창으로 오용되어졌다고 해서 그것 자체를 포기하고 사회변혁에만 강조점을 두는 것은 결코 바른 상황화의 방향이 아니다.

사실 세상의 상황만을 보면 사회 변혁을 위해 직접 뛰어드는 것이 복음을 전하거나 교회를 세우는 것보다 문제 해결에 훨씬 더 효율적인 것으로 보이는 것이 사실이다. 바로 이런 이유 때문에 많은 그리스도인들이 어느 특정한 시대를 지배하던 역사의 사회과학적인 힘을 성례화하고, 그것들을 섭리와 구원의 사역들로 간주하는 경향이 있어왔고 상황화는 이런 것을 추구하는 경향이 있다. 예를 들어 멜버른의 CWME회의(1980)에서 줄리아 에스퀴벨(Julia Esquivel)은 니카라구아 백성들의 승리 속에서 '그리스도의 재림의 영광스런 경험'을 보았다고 말했다. 또한 애굽의 노예 생활을 벗고 출애굽한 이스라엘이 '오늘날엔 짐바브웨, 엘살바도르, 나카라구아나 과테말라'를 의미할 수 있다고 보았던 것이다.[45]

그러나 인간이 바뀌지 않는데 구조나 제도만 바꾼다고 세상이 변화되는 것은 아님을 우리는 공산주의의 실패에서 이미 보아온 바 있다. 참된 혁명을 위하여 제도나 구조를 바꾸는 것보다 더 근본적인 것은 인간을 바꾸는 것이라는 사실을 인식하게 되었다. 복음이야말로 인간을 바꾸는 능력이고 그런 점에서 얼른 보기에는 약한 것처럼 보이지만 사실은 세상을 바꾸고 변혁하는 가장 강력한 힘인 것이다. 그래서 예수는 로마로 진격하여 이스라엘의 정치적 해방을 얻어낼 것을 원하는 민중의 열망을 받아들이지 않으시고 오히려 그 자신이 폭력의 제물이 되시었다. 이것이야말로 참된 혁명이었고, 이 복음을 전하는 기관이 바로 교회이다. UN이나 어떤 정부기관이나 NGO 등이 복음을 전하는 것이 아니라 교회가 복음을 전하는 것이다. 그러므로 하나님의 선교에 기여하는 많은 기관들이 있다

---

45) Ibid., 634.

고 하지만 여전히 가장 주된 기관은 교회임을 인식하는 것이 필요하다. 이런 이유 때문에 평생을 통해 가차 없이 교회를 비판하고 교회론을 위한 여지가 전혀 없다고 강하게 주장했던 호켄다이크 마저도 후에는 교회를 향하여 등을 돌리는 것이 불가능한 것임을 발견했던 것이다.[46] 상황화는 세상을 끌어안고 사회를 변혁시키려는 노력과 함께 변혁의 가장 핵심적 기관인 토착교회를 세우는 일에 힘을 쏟는 방향으로 나가야 할 것이다.

2) 자신학화와 함께 복음의 보편성을 강조하는 방향

우리는 우리에게 주어진 기독교 복음을 현장화 해야 할 필요에 직면하고 있다. 전통적인 서구 신학이 그 신학적 답변을 충실하게 제시하지 않았던 점들이 많았던 것은 사실이다. 예를 들어 빈곤이나 소외, 부패 혹은 통일에 대하여 전통적인 서구신학은 침묵하는 경향이 강하다.[47] 또한 전통적인 서구신학은 기독교에 대하여 매력을 잃고 복음에 대한 관심이 사라지고 맘모니즘과 물질주의에 젖어든 현대인들의 정신적 영적 결핍과 갈망에 대한 답을 제대로 주지 못하고 있다. 성경은 이런 주제에 대하여서 여러 곳에서 충분한 신학적 주장을 밝힐 만큼의 계시를 던져 주지만 서구신학은 이런 것에 많은 노력을 기울여오지 못했던 것이 사실이다. 이제 우리는 우리 현장의 경험과 실천을 신학의 원자재로 하여 이러한 문제들에 답할 수 있는 신학을 만들어가야 하며,[48] 상황화는 이런 점에서 많은 기여를 하여왔다.

그런데 이러한 의미의 자신학화 작업과 함께 우리가 놓치지 말아야 할 것은 복음의 보편성에 대한 강조이다. 자신학화의 필요성을 인정하되 무한정한 수의

---

46) J.C. Hoekendijk, *The Church Inside Out*(London: SCM Press, 1967), 22.
47) 이현모, "포스트 모더니즘이 현대 선교신학에 끼친 영향", 443-444.
48) 김영동, "상황화의 역사적 배경과 이론에 대한 신학적 고찰", 181-182.

상황적이고 상호 배타적인 신학들을 수용하는 것은 심각한 상대주의를 초래할 수 있음도 잘 인식할 필요가 있다.49) 우리는 모든 신학의 상황적인 성질을 인정하면서도 또한 신학의 보편적 상황-초월적인 차원을 인정해야 한다.50) 즉 복음이 모든 이에게 적용되기 위해서는 특수성이 있어야 하지만, 특수성 못지않게 보편성이 강조되어야 한다. 보편성이 사라질 때 복음은 자칫 어떤 특정한 사람들에게만 맞는 복음이 될 수 있으며, 그것은 이미 복음이 아닌 것이다. 이런 점에서 복음의 토착화를 아무리 강조할지라도 문화를 초월하는 복음에 대하여 침묵해서는 안 된다. 기독교 신앙이 특정 문화 형태로 나타나지만 동시에 문화 초월적 요소를 가지지 않는다면 기독교는 단지 문화적 임의성에 빠져 자신의 정체성을 상실하게 된다.51) 이런 점에서 보쉬도 복음의 보편성이 담보되지 못한 지나친 자신학화의 위험성을 다음과 같이 말한다.

> 상황이 부인할 수 없을 정도의 결정적인 성질과 역할을 가졌음에도 불구하고, 그 상황이 신학적인 반성을 위한 유일한 기본적인 권위로 여겨져서는 안 된다. 실천은 너무 많은 것을 의미할 수 있다. … 모든 실천은 '종합적인 사회 역사적인 교리들'에 달려있고 '참되고 옳은 것에 대한 테오리아'를 요구한다. 그러므로 문제는 이론에 대한 실천의 우위성이 아니다. 교리적으로 '정통적인' 입장과 불변의 데포시툼 피데이(depositum fidei)의 확정에 오늘날 합법적인 의심이 있다. 그러나 그러한 일치된 신앙 전통이 완전히 없는 곳에서 상황화는 신앙주의적인 정치의 새로운 분파를 산출한다. 그리고 신학적인 대화를 무용하게 만든다.52)

모든 기독교인들이 함께 나누며, 존중하고 보존해야만 하는 신앙 전통이 존재

---

49) 폴 히버트는 신학(Theology)보다 신학들(theologies)을 많이 강조할 경우에 신학이 인간의 주관적인 동의로 축소되거나 진리의 의미를 상대화하게 될 수 있는 가능성에 대하여 심각한 우려를 제시한다. 폴 히버트, 『선교 현장의 문화이해』, 김영동, 안영권 역(서울: 죠이선교회 출판부, 1997), 116-118.
50) 데이비드 J. 보쉬, 『변화하고 있는 선교』, 631.
51) 한국일, 『세계를 품는 선교』(서울: 장로회신학대학교출판부, 2004), 197.
52) 데이비드 J. 보쉬, 『변화하고 있는 선교』, 637.

해야 한다. 우리는 모든 신학이 본질적으로 상황적인 특성을 지닌다는 사실을 확인함과 동시에 또한 신학의 보편적이고 상황을 초월하는 차원들도 확인해야만 한다.[53] 복음은 상황화 되어야 하지만 동시에 복음은 모든 것을 변화시키는 것이다.[54] "이것은 참으로 나에게 맞는 복음이야"라고 말할 때, '나에게 맞는' 이라는 것이 중요하지만, '이것' 이라는 내용 자체가 다른 것으로 변화되면서까지 '나에게 맞는' 이라는 것을 충족시키는 것은 위험한 것이다. 그러니까 특수성을 중시하되, 기본적으로 보편성을 갖는 것이 중요하다. 이런 점에서 상황화는 복음의 보편성 속에서의 지역신학 작업 즉 성경 신학의 지역적 다양성에 대한 적용으로 이어지도록 해야 할 것이다.

3) 내용과 함께 방법을 모색하는 방향

신학 교육기금(TEF)에서 의도한 상황화는 기존의 서구 신학이 2/3 세계 현장의 문제를 해결하는 데 도움을 줄 수 없으므로 현지의 사회, 정치, 경제적인 상황을 해결하는 데 도움이 될 수 있는 신학을 현지인들 스스로가 만들어야 한다는 데 주안점을 두고 있다. 여기에서 상황화의 주된 관심은 상황에 맞는 신학 즉 신학의 내용인 것이다. 반면에 복음주의권에서 생각하는 상황화는 복음의 본질을 변질시키지 않으면서 그 문화에 적합한 전달체계를 찾아서 현지인들에게 복음을 제대로 전달해주는 방법을 추구하는 데 우선권을 두고 있다.[55] 다시 말하

---

53) 김영동, "상황화의 역사적 배경과 이론에 대한 신학적 고찰", 173.
54) 앤드류 월스는 이것을 토착화원리와 순례자원리로 설명한다. 즉 복음은 최대한 토착화되어서 복음을 받는 사람들이 그들의 문화 속에서 복음을 믿도록 하지만, 동시에 복음은 그들의 문화를 벗어나서 세계 모든 그리스도인들과 기독교 신앙선배들과의 관계 속으로 인도한다는 것이다. 즉 공통의 신앙유산을 받아서 모든 문화 모든 시대의 그리스도인들과 하나가 되는 것이다. Andrew F. Walls, "The Gospel as Prisoner and Liberator of Culture", in *New Directions in Mission & Evangelism: Faith and Culture*, James A. Scher & Stephen B. Bevans, eds.(New York: Orbis Books, 1999), 21-23.
55) 정홍호, "문화와 상황화", 『선교를 위한 문화 인류학』, 한국복음주의 선교신학회 편(서울: 이레서원, 2001), 280-281.

면 TEF에서의 상황화는 신학의 내용에 관심을 두는 반면, 복음주의권에서 말하는 상황화는 방법에 그 관심이 있다고 말할 수 있다.56)

복음주의적 관점에서 보면 선교지에서 전달해야 할 복음의 내용은 이미 정해져 있다.57) 물론 조금씩 상황에 따라서 강조점이 달라질 수 있고 전달하는 순서가 다를 수는 있겠지만 기본적인 복음의 골격은 어딜 가나 동일하다고 전제한다. 다만 중요한 것은 그 복음을 어떻게 하면 쉽고도 상황에 맞게 전달할 수 있을 것인가 하는 것이 문제이다. 즉 전달 방법에 관심을 갖는 것이다. 기본적으로 선교는 복음을 모르는 사람과 관련되어 있으며, 아직도 보이는 하나님의 백성 밖에 있는 사람들에게 관심을 가진다. 따라서 선교는 '다가서는 것', 그리고 '경계선을 넘어서는 것'으로 표현하게 되는 것이며,58) 여기에서 상황화의 주된 관심은 효과적인 복음전파와 교회 설립을 위한 방법추구에 초점이 주어지는 것이다.

반면에 신학 교육기금에서 관심을 갖는 상황화는 사회 변혁을 위한 새로운 신학의 출현과 이로 인한 상황 해결에 관심을 갖는데, 이것은 상황마다 다른 신학을 전제하므로 이것은 자칫 신학의 상대화와 혼합화로 이어질 가능성이 크다. 새로운 내용을 강조하는 상황화를 강조할 경우, "힌두교 경전이 인도 그리스도인에게 예수 그리스도인에 대한 신앙의 상황을 제공하고 의미를 부여하지 않아야 할 하등의 이유가 없다"59)라고 말하는 아리아라자와 같은 예가 많이 나올 수

---

56) 이런 점에서 Fleming은 복음주의권에서는 상황화(contextualization)란 용어 대신에 상황 토착화(context-indigenization)라고 쓰는 것이 옳다고 주장한다. Bruce Fleming, Contextualization of Theology, 53.
57) 전반적으로 볼 때 복음주의권에서 강조한 토착화는 '이미' 이루어진 하나님의 나라를 전하는 일에 많은 관심을 갖는 반면, 에큐메니칼권에서 강조한 상황화는 '아직' 오지 아니한 하나님의 나라를 이루어 가는 일에 더 많은 관심을 기울이는 경향이 있다. 즉 복음주의권에서는 이미 복음의 내용이 정해져 있다는 기본적인 전제를 지닌다. 실제로 상황화란 이미 정해진 기독교 신앙을 현지 문화에 소개시키는 과정을 설명하는 용어이다. Peter C. Phan, *In Our Own Tongues: Perspectives from Asia on Mission and Inculturation* (New York: Orbis Books, 2003), 4.
58) 칼 뮬러, 『현대선교신학』, 김영동, 김은수, 박영환 역(서울: 한들출판사, 2002), 66.
59) 브루스 니콜스, 『상황화: 복음과 문화의 신학』, 43. 재인용.

있음도 심각하게 고려해보아야 한다. 즉 내용을 추구하는 상황화를 강조하면서 신학의 내용을 새로이 창출하려고 할수록 이 같은 유형의 급진적 혼합주의가 급속하게 퍼지면서 아직도 복음이 전해져야 할 많은 곳에 복음을 전하는 데 오히려 위협적인 요소가 되기 쉽다. 아직도 전 세계 인구의 3분의 1이 복음을 듣지 못한 상황에서 분명히 주어진 복음을 전하는 것보다 상황에 맞는 신학 내용을 만드는 데 힘과 정열을 다 바치는 것은 일의 우선순위를 놓치는 것이 아닌가 싶다. 이런 점에서 생각하면 상황에 맞는 신학의 내용을 만드는 작업에 힘을 쏟는 것 못지않게 중요한 것은 명확하게 주어진 복음을 전하는 방법을 강조하는 상황화에 더 많은 관심을 기울이는 것일 것이다.

요약 및 전망

신학 교육 기금에서 제창한 상황화의 뿌리와 특성 등을 살펴보면서 상황화가 추구해야할 바람직한 방향을 고찰해 보았다. 상황화는 제 2차 세계대전 후 즉 제국시대 종말이라는 상황 속에서 토착화를 극복하고 하나님의 선교개념과 어울리는 선교개념으로 태동되었다. 즉 복음전도와 자립교회 설립을 강조하는 토착화를 넘어서는 대안으로서 세상과 인간화를 강조하는 하나님의 선교개념을 실천하는 방안으로 태동되게 되었다. 이렇게 태동된 상황화는 선교에 있어서 확실히 의미 있고 중요한 개념이었으며, 토착화가 해내지 못한 많은 것을 할 수 있도록 돕는 이론적 기초를 제공한 개념이었다.

그러나 이와 같은 상황화에도 여러 가지 약점이 숨겨져 있다. 말씀과 상황 가운데 상황을 많이 강조함으로써 말씀의 약화라는 어려운 문제에 직면하게 되며, 진리를 훼손하는 상대주의, 신학을 한낱 인간의 창작물 정도로 전락시키는 주관

---
60) 폴 히버트, 『선교와 문화인류학』, 313.

론 등에 빠지기 쉬운 약점을 지니게 되었다.[60] 또한 자신학화를 강조함으로써 신학의 탈서구화와 기존 신학의 자리인 서구 사회와 문화를 비판하고, 신생교회의 고난과 억압당하고 있는 정치 사회 문화적 상황으로부터 복음의 새로운 이해와 신학을 도출한 기여점을 지고 있지만, 동시에 서구 신학이 범했던 자기 문화에 포로가 될 가능성을 상황화 역시 지니고 있음도 간과할 수 없는 것이다.[61] 이런 점에서 우리는 상황화 개념을 추구할 때마다 비서트 후프트의 경고 즉 "교회사를 들춰보면… 기독교의 메시지를 현지 문화에 지나치게 무비판적으로 적용시킴으로써 그 과정에서 메시지의 진정한 특성이 상실되곤 했다"[62]라는 말을 깊이 새겨볼 필요가 있을 것이다.

확실히 상황화란 참으로 쉬운 작업이 아니다. 복음과 문화의 관계는 예수님 재림하실 때까지 결코 그 어느 누구도 명쾌한 하나의 답을 제시할 수는 없을 것이다. 그러나 이상의 연구에서 살펴본 대로 지금까지의 상황화는 복음의 전달보다는 사회변혁 쪽으로 많이 치우친 경향이 있었으므로 바람직한 상황화의 방향은 상황화가 강조하던 부분과 함께 본래 토착화에서 강조했던 부분을 함께 강조하는 방향으로 나가야 할 것이다. 즉 사회변혁과 함께 건강한 토착 교회의 세움을 강조하고, 자신학화와 함께 복음의 보편성을 함께 강조하고, 상황에 맞는 신학의 내용을 추구하는 것과 함께 구체적이고 효과적으로 복음을 전하는 방법을 추구해야 한다. 즉 아직 복음이 전해지지 않은 지역이 많은 상황에서 효과적 선교를 위한 방법 추구로서의 상황화에 더 많은 강조점이 주어져야 한다고 본다. 이 같은 것을 염두에 두고 균형 잡힌 상황화를 추구해 나갈 때 상황화는 참으로 하나님의 선교를 효과적으로 수행할 수 있는 바람직한 선교전략으로 거듭나리라 기대해본다.

---

61) 한국일, 『세계를 품는 선교』, 206.
62) Vissert Hooft, W. A., "Accommodation-True and False", *South East Asia Journal of Theology*, 1967, 8:5-18. 6.

현대선교의 핵심 주제 8가지

주제 Ⅲ. 인간화 HUMANIZATION

전통적인 선교의 목표를 '복음화'라고 한다면 에큐메니칼 선교의 목표는 한마디로 '인간화'라고 표현할 수 있을 것이다. 에큐메니칼 선교는 세계 속에서 인간다운 삶의 충만함을 이루는 데 매우 깊은 관심을 두고 선교의 목표를 '인간화'(Humanization)로 표현하였다. 인간화 개념은 어떤 배경에서 태동되어 어떻게 다루어져왔으며, 어떤 기여점과 한계점을 지니는가?

    '인간화' 라는 개념은 에큐메니칼 선교 신학에 있어서 가장 핵심적인 개념 중 하나로 1968년에 열린 웁살라 세계교회협의회(WCC)대회 때부터 본격적으로 대두된 개념이라 할 수 있다. 이 대회가 열릴 당시 세계 상황은 그야말로 혁명적인 격변기였다. 미국에서는 케네디의 집권과 마틴 루터 킹 목사의 흑인 인권 운동의 대두 등으로 오랜만에 새로운 세계 질서의 확립을 위한 고무적인 기운이 감돌았으나 케네디 형제와 킹 목사가 암살되었으며, 모처럼 맞이한 체코슬로바키아 프라하의 봄마저도 소련군의 탱크에 의해 무참히 짓밟히고 말았다. 또한 월남전의 악화 등으로 삽시간에 세계가 대혼란기에 접어들면서 격렬한 학생운동이 서구 국가들에서 일어났고, 청년 세대와 지성인들을 중심으로 반기독교 및 반교회적인 정서가 강하게 일어났다. 이와 같은 도전에 직면한 세계교회협의회는 강력한 사회 정의와 인간성 회복의 필요성을 절실하게 느꼈고 이것이 '인간화' 라는 개념을 내세우게 된 결정적인 계기가 되었다.[1]

---

[1] 김은수, 『현대선교의 흐름과 주제』(서울: 대한기독교서회, 2001), 225.

이때로부터 에큐메니칼 선교는 이 세상 속에서 활동하고 계시는 하나님의 현존을 분별하는 데에 초점을 맞추었고, 하나님이 주신 잠재력 안에서의 인간다운 삶의 충만함을 중요시하게 되었는데, 북미는 이것을 '인간화'(Humanization)라는 용어로 표현하였고, 유럽 대륙에서는 이것을 '샬롬'(Shalom)이라고 하였다.2) 이와 같은 관심 변화로 에큐메니칼 선교 신학에서는 세계 속에서 활동하시는 하나님의 인간화 운동과 샬롬 운동이 주된 관심으로 등장하게 된 것이다. 이 장에서는 '인간화'라는 용어를 선택하여 이 개념이 선교신학에 미친 긍정적인 측면과 부정적인 측면을 평가하는 것을 주된 목적으로 삼고자 한다. 이를 위하여 인간화의 개념이 어떤 이론적 배경 속에서 탄생되었는지, 에큐메니칼 대회들 속에서 어떻게 이 개념이 다루어졌는지 등을 살펴본 후에 이 개념의 양과 음의 측면을 평가해보고자 한다.

1. 인간화 개념의 이론적 배경

에큐메니칼 선교신학의 인간화 개념은 주로 개인과 저 세상에 강조점을 두는 전통신학에 반하여 현세를 강조한 신학들에 영향을 받았다고 할 수 있다. 예를 들면 레온 하르트 라가즈와 월터 라우센부쉬(Leonhard Ragaz & Walter Rauschenbusch) 등이 내세운 '사회 복음의 신학'(기독교인은 '인간다움'이 차고 넘치는 사회를 건설해야 할 책임이 있다) 또는 프리드리히 고가르텐(Friedrich Gogarten)의 세속화의 신학(종교라는 허울을 탈피하여 구체적인 현실 즉 세속 일에 적극 뛰어들어야 한다)등이 간접적으로 인간화 개념의 형성에

---

2) Roger Bassham, *Mission Theology: 1948-1975 Years of Worldwide Creative Tension Ecumenical, Evangelical, and Roman Catholic*(Eugene: Wipf and Stock Publishers, 2002), 68.

영향을 미쳤을 것으로 본다.[3] 그러나 보다 직접적으로 영향을 미친 개념은 '하나님의 선교' 개념과 '해방신학' 이라 할 수 있다. 이 개념들의 핵심을 살펴보면서 이 개념들이 어떻게 인간화에 영향을 미쳤는지를 살펴보고자 한다.

1) 하나님의 선교개념

인간화 개념에 가장 결정적인 영향을 미친 이론은 아마도 하나님의 선교개념일 것이다. 하나님의 선교라는 용어는 본래 독일 슈트트가르트 교구의 감독이었던 칼 하르텐슈타인이 빌링엔 대회의 신학적 성과를 개인적으로 요약하면서, 전통적으로 행해져왔던 식민주의적인 오만한 선교자세를 교정하고 선교의 새로운 돌파구를 찾아보려는 노력의 일환으로 'Missio Dei'(하나님의 선교)라는 라틴어 술어를 처음 사용한 데서 비롯되었다.[4] 그 후 이 개념은 세계교회협의회의 전도부 초대간사 및 세계교회협의회(WCC)와 국제선교협의회(IMC)의 협력위원회 간사(1949-1952)였던 네덜란드의 신학자 후켄다이크(J. C. Hoekendijk)에 의해 발전되어졌다. 후켄다이크는 전통적인 선교관이 지나치게 교회중심적인 것이며, 이 같은 교회중심적인 선교관은 틀린 중심을 잡고 회전하기 때문에 항상 정도에서 벗어나기 마련이고 선교의 범위가 불가피하게 축소된다고 보았다.

---

3) Gerhard Breidenstein, *Humanization*, 박종화 역, 『인간화』(서울: 대한기독교서회, 1988), 20-37. 이 외에도 사회 변혁의 신학 (Harvey Cox, 하나님의 나라의 현재와 완성 사이의 다리를 놓아 갈라진 틈바구니를 메우는 것이 우리의 책임이다), 혁명의 신학(Richard Shaull, 오늘의 시대가 제일 먼저 처리야 할 과제는 곧 사회 혁명이다), 희망의 신학(Jurgen Moltmann, 희망은 신앙의 중심이다. 그런데 우리가 가져야 할 희망은 세상을 등지는 도피적인 희망이 아니라 세상에 참여하여 개혁하고 변혁해야 할 행동적이며 적극적인 희망이다) 등의 신학이 인간화 개념에 직간접으로 영향을 미쳤을 것으로 본다.

4) 그가 말한 부분은 다음과 같다. "선교란 단순히 개인의 회심이나 주님의 말씀을 향해 복종하는 것만을 뜻하지 않는다. 그것은 또한 공동체의 회집에 대한 의무만을 뜻하는 것이 아니라, 선교란 구원받은 전 피조물 위에 그리스도의 주권을 세우려는 포괄적인 목표를 가지고 아들의 보내심 (an der Sendung des Sohnes), 즉 하나님의 선교 (der Missio Dei)에 참여하는 것이다" Karl Hartenstein, "Theologische Besinnung", in Walter Freytag ed., *Mission zwishen Gestern und Morgen* (Stuttgart: Evang. Missionsverlag, 1952), 54.

즉 선교는 교회의 범위를 벗어날 수 없고, 교회를 에워싼 세계를 교회론적인 범주로 정의하게 되며 세계는 더 이상 세계로 존재하지 않게 된다고 보았다.[5] 아울러 이 같은 교회중심의 선교관은 선교를 곧 '교회화'로 생각하게 되면서 교회 형성과 교파증식에만 관심을 기울이게 되며, 전도를 행할 때에도 "… 교회의 영향력을 다시금 획득하려는 사실을 성경적으로 위장하는 경우가 많다"[6]라고 주장하였다. 후켄다이크는 하나님 자신의 파송을 강조함으로써 세계 속에서 자신을 나타내는 하나님 즉 세계와 분리되지 않는 하나님을 강조한다. 그는 교회가 교회적 구조들로부터 나와서 기동성 있는 그룹들로 개방되어야 하며, 세속화되어야 하고, 현대 세계 속의 인간들과 완전한 동일화(full identificaion)를 이루어야 한다고 주장했다.[7] 이러한 이해의 영향으로 말미암아 세계 속에서의 그리스도인의 사회적 책임의식이 강화되었다.

하나님의 선교개념이 어떻게 인간화 개념에 영향을 미쳤는가를 살펴보기 위하여 하나님의 선교개념의 주된 관심을 몇 가지로 살펴보자. 첫째, 하나님의 선교개념은 선교의 주된 관심을 '교회'에서 '세상'으로 돌렸다. 하나님의 계획의 초점은 교회 안에서가 아니라 세계 속에서 발견된다. 세상은 하나님의 구원역사의 출발점이요 현장이다. 신자들은 정치, 사회, 경제 등의 제 분야에 파송되어지고 교회와 세상은 분리가 아닌 공동 운명적인 연대관계에 서게 되면서 세상없는 주님이 없듯이 세상없는 교회란 있을 수 없게 된다. 이처럼 선교의 강조점이 교회에서 세상으로 옮겨지면서 교회는 단지 세상의 한 부분으로 이해되어진다. 그리고 하나님의 선교는 부름 받은 공동체인 교회로부터 출발하는 선교가 아니라

---

5) J. Hoekendijk, "The Church in Missionary Thinking", *I.R.M.*, July, 1952, 324-333. 그는 교회 중심적 선교관을 '교회주의 이단'으로 보면서 교회론을 "왕국-복음-파송-세계"라는 틀 속에서 논의해야 한다고 생각했다. 그리고 교회를 "왕국-복음-파송-세계"의 컨텍스트 속에서 논의할 때에 여기에서 교회는 고정된 자리가 없다고 보았다.
6) J. C. Hoekendijk, *The Church Inside Out*, 이계준 역, 『흩어지는 교회』(서울: 대한기독교서회, 1994), 10.
7) Ibid., 77-78.

교회가 하나님으로부터 보냄 받은 현장인 세계로부터 출발한다.

둘째로 세상에 대한 관심은 곧 세상의 샬롬에 대한 관심으로 나타났다. 선교의 주역이 되시는 하나님은 이 세상에 샬롬을 이루어가시고, 교회는 이 샬롬을 이루어 가시는 하나님의 선교 활동에 적극적으로 동참하여야 하는 것이다.[8] 즉 하나님의 선교에 동참한다는 것은 단순히 영혼을 구원하고 교회를 세우는 것을 넘어서서 샬롬을 이루시는 하나님과 동역자의 관계 안에 들어가는 것, 세계역사 안에서 하나님의 하시는 일들과 그리스도 안에 있는 인간성을 지적하는 것 그리고 하나님의 선교의 견지에서 역사 안에서 일어나는 변화들을 이해하면서 그 변화를 위한 일과 투쟁에 동참하는 것으로 이해되었다. 즉 비인간화되어 가는 현실 속에서 그리스도를 모범으로 하는 참된 인간성의 회복을 선교의 과제로 이해하게 되었다.[9]

하나님의 선교개념에서 선교의 목표는 샬롬이며 이 목표의 구체화가 곧 인간화 라는 개념으로 나타났다고 볼 수 있다. 즉 하나님의 선교개념은 자연스럽게 인간화의 개념을 가져오게 되었다고 볼 수 있다.

2) 해방신학

구티에레즈의(Gutierez)는 1969년 몬트리올 대회에서 '발전의 의미' 라는 논문을 발표하였고, 이것을 1971년에 『해방신학』(*A Theology of Liberation*)이란 이름으로 출간하였는데, 이것은 해방신학 최초의 대표작이었다. 이처럼 해방신학을 담은 저서가 출간된 것은 1968년 웁살라 대회 이후의 일이지만, 이미 해방신학의 개념은 웁살라 대회의 주된 관심 중의 하나였다. 웁살라 대회 때 마르크

---

[8] WCC, *The Section Reports of the WCC - from the first to the seventh*, 이형기 역, 『세계 교회 협의회 역대총회 종합보고서』(서울: 한국장로교출판사, 1993), 566.
[9] 김은수, 『현대선교의 흐름과 주제』, 229.

르주의 등의 사회학적 통찰이 기독교 신학에 적극 수용되기 시작하였고 적절한 폭력도 정당화되었다. 아울러 구조적 모순을 그대로 안고 있는 '발전'이 아니라 '해방'을 지향하기에 이르렀다.[10] 해방신학이 개발 개념으로 만족할 수 없는 이유는 다음과 같다.

첫째, 개발 개념은 문화적으로 제3세계를 고려하지 않았다. 서구사회에 유익한 것은 제3세계에도 동일하게 유익하리라는 일방적인 전제를 가지고 있었다는 것이다. 둘째, 개발이라는 개념 자체에 주체인 인간과 객체인 물질을 이분법적으로 구분하는 계몽주의적 전제가 들어 있었다. 셋째, 서구 세계는 항상 '주는 자'로서, 그리고 제3세계는 항상 '받는 자'로 인식되고 있었다. 변화는 제3세계에만 필요한 것이요, 제1세계에 대해서는 변화의 필요성을 생각지 않고 있었다. 그리고 넷째로 결정적인 문제는 개발의 결과 소수의 엘리트들은 개발의 혜택을 받았지만 대다수의 가난한 사람들은 더 가난해지고 말았다는 것이다. 부익부 빈익빈의 현상이 더욱더 심화되고 말았다. 결국 빈곤의 문제는 지식이나 문화나 기술의 문제라기보다는 전 세계적인 구조적 관계들(global structural relationships)의 문제라는 결론에 이르게 된 것이다.[11]

이런 상황에서 사회 정치적으로 '개발'은 '혁명'으로 대치되었고, 신학적으로 '개발'은 '해방신학'으로 대치되어간 것이었다. 이와 같은 해방신학이 등장하면서 이제는 '개발과 미개발'이 아니라, '지배와 종속'(domination and dependence), '부자와 가난한 자', '자본주의와 사회주의', 그리고 '억압하는 자와 억압을 받는 자'라는 도식이 나타나게 되었다. 이제 '빈곤은 개발로 해결될 문제가 아니라 불의(injustice)의 근원적인 원인을 제거할 때 해결될 수 있다'고 생각하게 된 것이다. 개발은 과거와의 진화적 연속성(evolutionary conti-

---

10) 이형기, "WCC에 나타난 교회와 사회문제," WCC, 『역대총회종합보고서』, 567.
11) 데이비드 J. 보쉬, 『변화하고 있는 선교』, 김병길, 장훈태 공역 (서울: 기독교문서선교회, 2000), 639-641.

nuity)을 의미하는 것이고, 해방은 과거와의 '완전한 단절'이며 '새로운 시작'을 의미하는 것이었다.12) 해방신학은 종속관계에서 배불리 먹고 사는 것보다는 인간다움이 보장되는 '해방'을 추구하였다.13)

에큐메니칼 신학의 인간화 개념이 해방신학으로부터 받은 영향은 다음의 몇 가지로 생각해볼 수 있다. 첫째 인간화의 개념 혹은 인간화에 대한 관심을 해방신학으로부터 얻어낼 수 있었다. 해방신학은 오늘날의 사회, 경제적 힘의 구조에 의해 인간이 얼마나 비인간화 되었는지를 잘 지적하고 있다. 즉 세계적인 구조악에 의해서 부익부 빈익빈이 심화되면서 인간들이 철저하게 비인간화되어간다는 사실을 파악하게 되면서 인간화에 대하여 깊은 관심을 갖게 된 것이다. 둘째로 해방신학은 이 같은 비인간화의 구조를 바꾸기 위해서는 개인들만을 바꾸어서는 되어지지 않고 철저하게 사회 구조 자체를 변혁시켜야 된다는 생각을 일깨워 주었다. 전통적으로 선교는 복음화에 초점을 맞추었고, 복음화를 통하여 개인들이 다소 변화되어왔지만 전체적으로 그러한 변화가 사회 전체의 변화를 가져오지는 못했던 것이다. 아무리 개인이 바뀌어도 구조악이 존재하는 한 사회는 변화되지 않는 것이다. 따라서 참으로 사회를 변혁시키는 길은 단순히 복음을 전하여 개인을 바꾸고자 하는 복음화로만 되어지지 않으므로 잘못된 사회 구조를 완전히 부수고 다른 사회를 세우는 인간화가 요구되는 것이다. 셋째로 전통적인 선교의 관심이었던 복음화는 사회를 조금 발전시킬 수는 있을지 모르지만 종국적으로 교회는 기존의 억압질서와 손을 잡음으로써 자본주의적 하녀가 되는 것으로 끝나게 된다고 해방신학은 말한다.

해방신학에 의하면 정통신학은 실천(Praxis)이 없이 단지 신앙과 교리에만 집착한다. 신학이란 기본적으로 '실천에 대한 비판적 반성'인데, 정통신학은 이러

---

12) 데이비드 보쉬, 『변화하고 있는 선교』, 641-642.
13) WCC, 『세계교회 협의회 역대총회 종합보고서』, 565.

한 작업을 게을리 하면서 실천 없는 이론만을 나열하는 신학이 된 것이다. 그리하여 교회는 자본주의적 하녀가 되어 억압적인 기존질서와 손을 잡음으로써 타락하게 된 것이다.[14] 따라서 이 같은 악순환의 고리를 끊고 사회를 변혁시키기 위해서는 실천하는 신학이 되어야 하는데 여기에서 실천의 주된 목표 중의 하나가 인간화인 것이다. 이런 점에서 에큐메니칼이 말하는 인간화의 개념은 단순히 자비를 실천하여 인간이 잘 살게 하는 것을 의미하는 것이 아니다. 이것은 철저히 구조악 자체를 파쇄 하는 것을 의미한다. 결국 해방신학은 하나님의 선교개념(missio Dei) 전통과 함께 웁살라에서 절정에 이른 인간화를 에큐메니칼 선교신학의 주된 목표로 자리매김하도록 도움을 주었던 것이다.

2. 주요 에큐메니칼 선교대회에 나타난 인간화 개념

인간화 개념은 1968년 웁살라 대회에서 등장하여 에큐메니칼 선교신학의 핵심적 개념 중의 하나가 되었으며, 1973년 방콕대회와 1975년 나이로비 대회에서도 강조되었던 개념이었다. 그 후 인간화라는 개념이 더 이상 전면에 부각되지는 않지만 지금도 여전히 인간화 개념은 에큐메니칼 선교신학에 있어서 핵심적인 개념이라 할 수 있다. 예를 들어 1983년 벤쿠버와 1990년 서울 대회의 '정의, 평화, 창조질서 보존'(JPIC, Justice, Peace, Integrity of Creation)와 1991년 캔버라의 창조질서의 보존을 위한 생명의 신학도 깊게 보면 인간화와 긴밀하게 연결되어 있다고 볼 수 있다. 즉 정의, 평화, 창조질서보존, 생명 살림 등이 곧 인간화를 이루는 구체적인 방안들로 이해되는 것이다. 여기에서는 인간화 개념이 특별히 강조되었던 웁살라, 방콕, 나이로비의 세 대회 속에서 인간화 개념이

---

14) 전호진, 『한국 교회와 선교 I』 (서울: 엠마오, 1985), 73.

어떻게 나타났는지를 살펴보면서 인간화 개념을 좀 더 깊이 살펴보고자 한다.

1) 웁살라 대회(1968)

인간화의 주제가 선교에서 본격적으로 논의된 것은 1968년 웁살라 총회에서였다. 웁살라 대회는 "보라, 내가 세상을 새롭게 하노라"(Behold, I will make all things new)라는 주제를 가지고 비인간화 문제, 정의와 평화 문제, 인종 차별의 문제 등을 심각하게 다루었다. 웁살라대회는 인간의 참 인간성과 사회가 어느 때보다 여러 가지 파괴적인 힘에 의해 위협받고 있는 것으로 보았다. 또한 인종차별주의가 모든 인권의 의미를 앗아가고 있으며 세계 평화에 대한 절박한 위험이 되고 있었고, 몇몇 정부의 공식정책과 많은 나라에서의 인종폭력, 또 부국과 빈국간의 차이에 있는 인종적 요소에 의해 두드러지고 있었다.15) 이런 이유에서 물질적 빈곤을 해결하는 것이 영적 빈곤 못지않게 더 중요함을 강조했다. 그리하여 웁살라 총회는 제2분과위원회에서 '선교의 갱신'(Renewal in Mission)을 주제로 다루면서 '인간화'(humanization)를 다음과 같이 선교의 목표로 삼았다.

> 우리는 인간화를 선교의 목표로 설정했다. 왜냐하면 우리의 역사 시대에는 무엇보다도 선교란 메시아적 목표의 의미를 전달하는 것이라고 믿기 때문이다. 다음 시대에서는 하나님의 구속적 역사의 목표가 하나님이 인간에게로 향한다기보다는 인간이 하나님께 돌아서는 것으로 규정되었는지 모른다. 그러나 지금 중요한 문제는 참 인간이란 문제 이상의 것이기 때문에 선교 회중의 선교 목표로서 그리스도의 인간성에 가장 큰 관심을 기울여야 한다.16)

웁살라 대회가 이처럼 인간화를 선교의 목표로 삼으면서 새 인간성에 대해 이

---

15) WCC, "제 4차 총회: 스웨덴 웁살라(1968)", 『역대총회종합보고서』, 291.
16) WCC, *Drafts for Sections Prepared for the Fourth Assembly of the World Council of Churches* (Uppsala, Sweden: WCC, 1968), 34.

처럼 깊은 관심을 가지는 이유를 좀 더 자세히 살펴보면 다음과 같다. 첫째, 현대 세계에서 인간성은 위기에 직면해 있다. 산업화된 도시에서 소외와 인간의 비인간적 사용으로 인간성은 위협을 받고 있다. 마음의 자유는 매스미디어로 인하여 억압당하고 있다. 둘째로, 하나님은 인간으로 하여금 우주에서 그의 대리자가 되게 하셨다. 즉 인간은 하나님을 대신하여 아직도 신음 중에서 새 인간인 하나님의 아들이 나타나기를 기다리는 피조세계와 국가들을 위하여 헌신해야 하는 것이다.[17] 이와 같은 일을 효과적으로 감당하기 위하여 우선순위를 정하는 것이 중요한데, 웁살라는 제2분과 선교의 갱신에서 '선교의 우선순위를 결정하는 기준을 찾는 방법'을 다음과 같이 말한다.

> 첫째, 교회는 가난한 자들, 무력한 자들, 학대받는 자들, 무시 받는 자들, 또 지루한 삶을 보내는 자들 편에 서는가? 둘째, 기독교인들은 참여의 수단으로서 타인의 문제들과 구조를 수용할 정도로 그들의 관심사에 주의를 기울이는가? 셋째, 그 기준들은 다른 사람들과 함께 시대의 징조를 식별하고 새로운 인간성 성취를 향해 역사와 함께 나아가는 데 최적의 조건들인가?[18]

웁살라 대회는 '인간의 참 인간성과 인간의 사회가 어느 때보다 여러 가지 파괴적인 힘에 의해 위협받고 있음'에[19] 깊이 주목하였다. 이런 점에서 웁살라 대회가 본 세계의 근본적인 문제는 인간에 대한 문제이며 모든 비인간화의 현상을 극복하고 인간을 인간답게 하는 것이야말로 선교의 일차적 과제라고 보았다. 이를 위해 선교적 공동체의 결정적인 관심은 선교의 목표로서 그리스도의 인간성을 드러내는 데 있다고 보았다.[20]

아울러 웁살라 대회에서 내려진 선교의 정의는 새 인간성 창조였다. 즉 새 인

---

17) Norman Goodall, ed. *The Uppsala Report 1968* (Geneva: WCC, 1968), 22-23.
18) WCC, "제4차 총회: 스웨덴 웁살라(1968)", 『역대총회 종합보고서』, 267.
19) Norman Goodall, ed. The Uppsala Report 1968, 27.
20) 김은수, 『현대선교의 흐름과 주제』, 225-226.

간(the new man)인 예수 그리스도 안에서 충만한 인간성(into new humanity)으로 성장하도록 사람들을 초대하는 새 창조의 선물로서 하나님의 선교를 묘사한다.[21] 웁살라는 선교가 일어나는 장을 말할 때, "선교 장소는 이렇듯 다양하고 그 배경은 인간의 필요가 있는 곳이며, 인구팽창, 긴장관계, 움직이고 있는 힘들, 제도적 경직성, 권력의 우선순위와 사용에 대한 의사결정, 그리고 공공연한 인간 갈등이 있는 곳이다"[22]라고 함으로써 선교의 장은 복음이 전해지지 않은 곳이 아니라 비인간화가 일어나는 곳이라는 인상을 강하게 주고 있다.

결국 웁살라 대회는 비인간화의 문제를 해결하기 위해 물질적 빈곤을 해결하는 것이 영적 빈곤 못지않게 더 중요함을 강조하였고, 이로서 웁살라는 선교의 수직적인 차원(복음화)보다는 수평적인 차원(인간화)을 더 강조하게 되었다. 그리고 웁살라가 인간화를 선교의 일차적인 목표로 보았기 때문에 선교의 목표를 전통적으로 복음화로 이해한 사람들로부터 많은 공격을 받기도 하였다.[23]

2) 방콕 대회(1973)

1973년에 열린 방콕 대회는 '오늘의 구원'(Salvation Today)을 주제로 내걸었으며, 주제에서 짐작할 수 있듯이 기독교의 구원론을 전면적으로 재검토한 회의였다. 방콕은 전통적인 영혼 구원을 넘어서는 포괄적인 구원 개념 즉 '경제정의', '정치적 억압', '인간의 소외', 그리고 '인격적 삶의 좌절' 등으로부터의 해

---

21) Norman Goodall, ed., The Uppsala Report 1968, 28.
22) WCC, "제4차 총회: 스웨덴 웁살라(1968)", 265.
23) 존 스토트는 "나는 웁살라 총회에서 선교위임을 위해 애쓰는 것을 보지 못하였다. 예수그리스도께서 자기를 받아들이지 않는 예루살렘을 향해 울었던 것과 같은 복음을 위한 눈물을 총회에서 본 적이 없다"고 비판하였다. 맥가브란은 5가지 이유로 웁살라의 인간화를 반대하였다. 첫째, 20억 비 기독교인에 대한 언급이 없으며, 둘째, 고전적인 선교위임이 잘못된 선교신학으로 대체되었고, 셋째, 복음의 선포가 대화로 대신 되었으며, 넷째, 선교 대신에 단지 교회의 갱신으로만 나아가고 있으며, 다섯째, 교회의 휴머니즘적 활동에만 집중되고 있음을 지적하였다. 김은수, 『현대선교의 흐름과 주제들』, 230-233. 재인용.

방을 포함하는 구원 개념을 말하였다. 즉 방콕대회 제2 분과에서 다음과 같이 구원을 네 가지 사회적 차원들 안에서 정의하고 있다.[24]

    a. 사람에 의한 사람의 착취에 대항하는 경제정의를 위한 투쟁에서의 구원 역사들(salvation works)
    b. 동료 인간들에 의한 인간에 대한 정치적 억압에 대항하는 인간의 존엄을 위한 투쟁에서의 구원 역사들
    c. 인간으로부터 인간의 소외(alienation)에 대항하는 연대를 위한 투쟁에서의 구원 역사들
    d. 인격적인 삶(personal life)의 좌절에 대항하는 희망을 위한 투쟁에서의 구원 역사들

이상과 같은 포괄적인 구원 개념을 종합하여 보면 방콕대회는 '구원'을 '해방'으로 해석하였고, 이러한 해방을 통하여 이루어지는 것이 곧 '인간화'라는 점에서 방콕은 구원을 인간화로 규정하고 있는 것이다. 그리고 구원을 가져오는 복음이란 다른 것이 아니라 개인과 사회 차원에서 인간을 억압하는 모든 것에 대항하여 투쟁(struggle)하는 데에 우리들로 하여금 헌신하게 하는 것이다. 즉 복음은 인종차별, 사회적 부정의, 경제 정치적 억압, 비극적인 전쟁, 과학기술 문명으로 인한 비인간화 등에 대하여 예수 그리스도의 구원을 행동으로(in action) 나타내도록 촉구하는 것이다.[25]

아울러 이러한 복음을 받은 교회는 '해방시키는 그리스도의 능력에의 순종'(the obedience to the liberating power of Christ)을 위해서 구조악을 유발하는 세상적 구조에 대한 연구 분석을 하며 이러한 구조악을 척결하는 투쟁에 동참해야 하는 것이다. 이러한 투쟁의 성격에 대하여 방콕 대회는 구조적 불의에 대항하는 해방 운동 차원에서 물리적 폭력의 가능성을 거론하기도 하였다.[26] 그

---

24) WCC, *Bangkok Assembly 1973*(Bossey: WCC, 1973), 89-90.
25) Ibid., 1-2.
26) Ibid., 89-90.

리고 이러한 일을 잘 감당하기 위하여 교회가 지배계급과 인종 및 국가의 포로로부터 해방되지 않고는 구원하는 교회가 될 수 없다고 단정하였다. 아울러 해방을 위하여 방콕은 '친교'(fellowship)라는 용어를 '연대'(solidarity)라는 의미로 해석하기 시작했다. 이러한 내용은 소망의 신학을 제창한 위르겐 몰트만의 영향력을 적지 않게 받았다.[27] 방콕은 구원의 개념 자체를 포괄적으로 규정하면서 인간화를 포함하는 구원 개념을 설정함으로써 인간화를 위한 확실한 신학적 근거를 마련하게 되었고, 이 후로 에큐메니칼 신학은 인간화를 더욱 확실하게 선교의 목표로 자리매김하게 되었다.

3) 나이로비 대회(1975)

케냐 나이로비(1975) 총회는 "예수 그리스도는 자유케 하시고 연합하신다"(Jesus Christ Frees and Unites)는 주제로 열렸는데 사회 정의 문제와 인권 문제를 심층적으로 다룬 대회였다.

이 대회는 제3세계 교회의 수가 반을 넘어서게 되었고, 주된 의제도 제3세계의 문제가 주종을 이루게 되었다. 또한 토착교회의 신학이 강조되었고, 신학은 배워지는 것이 아닌 살아져야 한다는 의미에서 'Living Theology' 또는 'Doing Theolgoy'가 강조되었다. 나이로비는 '정의, 참여, 지탱될 만한 사회'(JPSS, a Just, Participatory, Sustainable Society)를 강조하면서 선교는 바로 이런 사회를 이루어내는 것으로 보았다. 여기에서 정의를 제3세계 발전의 주된 목적으로 보면서, '구조적 부정의'에 대한 대립개념으로서 '정의'를 바라보고 있었다. 이런 맥락에서 해방신학이 나이로비의 주된 이론적 기초를 제공하였

---

27) 전호진, 『한국 교회와 선교 I』, 150.

음을 알 수 있다. 즉 나이로비는 '삼위일체 하나님과 신앙'을 중시하면서도, 해방신학 전통을 자기 것으로 삼았으며, 구조악에 대해서는 그 어느 때보다 더 진지하게 생각하고 있었다.[28]

그리하여 이 구조악을 그대로 지닌 발전보다는 해방을 지향했다. 그 결과 나이로비 대회는 사회와 정치적 해방의 문제에 의해 전도와 선교가 가리게 되었고, 복음전파보다는 교회의 사회와 세계에 대한 책임 문제에 많은 관심을 기울이는 경향을 보이게 되었다. 특별히 나이로비는 교회가 사회에서 평화, 정의, 자유를 위한 하나님의 뜻을 실현하기 위하여 투쟁하라는 명령을 받았다[29]는 사실을 강조하면서 교회의 해방적 기능을 역설하였다.

그래서 해방자 예수가 부각되었고 눌린 자에게 자유를, 가난한 자에게 먹을 것을 주는 일을 선교로 정의했다. 또 교회가 가난한 자와 무력한 자들이 그들의 착취된 상황을 깨닫도록 의식화(Conscientization)하는 작업을 하도록 하였다. 오래 전에 기독교가 포기한 막시즘의 용어가 등장하고 막시즘의 역사 분석이 공적으로 수용되는 분위기가 나타났다.[30] 이로써 1968년 웁살라에서 태동된 인간화 개념은 1973년 방콕에서 인간화를 포함하는 새로운 구원 개념을 통하여 확실한 이론적 기반을 조성하고 1975년 나이로비에서는 막시즘을 통한 역사 분석, 눌린 자의 해방, 가난한 자를 도움, 의식화 등의 구체적인 방안을 얻었다고 볼 수 있다. 즉 나이로비는 인간화를 위한 구체적인 방안들을 제시하였으며, 이로써 인간화 개념은 명실공히 에큐메니칼 선교신학에서 핵심적인 자리를 차지하게 되었던 것이다.

---

28) 강희창, "에큐메니칼 문서에 나타난 선교신학의 패러다임 변화에 대한 연구," 2003학년도 미간행 박사학위논문, 장로회신학대학교 대학원, 249.
29) David M. Paton, ed., *Breaking Barriers: Nairobi 1975*(Grand Rapids, MI: Wm. B. Eerdmans, 1976), 43.
30) 전호진, 『한국 교회와 선교 I』, 150.

3. 인간화 개념에 대한 평가

인간화 개념은 기존의 복음화 중심의 선교신학의 한계를 극복하기 위하여 나타난 개념이다. 이 개념은 여러 가지 면에서 선교신학에 새로운 시야를 열어주었고, 선교신학의 한계를 극복하는 데 도움을 주었다. 그러나 대부분의 것이 그렇듯이 빛이 있으면 그림자가 있는 법이다. 인간화 개념 역시 밝은 빛을 비쳐주었지만, 동시에 어두운 그림자로 작용한 부분도 없지 않다. 이 장에서는 인간화 개념의 양면을 자세히 살펴보고자 한다.

1) 세상에 대하여 책임적인 교회 형성

교회는 하나님의 피조물을 관리하는 청지기가 되도록 부르심을 받았다. 따라서 교회는 결코 혼자일 수 없다. 세상을 떠나서 세상과 무관하게 자신들만의 게토를 만들고 자신들만을 위하여 존재할 수는 없는 것이다. 교회가 섬겨야 할 세상은 갈수록 비인간화 되어가고 있다. 특별히 가난한 자, 병든 자, 실직자, 힘없는 자들은 갈수록 더 사회의 주변으로 밀려나고 있다. 약한 자들에 대한 구조적, 영적, 물리적 폭력을 동반한 배척(exclusion)이 세계 대부분의 지역에서 갈수록 더 심화되고 있다. 가장 가난한 사람들을 위한 피난처, 건강 유지, 영양공급 그리고 교육 등과 같은 인간의 기본적인 필요에 대한 공급은 30년 전보다 실제적으로 더 악화되고 있는 상황이다. 그로 인하여 그들의 땅에서 쫓겨나거나 새로운 일자리를 찾는 노동자들과 농민들 그리고 토착민들의 경제적 이민이 증가하게 되었다.[31] 또한 과거와 미래를 외면하고 현실주의적 현재에 붙들리도록 강요하는 과학기술적인 세계, 의미와 목적과 방향과 상관없이 그 자체가 인류의 궁

---

31) WCC, *Mission and Evangelism in Unity Today* (Geneva: WCC, 1998), no. 20.

극적인 목표인 것처럼 과장하는 상황 속에서 세계는 철저하게 비인간화되어가고 있는 것이다. 이런 세계를 교회가 외면해서는 안 되는 것이다. 인간화는 바로 이처럼 비인간화되어지는 세계에 대하여 책임적인 교회가 되도록 촉구하는 것이다.

인간화 개념의 이 같은 기여점 때문에 복음주의 진영에서도 일부 학자들은 이 개념을 적극적으로 수용하였다. 예를 들어 에쿠아도르에서 온 르네 파딜랴(Rene Padilla)는 복음 선포와 사회 정의 사이의 우선권에 대한 논의를 거부하였다. 그는 말하기를, "만약 그들이 굶주림으로 희생되고 있는 자들의 숫자를 셀 수 있다면, 매 분마다 그리스도 없이 얼마나 많은 영혼들이 죽어가고 있는지에 대한 통계도 가질 수 없다"[32]고 하면서 선교는 인간의 영혼 뿐 아니라 세계의 모든 피조물을 포함한다고 하였다. 또한 복음서에 선포된 그리스도는 새로운 인간성을 창조하기 위해 하나님이 결정적인 방법으로 역사를 통해 실현하시는 모든 존재의 주님이라고 주장하였다. 페루에서 온 에스코바(Samuel Escobar)도 복음주의자들의 전통적인 정치적 무관심을 신랄하게 비판하면서, "매일의 삶에서 사회적, 경제적, 정치적 관점 속에서의 다름이 없는 영성은 종교적일 수는 있으나 결코 기독교는 아니다"라고 강조하였다. 또한 "우리는 … 증언의 사회적 환경과 복음의 사회적 연관성이 잘못되었다고 염려할 것이 아니라 정반대로 우리가 추구해야 할 것이 바로 그의 사회적 환경이 강조되는 복음의 포괄성이다"[33]라고 주장하였다.

파딜랴와 에스코바 등은 로잔 대회가 진행되던 어느 날 저녁에 그리스도인의 사회적 책임에 대한 주제를 가지고 따로 모임을 가진 후에 '로잔으로부터 로잔에 답함' 이라는 성명서를 발표하였다. 이 성명서에서 그들은 때때로 인간의 전

---

32) Lausanne-Dokumente (LD) BD. I & II, *Alle Welt soll sein Wort horen*(Stuttgart, 1974), 146-194. 김은수, 『현대선교의 흐름과 주제』, 270. 재인용.
33) Ibid., 271.

체성에 대한 성경적 이해가 무시되고 비성경적인 이원론이 수용되고 있다고 말하면서 복된 소식의 전체적 차원을 지향해야 한다고 주장하였다. 샬롬의 왕국이 여기 그리고 지금 전 피조물 앞에 드러나고 그의 복된 소식이 눈에 보이게 알려지도록 하기 위해서 생존의 위협으로부터 인간이 해방되어야 하며, 바로 이것이 해방과 회복과 전체성과 개인, 사회, 세계 및 우주적 구원의 진정한 복된 소식이라고 주장하였다. 이러한 영향 때문인지 로잔 언약도 "…때때로 전도와 사회 참여가 서로 상반되는 것으로 잘못 생각한 데 대하여 참회하고, 사람과의 화해가 곧 하나님과의 화해가 아니며, 사회 행동이 곧 전도는 아니며, 정치적 해방이 곧 구원은 아닐지라도 전도와 사회 및 정치적 참여는 우리 그리스도인의 의무라는 것을 확신한다"[34]고 선언하고 있다. 인간화는 확실히 교회로 하여금 세상에 대한 책임을 감당하도록 일깨워주고 도전한 중요한 개념임에 틀림이 없다.

2) 사회 구조를 볼 수 있는 관점 제공

전통적으로 복음화 중심의 선교는 주로 개인의 변화에 초점을 맞추었다. 선교의 초점은 주로 개인의 결단과 변화를 촉구하는 것이었지 사회구조의 변혁을 촉구하는 것이 아니었다. 그런데 막시즘, 해방신학, 인간화 개념 등의 도움으로 인간관계는 개인차원에서만이 아니라 특정한 경제적, 정치적 발전에서의 죄와 죄책에 의해 왜곡되어 있다는 사실을 인식하게 되었다. 즉 사회 구조악이 있다는 사실을 깨닫게 되었고, 이러한 구조악은 개인이 아무리 변화되어도 결코 변혁되어질 수 없는 측면이 있음을 인식하게 되었던 것이다. 모든 대륙, 모든 나라, 모든 지역에 만연되어 있는 고통들이 있는데, 이러한 것들 중 상당수는 구조적인

---

34) International Congress on World Evangelization, "The Lausanne Covenant", no. 5, in Roger E. Hedlund, *Roots of the Great Debate in Mission* (Bangalore, India: Theological Book Trust, 1993), 305-306.

악 때문에 발생하는 것임을 인식하게 되었다.

이러한 구조악으로 인해 일부는 갈수록 비인간화 되어가고 다른 일부는 갈수록 풍요를 누리게 되는 것이다. 예를 들어 미국의 꿈은 그들이 미국 원주민들에게서 빼앗은 엄청난 땅과 자원 덕분에 실현 가능했던 것이다. 또한 서구의 산업적 경제적 성장의 엄청난 도약은 남반구의 국가들을 식민화함으로써 얻어진 풍부하고 상대적으로 싼 자원이 없었다면 불가능했을 것이다.[35] 이런 점에서 하나님은 모든 비인간화된 사회 구조를 척결하고 사회 정의를 이루라고 명하시는 것이다. 오늘날은 에큐메니칼 운동가들 뿐 아니라 많은 복음주의자들도 전보다 더 심오한 방식으로 세상 안에 존재하고 있는 악의 깊이를 볼 수 있게 되었는데 이러한 것은 인간화와 같은 개념들의 도움으로 이루어진 것이라 할 수 있다.[36] 인간화 개념은 이런 점에서 교회로 하여금 개인을 넘어서 사회와 구조를 볼 수 있는 안목을 열어주는 공헌을 하였다고 볼 수 있다.

3) 인간화를 내포하는 복음화

복음화를 선교의 핵심으로 삼던 전통적 선교사역 속에 인간 삶의 질 향상을 위한 노력이 빠져 본 적은 없었다. 선교사들은 기본적으로 문맹퇴치를 위한 교육사역, 가난한 자들을 돕기 위한 빈민구호사역, 병자들을 치유하기 위한 병원사역 등을 병행하였으며, 기타 다양한 복지사역을 수행하였다. 이러한 사역들은 단순히 개인적인 차원의 도움이었기 때문에 인간화에서 강조하는 사회구조변혁을 통한 인간화에는 못 미쳤다고 말할 수도 있지만, 이러한 사역들이 점차적으로 사회의 변화도 가져오면서 종국적으로 인간화된 사회로의 변화를 가져왔다

---

35) Tom Sine, "개발, 그 과거와 불확실한 미래," in Vinay Samuel & Chris Sugden, eds., *The Church in Response to Human Need*, 황을호 역 『인간의 요구에 부응하는 교회』(서울: 생명의말씀사, 1992), 20.
36) 데이비드 J. 보쉬, 『변화하고 있는 선교』, 603.

는 사실을 부인하기는 어렵다. 교회사가 라토렛은 기독교가 인류 역사에 있어서 인간화에 기여한 점을 다음과 같이 언급한다.

> 수 세기에 걸쳐 기독교는 다른 모든 요인을 합한 것보다도 더 많은 언어를 문자화시키는 데 공헌해 왔다. 기독교는 다른 어느 단독적 영향력보다도 더 많은 학교, 더 많은 교육이론, 더 많은 체계를 세웠다. 역사상 다른 어느 세력보다도 기독교는 인간으로 하여금 고통과 싸우도록 강력히 뒷받침했는데, 그 고통의 원인이 전쟁이건 병마이건 천재지변이건 간에 그러했다. … 기독교는 국제법을 형성케 하는 데 있어 주된 자극제가 됐다. 기독교가 아니었던들 국제 연맹이나 국제 연합이 탄생하지 못했을 것이다. … 이러한 목록은 (기독교가 인간화에 기여한 일들의 목록) 무한정 연장될 수 있을 것이다. 이 목록에는 다른 많은 인도주의적 사업이나 운동, 정부의 이념들, 감옥의 개선 및 범죄학의 대두, 위대한 예술과 건축 및 뛰어난 문학 등이 포함된다.37)

위에서 볼 수 있듯이 복음화는 상당 부분 인간화에 기여하였다고 볼 수 있다. 실제로 참된 인간화는 구조를 바꾸는 것이 아니라 복음으로 인한 변화부터 시작된다고 볼 수 있다. 그것이 바로 복음의 능력이 아니겠는가? 복음에 그런 능력이 없다면 그것은 이미 참된 복음이 아니다. 바울의 경우를 보아도 그는 당시에 산적해 있는 많은 사회의 구조악들을 보면서도 그것을 개혁하고 변혁하는 데 힘을 쏟기보다는 복음을 전하는 데 온 힘을 쏟은 것을 볼 수 있다. 즉 바울은 가는 곳 마다 그 사회의 비인간화된 구조를 개혁하는 데 힘을 쏟지 않고 어떻게 하든지 복음을 전하고 교회를 세우는 데 온 힘을 바쳤다. 그리고 세월이 흐르면서 결국 그 사회는 서서히 변혁되어져 갔던 것이다. 만약 바울이 구조 개혁에 몸을 바쳤다면 바울은 그 짧은 시간에 그만큼의 복음 전도 열매를 거두지 못했을 것이다.

예수께서 가르쳐주신 하나님 나라 속에도 분명히 혁명적인 요소가 포함되어 있긴 하지만 그렇다고 예수께서 구조악을 개선하기 위하여 직접 헤롯 왕이나 대

---

37) Kenneth Scott Latourette, *A History of Christianity*, Vol. 3, 윤두혁 역, 『기독교사 (하)』 (서울: 생명의말씀사, 1983), 672-673.

제사장 혹은 로마 총독을 향하여 반기를 들지 않으셨다. 오히려 그는 그 유대와 로마의 권력 앞에서 무력하게 십자가를 지시었다. 예수의 방법은 인간화 개념이 제시하는 것과는 확실히 거리가 멀었다. 그 자신이 인간화를 위해 싸우시기 보다는 오히려 철저하게 비인간화되는 길을 마다하지 않고 걸어가셨다. 그리고 그 길을 통해 그 분은 우리가 인간화 되도록 하셨다. 그 예수께서 가르쳐 주신 하나님 나라 비유 중에 누룩 비유는 하나님의 나라가 누룩이 밀가루 덩이를 눈에 보이지 않게 서서히 변화시켜 종국적으로 완전히 부풀게 만드는 것처럼 하나님의 나라는 눈에 보이는 혁명이나 투쟁을 통해서 이루어지기 보다는 복음을 받은 사람들의 점진적인 변화와 희생을 통하여 이루어짐을 시사하고 있는 것이다.[38]

이런 점에서 복음화를 통한 점진적인 인간화 대신에 구조를 당장에 바꾸려는 인간화는 예수께서 추구하신 하나님의 나라와는 좀 거리가 있지 않은지 생각해 볼 필요가 있다. 물론 복음화를 통한 인간화는 때때로 너무너무 더디게 일어나고 도대체 아무 것도 일어나는 것 같지 않기에 우리는 쉽게 절망할 수 있다. 오히려 당장에 눈앞에 뭔가 결과가 보여지는 급진적인 인간화를 선호할 수 있다. 그러나 우리는 공산 혁명에서 사회 구조를 하루아침에 바꾸었지만 그 속에 있는 인간들이 변화되지 않는 한 막시즘이 바라보는 유토피아는 이루어지지 않았음을 볼 수 있다.[39] 막시즘의 혁명 뿐 아니라 그 어떤 혁명도 그 안에 있는 사람들이 바뀌어지지 않은 채 구조만의 변혁을 통하여 완전히 새로운 사회가 이루어지

---

[38] George E. Ladd, *A Theology of the New Testament* (Grand Rapids, MI: W.B. Eerdmans Publishing Co. 1974), 99.

[39] 인간화 개념은 해방신학에 하나의 중요한 이론적 뿌리를 두고 있고, 그 해방신학은 막시즘과 상당한 연관성을 지니고 있다. 인간화 개념은 여러 가지 좋은 장점에도 불구하고 성경보다 오히려 인간의 이데올로기에 많은 이론적 뿌리를 내리고 있다는 점을 주목할 필요가 있다. 참고로 1948년 암스텔담 회의는 공산주의의 문제점을 다음과 같이 지적했다. 1)역사 내에서 인간의 완전한 구원을 약속하고, 2) 새 질서의 부대자인 프로레타리아 계층은 죄가 없다고 하며, 3) 유물주의적, 결정론적 주장은 기독교의 신관과는 배치되는 것은 물론, 기독교의 인간론, 즉 하나님의 형상이요, 하나님께 책임적인 한 인격으로서의 인간과도 배치되고, 4) 적대자들을 잔인무도한 방법으로 타도하고, 5) 공산당에 대한 절대적 충성과 모든 것을 강압적으로 통제하는 독재를 지향한다. WCC, 『역대총회종합보고서』, 542.

지 않았음을 기억할 필요가 있다. 복음으로 개인들이 변하지 않은 채 사회 구조만을 바꾸어서 변화된 예가 없을 뿐 아니라, 또 설사 그렇게 바뀐다 한들 그것을 하나님의 나라와 동일시 할 수는 없을 것이다. 인간화를 선교의 목표로 삼는 신학은 "최종적인 구원은 인간의 손으로, 심지어는 그리스도인들의 손으로도 이루어지지 않을 것이다.…이러한 이유로 그리스도인들은 결코 어떤 특정한 계획을 하나님의 통치의 충만함으로 동일시해서는 안 된다"40)라는 보쉬의 경고를 잘 생각해 보아야 할 것이다.

4) 복음화 열정의 약화 가능성

인간화가 가져오는 가장 심각한 그림자 중 하나는 복음화의 약화를 가져온다는 사실이다. 에큐메니칼 진영에서는 복음화와 인간화를 이분법적으로 분리하는 것 자체를 이원론적인 사고라고 생각하면서 이 둘은 나누어서 생각할 수 없는 문제라고 여긴다. 이론적으로는 그렇다. 그러나 실제적으로는 이 둘이 반비례의 모습을 나타낸다. 즉 인간화를 강조할 때 복음화가 약화되고 복음화를 강조할 때 인간화가 약화되는 모습이다. 이 두 요소의 반비례적 성격에 대하여 위르겐 몰트만(J. Moltmann)도 다음과 같이 말하고 있다.

> 신학자들의 기독교적 삶, 교회들 및 인류는 언제나 이중적 위기에 직면해 있다. 하나는 참여의 위기요, 다른 하나는 자기 정체성의 위기이다. 이 두 위기는 상호 보충적이다. 신학과 교회가 현대의 문제들에 부심하고 관계하면 할수록 자신의 기독교적 정체성이 더욱 더 위기에 떨어진다. 반면에 이들이 전통적인 교리들, 전통적인 기득권들 및 전통적 도덕 표준을 주장하려 하면 할수록, 이들은 현대의 문제들에 더욱 무관심하게 된다. 우리는 이것을 '정체성-참여' (Identity-Relevance)의 딜레마라고 표현해야 더 정확하다.41)

---

40) 데이비드 J. 보쉬, 『변화하고 있는 선교』, 591.
41) J. Moltmann, *The Crucified God* (New York: Harper & Row, 1974), 7.

이형기도 이와 비슷한 견해를 피력하였다. "복음과 교회의 정체성에 안주하는 한 교회의 사회 참여를 소홀히 여기게 되고, 교회의 사회참여에 전념하다 보면 복음과 교회의 정체성을 상실하고 헤매지 않나 하는 문제가 오늘 우리 한국에서까지 심각한 문제로 등장하고 있다"[42] 결국 복음화와 인간화의 반비례적 관계는 이분법적 사고가 아니라 제한적인 인간에게서 나타나는 현실인 것이다. 인간화를 강조할 때 왜 복음화의 열정이 약화되는가? 우리는 그 이유를 데이비드 보쉬가 말하는 자유주의와 인간화의 이론적 근간이 된 해방신학간의 공통점에서 조금 엿볼 수가 있다. 보쉬에 의하면 자유주의와 해방신학 사이에는 사회적 관심이라는 이슈에 있어서 우선 공통점이 있다. 즉 두 신학은 교회 자체보다 세상에 더 많은 관심을 둔다는 것이다. 또한 두 신학은 타계적이거나 개인주의적인 관점을 거부한다는 점에서도 공통점이 있다. 그리고 근대화의 모델을 통하여 이 세상에서의 어떤 문제 해결을 추구한다는 점에서도 그렇고, 신 중심적이기 보다는 인간 중심적인 점에서도 공통점이 있다. 그리고 내재주의라는 점에서도 공통점이 있으며, 전통적인 교회적 신앙을 소홀히 여긴다는 점에서도 역시 공통점이 있다.[43]

이와 같은 특징을 지닌 해방신학과 깊은 연관을 지닌 인간화가 선교의 목표로 추구되어질 때에 교회는 세상에 깊은 관심을 두고 인간 중심적으로 세상의 문제 해결을 위해 힘쓰는 반면 복음 등과 같은 전통적 교회 신앙을 소홀히 여기면서 자연히 복음 열정의 약화와 그로 인한 교회의 약화가 일어날 수 있는 가능성이 높아지게 된다. 이러한 현상은 이미 종교 사회학적으로 증명이 되고 있다. 즉 진보적 신학을 표방하는 주류 개신교회들과 사회 변화 즉 모더니티에 순응하려고 애쓰던 종교 운동과 제도들은 한결같이 쇠퇴 국면을 맞이한다고 하는 점을 버거

---

42) 이형기, "WCC에 나타난 교회와 사회문제", 『역대총회종합보고서』, 569.
43) 데이비드J. 보쉬, 『변화하고 있는 선교』, 647.

(Peter Berger)가 말하고 있다.[44] 실제로 사회참여를 강하게 외치는 진보적 주류 교단들은 점점 쇠퇴하면서 사회를 섬길 수 있는 역량을 점점 더 상실해 가는 반면, 복음화를 강조하는 보수적 교단들은 역동적으로 성장하면서 오히려 사회 봉사를 잘 하는 현상이 나타나고 있다.[45]

세계는 지금 포스트 모더니티의 가치들이 급속하게 확산되고 있는 중이다. 그리고 그러한 영향으로 이전에는 공적인 가치들로 받아들여지던 전통적인 가치들이 오늘날에는 사적인 영역으로 밀려나고 있으며, 종교도 단순히 사적인 것으로 취급되고 있다. 개인의 체험이 이성과 지식 그리고 이해를 대신하고 있다. 이미지가 말보다 더 선호되며, 사실과 상품(truth and goods)을 활성화 하고 전달하는 홍보라는 관점에서 사람들에게 더 큰 영향을 미치고 있다. 현재적 순간의 중요성이 강조되면서 과거와 미래는 별로 중요치 않게 여겨진다. 사람들은 스스로가 자기 인생의 주인(masters)이며 그렇게 때문에 스스로에게 맞는 것들을 취하고 선택할 자유가 있다는 것을 믿도록 설득된다.[46]

이런 분위기에서 세상은 더 이상 복음이나 교회에 대하여 관심을 갖지 않고 자연히 교회들은 점점 약화되어 가고 있다.[47] 이런 상황에서 교회마저 교회를 지키고 복음을 전하는 데 관심을 갖기보다는 세상의 문제 해결 즉 인간화에 집착할 경우 교회의 미래는 매우 어두워질 수 있다. 인간화를 위해 힘쓰고 헌신하는 기관들은 무수히 많다. 그러나 복음을 전하는데 힘쓰는 기관은 교회나 준교회인 선교기관 외에 다른 기관이 없다. 이들이 복음 전하는 일에 힘을 쏟지 않을 때 아무도 이를 대신해 줄 기관이 없다는 것이다. 이런 상황에서 교회마저 복음

---

[44] Peter L. Burger, *Desecularization of the World: Resurgent Religion and World Politics*, 김덕영 송재룡 역, 『세속화냐? 탈세속화냐? 종교의 부흥과 정치』(서울: 대한기독교서회, 2002), 20-23.
[45] 김성건, 『한국사회와 개신교』(서울: 서원대 출판부, 2005), 151.
[46] WCC, Mission and Evangelism in Unity Today, no. 23.
[47] 2005년 인구 주택 총조사 결과에 의하면 한국 교회는 10년 전에 비하여 14만 4천 명이 감소하여 10년 전보다 1.6% 감소한 것으로 나타난다. 불교와 천주교에 비하여 유일하게 감소한 결과를 드러내는 것은 심각한 도전이 아닐 수 없다. 기독교신문, 2006년 6월 4일자, 1면.

화 보다는 세상의 문제 해결을 위해 헌신할 때 교회는 어떻게 되겠는가? 인간화를 하지 말자는 것이 아니다. 인간화가 중요치 않다는 것도 아니다. 다만 그 인간화를 할 교회를 세워나가면서 인간화를 하는 것이 합리적인 것이 아닌가 하는 것이다.

5) 인간화의 실현 가능성

앞에서도 살펴보았듯이 인간화 개념은 교회 선교에 많은 빛을 던져주었다. 인간화 개념이 지향하는 바는 분명 교회가 추구해야 할 방향을 잘 제시하고 있다. 교회는 세상에 대하여 책임을 지는 공동체여야 하고 따라서 비인간화 되어가는 세상을 향하여 인간화의 사명을 감당해야 한다. 그런데 문제는 인간화의 실현가능성이다. 즉 인간화가 참으로 중요하고 인간화가 추구하는 목표에 관해서는 이견이 없다 하더라도 그 인간화가 과연 어느 정도 가능할 것인지에 대해서는 생각해 볼 필요가 있다. 마치 막시즘이 내세운 목표는 참으로 좋은 것이었지만 문제는 그 이론이 현실적으로 실현 가능성이 없어서 결국 공산국가들마저 포기하는 이론이 되었듯이 인간화 개념도 그것이 현실적으로 어느 정도 교회가 감당할 수 있는 것인지에 대한 냉철한 판단이 필요하다.

인간화 문제의 가장 중요한 핵심 중의 하나는 경제 정의 실현의 문제이다. 방콕에서 제안된 대로 경제 정의가 이루어져 모두가 공정하게 잘 살게 되는 것이 인간화요 구원의 한 차원이다. 이같은 경제 정의 실현을 위하여 인류 역사상 막시즘만큼 합리적인 대안을 제시한 이론은 없을 것이다. 그런데 그 대안을 실행에 옮긴 공산주의는 70년 만에 손을 들고 말았다. 물질 문제를 해결치 못한 것이다. 뿐만 아니라 모두가 함께 가난해지는 어려움에 빠지고 말았다. 물론 자본주의도 이 문제를 해결하지 못했다. 이 문제는 어쩌면 인류가 있는 한 완전히 해결하기는 어려운 문제일 것이다. 그래서 옛말에도 "가난은 나라님도 구제 못 한다"는 말이 있지 않은가? 물론 교회가 물질 문제 등을 포함한 인간화를 위해 힘써야 한다는 것에 대해서는 이의가 없다. 그러나 그 일이 일어나도록 돕는 것과 그 일을 교회의 핵심적인 사역으로 삼는 것 사이에는 엄연한 차이가 있다.

눈에 보이는 교회는 때로 매우 약하다는 사실을 기억할 필요가 있다. 물론 눈에 보이지 않는 교회는 보이는 교회들의 성패에 관계없이 반드시 승리할 것이다. 그러나 눈에 보이는 교회는 아주 쉽게 사라질 수도 있음을 알아야 한다. 영국의 교회들이 술집, 스탠드바, 디스코장, 그리고 이슬람사원으로 넘어가는 것을 보면서 우리는 교회가 어떻게 그렇게 될 수 있을까 하고 아연실색을 하지만 현실은 현실이다. 교회란 기본적으로 사람들이 모여서 이루어진다. 이슬람처럼 사원에 오는 것을 강제할 수 없는 상황에서 교회에 사람들이 오지 않으면 교회는 문을 닫을 수밖에 없다. 세상은 자꾸 '하나님을 상실해 가는 상황'으로 치닫고 있다. 이런 시점에서 사람들이 교회에 오는 것은 무언가 세상이 줄 수 없는 어떤 것이 있다고 생각될 때 오는 것이다. 에큐메니칼 신학은 교회가 세상에서 평화, 정의, 자유를 위한 하나님의 뜻을 실현하기 위하여 투쟁하라는 명령을 받았다는 사실을 강조하면서 교회의 해방적 기능을 역설한다.[48] 틀린 것은 아니다. 틀림없이 맞는 말이다. 그러나 인간화를 위해 헌신할 수 있는 교회가 되기 위해서는 먼저 이런 명령을 수행할 수 있는 능력을 덧입는 것이 중요하다. 어린이가 잘 성장하면서 세상을 위해 공헌하는 일군이 될 수 있듯이 복음의 능력으로 든든하게 서가는 교회가 제대로 인간화를 이루어낼 수 있게 되는 것이 아닌지 잘 생각해 보아야 한다.

---

[48] David. M. Paton, ed., *Breaking Barriers: Nairobi 1975*(Grand Rapids, MI: Wm. B. Eerdmans, 1976), 43.

요약 및 전망

지금까지 에큐메니칼 선교신학의 인간화 개념의 이론적 배경과 내용을 살펴본 후에 기여점과 한계점 등을 살펴보았다. 인간화 개념은 교회로 하여금 사회구조를 볼 수 있는 안목을 열어주고 세상에 대하여 책임적인 교회가 되도록 하는데 결정적인 기여를 하였다. 그러나 반면에 인간화 개념은 복음화와 교회를 약화시킬 수 있는 가능성도 있음을 보았다. 이종성은 인간화를 부르짖는 휴머니스트들을 다음과 같이 평가한다.

> 휴머니스트들은 모든 것은 인간을 위하여 존재한다고 이해한다. 자연계는 물론이지만 신이 존재한다고 한다면 그 신도 인간을 위하여 존재한다고 본다. 이러한 생각은 바울이나 아우구스티누스의 은총 사상과는 정반대되는 사상이다. 칼빈은 그의 생의 초점과 최고 목표를 신의 영광(Soli Deo gloria)에 두었다고 한다. 그의 생애의 렌즈의 초점을 신에게로 집중시켰다. 휴머니스트들은 이 초점을 인간 자신에다 두었다. 그러므로 신에게만 영광이라는 말은 인간의 존엄성을 모독하는 말이다. 그리고 신은 인간의 적이다. 따라서 이러한 신은 없애야 한다. 아직 신이 죽지 않았다면 우리가 죽여야 한다(니이체, 알타이져, 해밀톤). 우주의 모든 것은 인간에게 영광을 돌려야 한다. … 휴머니스트들은 근본적으로는 무신론자들이다. 그러나 그들 중에는 종교와 협력하는 예도 있다. 그것은 그들이 종교의 힘을 빌어서 자신들의 목적을 달성하기 위해서 취하는 하나의 방법에 지나지 않는다. 종교인들이 생각하는 것과 같은 신앙을 가지고 있어서 그러한 방법을 취하는 것은 아니다.[49]

에큐메니칼 진영에서 인간화를 외치는 사람들과 위에서 말하는 휴머니스트들은 분명히 동일하지 않다. 그러나 동일하게 인간화를 외친다는 점에서 비슷한 방향으로 나갈 수 있는 가능성도 없지 않음을 염두에 둘 필요가 있다.[50] 인간화를 외치는 것은 필요하다. 그러나 그 인간화가 휴머니스트들이 외치는 인

---

49) 이종성, 『신앙과 신학』 (서울: 대한기독교서회, 1977), 225-226.
50) 바이어하우스는 에큐메니칼 신학이 주장하는 인간화가 무신론자들인 휴머니스트들이 주장하던 것과 같

간화와 유사한 방향으로 나가는 인간화가 되지 않도록 늘 점검하는 자세가 필요할 것이다.

은 계열의 개념인데 그것을 자신들의 핵심 선교 개념으로 수용한 것이 얼마나 놀라운 일인가 라고 말한다. Peter Beyerhaus, "Mission and Humanization", in *MIssion Trends No. 1*, ed. by Gereld H. Anderson & Thomas F. Stransky(Grand Rapids, Eerdmans, 1974), 241.

주제 IV. 선교사 모라토리움 MISSIONARY MORATORIUM

'선교사 모라토리움' 이란 선교사 보내는 것을 잠정적으로 중단해 달라는 피선교지의 요구인데 주로 70년대에 많이 대두되어졌다. 현지인들은 왜 선교사들을 향하여 "선교사는 가라!"(Missionary, Go Home!)고 외쳤을까? 그들이 참으로 원하는 것은 무엇이었을까? 여기에 대한 답을 찾는 것은 우리의 선교 방향을 바로 잡는 데 매우 유익한 작업이 될 것이다.

선교사 모라토리움에서 '모라토리움'이라는 말은 본래 경제적인 용어로 '지불유예'라는 의미를 지니고 있는데, 이것이 선교적인 의미로 쓰일 때에는 '선교 일시 중단'의 의미를 지닌다. 즉 선교사 보내는 것을 잠정적으로 중단해 달라는 피선교지의 요구인데, 주로 1970년대에 많이 대두되어졌고 이 요구의 대상은 주로 서구 선교였다.[1] 한국교회는 1980년대부터 본격적으로 선교활동에 동참하였고, 이 시기에는 모라토리움의 요구가 어느 정도 잠잠해진 뒤였고, 또한 모라토리움의 요구자체가 주로 서구교회를 향한 요구였기 때문에 한국교회와 선교계는 이러한 요구에 별 신경을 쓸 필요가 없었다. 따라서 한국교회와 선교계는 선교사 모라토리움이란 용어에 대하여 다소 생경한 느낌이 있다.

그러나 모라토리움의 요구는 선교에 있어서 매우 의미있는 요구이며, 그것의

---

[1] 모라토리움의 요구는 소위 말하는 제3세계의 교회들로부터 나온 요구이다. 즉 에큐메니칼 선교신학으로부터 나온 것은 아니다. 그러나 에큐메니칼 선교신학은 선교사를 보내어 교회를 세우는 전통적인 선교보다는 JPIC와 생명 살림 등의 실현에 더 많은 관심을 기울이고 있으므로 모라토리움의 요구가 에큐메니칼의 신학과 상당한 연관성이 있는 면이 있다. 그런 점에서 에큐메니칼 선교 신학의 주제들을 다루는 이 책속에 이 주제를 포함하였다.

실현여부에 관계없이 우리의 선교방향을 바로 잡는데 많은 것을 생각하게 하는 요구이다. 모라토리움의 요구가 어떤 점에서 수용되어야 하고, 어떤 면에서는 거부되어져야 하는지를 잘 생각해보면 우리의 선교를 바로 잡아가는 데 매우 유익하게 될 것이다. 언젠가 한국선교사들을 향해서도 이 같은 모라토리움의 요구가 쏟아져 나올지도 모른다. 아니 꼭 모라토리움이라는 용어는 쓰지 않지만 이와 비슷한 요구가 이미 선교현장에서 스며 나오고 있다. 이러한 시점에서 이 장은 선교사 모라토리움의 배경과 내용 그리고 이 요구의 장단점 등을 살펴보면서 한국교회의 선교가 어떤 방향으로 나가야 하는지를 고찰해보고자 한다.

1. 선교사 모라토리움의 내용과 배경

1) 선교사 모라토리움의 내용

선교사 모라토리움의 요구는 선교현지의 교회들이 스스로 설 수 있도록 현재 선교사역을 하고 있는 선교사는 본국으로 돌아가고, 그 후임 선교사를 보내지 말라는 요구이다. 이러한 요구는 아시아와 아프리카 그리고 남미의 교회들로부터 나왔다. 예를 들어 마닐라 유니온 신학교의 학장인 에머리토 낙필(Emerito P. Nacpil)은 "선교사가 현재의 제도 하에서 오늘날 아시아에서 할 수 있는 최선의 선교적 공헌은 자국으로 돌아가는 것이다"[2]라고 주장했다. 파나마와 코스타리카의 연합감리교회의 감독이었던 페데리코 파구라(Federico Pagura)도 코스타리카인들과 선교사들 사이에 있은 선교사업에 관한 문제들을 토의하기 위해 모인 자리에서 "선교사여 돌아가든지 머물든지 하라"라는 글을 발표하였

---

2) Emerito Nacpil, "Mission but not Missionaries", *International Review of Missions*, Vol. 60. 1971, 360.

다.3) 파구라의 주장을 포함하여 남미의 주장은 주로 외부지원들에 대한 의존을 영속화시키는 구조들을 거부하는 것이라고 볼 수 있겠다.

한편 아프리카의 주장은 서구의 계속된 간섭주의를 반대한다는 입장이 강하였다. 전 아프리카 교회협의회(AACC)의 루사카 대회(Rusaka Assembly, 1974)에서는, "모라토리움 운동을 통해 만일 선교사 파송 기관들이 없어진다면 아프리카 교회는 세계 교회의 왜곡된 선교관에 잡혀있는 북반구의 하나님의 백성들을 구원해낼 수 있을 것이다"4)라는 주장을 했다. 이 주장에 의하면 모라토리움을 실천하는 것은 아프리카 교회를 돕는 것일 뿐 아니라 왜곡된 선교관에 찌든 세계 교회의 선교를 바로 잡는데도 도움을 줄 수 있다는 것이다.

모라토리움의 요구와 종종 동일하게 취급되는 사람이 있는데 바로 동아프리카 장로교회의 의장인 존 가투(John Gatu) 목사이다. 그는 주장하기를 현재 지속되는 선교운동 속에서는 피선교지의 교회들이 서구교회의 지나친 간섭과 영향 아래 있기에 스스로 설 수 없으므로 일정 기간 선교사들이 물러가라는 것이다. 선교사들이 물러가면 자신들이 스스로의 힘으로 교회를 세우고 그 뒤에 필요에 따라 선교사를 요청하겠다는 것이다. 이제 새로운 시대에 인력과 돈을 보내어 선교하는 것은 일반적인 선교전략으로 받아들여질 수 없고 오직 특정한 시기와 장소에서 문제해결 방법으로 받아들여질 수 있다는 것이다. 그러므로 모든 선교사들이 적어도 5년 이상 철수한다면 현재의 문제들이 해결될 수 있을 것이라고 하였다.5)

---

3) 페데리코 파구라, "선교사는 돌아가라 그렇잖으면 머물러라", 『현대선교신학의 동향』, 서정운/손병호 공역(서울: 장로회신학대학 선교문제연구원, 1980), 131.
4) Ecumenical Press Service, June 20, 1974, 11. recited from Peter Wagner, "Colour the Moratorium Grey", in *International Review of Mission*, April 1975, Vol. 64., 167.
5) 제랄드 H. 앤더슨, "선교사는 철수시켜야 하는가?" 『현대선교신학의 동향』, 153-154.

2) 모라토리움 요구의 배경

선교사 모라토리움의 요구가 대두된 배경을 살펴보면 다음과 같다.

첫째, 이 요구는 서구 식민지 세력의 퇴각과 그 맥을 같이 한다. 식민지 시절에 비서구는 서구의 지배를 받으면서도 한편으로 서구 문명이 우위에 있는 것으로 생각하고 서구인들에게 영감과 지도력을 기대했었다. 그러나 양차 대전을 겪으면서 그들은 서구문명에 대하여 환멸을 느끼게 되었다. 이차 대전 이후로 비서구의 국가들이 소수의 예외를 제외하고 거의 다 자유를 얻었다. 자유를 찾으면서 자연히 비서구는 강렬한 자주의식을 갖게 되었고, 이 같은 의식은 교회에도 싹트게 되었다. 이제는 더 이상 서양의 소위 '모교회' 의 간섭을 받지 않고, 자신들이 원하는 것을 자유롭게 행하는 것을 원하게 되었다. 그들의 지도자는 선교사들과 동등한 지위를 차지하며, 선교사들의 지시와 명령을 받을 필요가 없이 다만 성령의 권능에만 순종하며 주도적인 역할을 하기를 원하게 되었던 것이다.[6]

특별히 서구 식민지가 퇴각하면서 서구 선교사의 모든 것이 백일하에 드러나게 되었다. 선교사들이 의도한 것은 아니지만 선교사와 현지정부 간에 긴밀한 협력이 있었고 이러한 협력이 식민지를 착취 하는데 일조한 사실이 드러나게 된 것이다. 어느 아프리카 지도자는 다음과 같이 말했다. "선교사가 먼저 왔고 그 다음에 사업하는 사람들이 따라왔다. 마지막으로 총을 가진 군인들이 들어와서는 죽이고, 정복하고, 나누어가지고 통치하였다. 선교사들은 군인들이 우리의 땅을 취하고 자유를 빼앗아가는 동안 아프리카인들을 달래고 잠재우기 위한 방편이었다."[7] 이러한 견해는 많은 선교사들이 그들의 선교와 식민지 정부와의 사

---

6) 허버트 케인, 『기독교 세계 선교사』, 박광철 역 (서울: 생명의 말씀사, 1978), 149.
7) Jacob A. Loewen, *Culture and Human Values: Christian Intervention in Anthropological Perspective* (South Pasadena: William Carey Library, 1975), 434.

이를 명백히 구분하여 차별화하기 위해 노력하였다는[8] 사실에 비추어볼 때에 약간의 오해가 담겨있지만 또한 상당 부분 사실인 것도 부인할 수 없다. 실제로 서구인들이 잘 살게 된 것은 그들이 특별히 부지런하거나 지혜롭기 때문이라기보다는 비서구인들의 생명과 피땀을 대가로 얻은 것이었다는 것이 어느 정도 사실이었다. 따라서 식민지가 무너지면서 비서구인들은 서구에 대한 적개심이 선교사에게도 투영되게 되었던 것이다. 그들은 서구 식민주의자들의 앞잡이 노릇을 하며 자신들의 주권을 침해했던 선교사들을 향하여 "선교사들은 가라!!"(Missionary, Go Home!!)를 외치게 된 것이다.

둘째, 서구교회 자체의 쇠태이다. 1960년에는 전 세계 통계치 교인 가운데 약 58%가 서구세계에 살고 있었는데, 그 비율이 갈수록 감소되고 있었다.[9] 이와 같은 감소추세에 따라 선교의 역량이 감소된 것은 쉽게 짐작할 수 있는 일이다. 거기다가 신보편구원론이나 다원주의 등의 영향이 급속하게 번져나가면서 교회 자체 내에도 할 일이 많은 이 때에 구태여 복음을 다른 나라로까지 전하려고 법석을 떨 이유가 무엇인가 라는 경향까지 가세되었다. 반면에 과거에 선교사를 받아들이던 아시아, 아프리카, 그리고 라틴 아메리카의 교회들은 성장하면서 왕성한 선교활동을 하게 되었다. 이제는 비서구 지역에서 파송된 선교사들이 세계 선교사의 반 가까운 비율을 차지하고 있으며,[10] 세계 제1의 선교사 파송국인 미국에 이어 한국과 인도가 각각 2위와 3위를 차지하고 있는 것을 보아도 비서구의 선교활동이 얼마나 강하게 일어나고 있는지 알 수 있다.

비서구의 선교가 이처럼 왕성해지는 반면에 서구 선교가 쇠태함에 따라 1963년 멕시코 회의에서는 'Mission in the Six Continents' (6대주 선교)를 주창하

---

8) 폴 히버트, 『선교와 문화인류학』(서울: 죠이선교회 출판부, 1996), 381.
9) 실제로 이 비율은 1990년대에 이 비율은 38%까지 떨어졌고, 2000년엔 31%로 떨어졌으며 이러한 추세는 계속될 것으로 보인다. 패트릭 존스톤, 『세계기도정보』(서울: 죠이선교회, 1994), 35.
10) Larry D. Pate, "Changing Balance in Global Mission", in *IBMR*, April, 1991, 59-60.

였는데, 이것은 기독교 선진국에서 비기독교 후진국으로의 서구 일방적 서구 우월주의적 선교 방향을 공식적으로 부인하는 것이었다. 또한 이것은 모든 대륙을 선교지로 삼고 서구 비서구 할 것 없이 모든 대륙의 교회들이 함께 선교를 위하여 협력할 것을 제안하는 것이었다고 할 수 있다.[11] 이런 상황에서 서구 선교사들이 여전히 거만한 자세를 가지고 비서구 선교지 교회를 지배하려 하는 것은 참기 어려운 일이었을 것이다. 아울러 더 심각한 것은 서구 선교사들의 계속적인 친권주의(Paternalism)적 자세로 인해 비서구 교회들은 급기야 선교사 모라토리움을 주장하게 되었던 것이다.

2. 모라토리움에 대한 반응들

모라토리움의 요구에 대하여 세계교회는 다양한 반응을 보였다. 이 반응은 대략 두가지로 나누어 생각할 수 있는데 하나는 에큐메니칼 진영의 반응이고, 다른 하나는 복음주의 진영의 반응이다. 두 진영의 반응이 어떻게 나타났는지 살펴보자.

1) 에큐메니칼 진영의 반응

에큐메니칼 진영에서는 모라토리움의 요구를 아주 쉽게 받아들일 수 있었다. 에큐메니칼 진영은 '하나님의 선교' 개념의 영향으로 선교사를 보내어 교회를 개척하는 것보다는 세상 속에서 샬롬을 구현하는 것에 더 많은 관심이 있었고, 선교사를 비서구에 보내어 선교하는 전통적인 선교 방법은 자칫 제국주의적 선

---

11) WCC, *Minutes of the Second Meeting of the Commission on World Mission and Evangelism* (Mexico City: WCC, 1963), 125.

교가 될 수 있다는 것을 우려하고 있었으므로 모라토리움의 주장은 쉽게 수용할 수 있는 제안이었다. 그들은 다음과 같은 생각을 하면서 모라토리움의 주장에 동조하는 입장을 보였다.[12]

> 첫째, 세계의 선교현장에 참여한 교회들은 자매교회(sister churches)로 인정되어야 한다.
> 둘째, 선교는 모든 지역에서 수행되어지는 것이다. 선교는 유럽과 북미대륙을 포함하는 육대주 전역에서 시행된다.
> 셋째, 교회는 선교 그 자체이다.… 그러므로 선교는 세계 도처에 설립된 교회들에 의해 수행되어야 한다.
> 넷째, 선교회와 선교사들이 자신들의 고국이 아닌 다른 대륙과 나라에서 사역하는 한에서는 그들은 친권주의자(paternalist)가 되는 것이 아니라 협력자가 되어야만 한다. 그들은 초청한 나라 안에 있는 교회들을 섬기는 자가 되어야 한다.

그들은 비서구의 자매 교회들에게 권한을 이전시켜 주었다는 사실에 대한 도취감에 기뻐하였다. 그들은 현재 남아 있는 비 복음화된 지역의 사람들에 대한 전도의 책임은 자신들이 아니라 바로 그 지역의 사람들이 지고 있다고 생각하였고, 그 지역의 젊은 교회들에 의해 장차 신속히 복음화 될 것이라고 믿었다. 현지의 교회와 교인들이 현지인들을 복음화하는 데 외국인 선교사들보다 훨씬 효과적일 것이라고 보았고, 그런 점에서 그들에게 많은 돈을 지원해주거나 그들을 강압해서는 안 된다고 생각했다.[13] 한마디로 모라토리움에 대한 에큐메니칼 진영의 반응은 적극적인 환영의 분위기였다고 할 수 있다.

2) 복음주의 진영의 반응

복음주의 진영에서는 모라토리움을 일부 수용하였다. 로잔 선언에서도 비복음화된 지역의 복음화와 선교현지 교회의 자립을 촉진시키기 위하여 이미 복음

---

12) D.J. 헤셀그레이브, 『현대선교의 도전과 전망』(서울: 한국장로교출판사, 1991)
13) McGavran, 『교회 성장 이해』(서울: 예장총회출판국, 1987), 106.

화된 나라에서 선교자금과 선교사를 삭감하는 것은 필요하다고 보았다.[14] 그러나 초기에는 모라토리움의 주장에 대하여 매우 심각한 우려를 표명하였는데, 그 이유는 선교사 모라토리움이 자칫 선교 자체의 중지와 연결될 가능성이 있다고 보았기 때문이다. 또한 비서구 지도자들이 외면적으로는 모라토리움(moratorium)을 주장하면서 피선교지에 스스로 서는 교회를 만들고자 한다고 말하지만, 한편 내면적으로는 서방 교회들로부터 보다 많은 권력과 돈을 인수받기를 원했기 때문에 이런 주장을 한 면도 없지 않아 있다고 보았다. 모라토리움은 기본적으로 선교사 뿐 아니라 선교자금도 받지 않는 것을 포함하나 실제적으로 그들은 서구교회로부터 막대한 보조금을 받고 있기 때문에 모라토리움의 요구는 한낱 공허한 소리에 지나지 않으며, 서구로부터 받는 돈의 관리 문제로 분쟁의 소지도 있다고 보았다.[15] 실제로 모라토리움을 가장 강하게 외쳤던 아프리카의 루사카 대회도 대회 개최비용의 80%($481,600) 이상을 다 외국에서 지원받았다. 이런 상황에서 복음주의권의 지도자들과 경험 있는 선교사들은 모라토리움을 "선교사는 가고 돈은 계속 보내 달라"는 외침으로 이해할 수밖에 없다고 하였다.[16] 이런 점에서 바이어하우스 같은 학자는 모라토리움을 선교 명령에 대한 '배반'이라고 규정하면서 신랄하게 비판하였다.[17]

랄프 윈터도 모라토리움에 대하여 강하게 반발하였는데, 그에 의하면 복음이 현지인들에 의해 자연스럽게 주변으로 퍼져나갈 것이라는 가정은 잘못된 것이라는 것이다. 이러한 가정이 성립되려면 모든 나라의 사람들이 동질적인 단위 즉 하나의 단일 민족으로 이루어져 있다는 전제 하에서 가능하다는 것이다. 그러나 실제로 대부분의 나라들은 다양한 민족으로 이루어져 모자이크와 같은 모

---

14) Wagner, "Colour the Moratorium Grey", 168.
15) McGavran, 『교회 성장 이해』, 106.
16) Peter Wagner, "Colour the Moratorium Grey", 167.
17) Peter Beyerhaus, *Bangkok 73: The Beginning or End of World Mission* (Grand Rapids, MI: Zondervan Publishing Co, 1973), 234.

습을 이루고 있고, 대부분의 교회들은 하나의 언어와 인종적 단위 그리고 하나의 사회적 경제적 계층으로 형성되어 있다. 아울러 기독교 신앙은 언어와 인종의 장벽 앞에서는 중단되는 경향이 있다.[18] 따라서 언어와 인종의 장벽 너머에 있는 사람들에게는 누군가가 그 장벽을 넘어서 가야만 복음이 전달될 수 있다. 즉 의도를 가지고 복음을 들고 가는 선교사에 의해서 복음이 전달될 수 있으며, 자연스레 복음이 전파되리라고 기대해서는 안 되는 것이다.

지구상에는 아직도 3분의 1 정도의 인구가 의도적인 선교사역에 의해서만 복음을 전달받을 수 있는 위치에 놓여 있다. 따라서 모라토리움을 주장하는 자들이 자신들의 주변에 있는 수많은 비기독교인들 중에서 10%(심지어 5%)도 전도할 수 없고, 교회도 세울 수 없다는 사실을 깨닫지 못하면서, 선교사들만 나가라고만 요구한다는 것은 전적으로 시기상조이며 선교를 그만두겠다는 것으로 해석할 수밖에 없다고 보았다.[19]

3. 선교사 모라토리움의 기여점 및 약점

선교사 모라토리움의 주장은 무조건 거부만 해서는 안 될 일이다. 또한 무조건 수용한다고 해서 될 일도 아니다. 그 주장은 어떤 면으로는 상당히 일리가 있는 것이고, 선교의 방향을 교정하는데 도움을 주는 내용이며, 어떤 면으로는 비현실적이며 선교를 혼란에 빠뜨릴 가능성도 있는 것이다. 이 주장의 기여점 및 약점을 살펴보면서 이 주장을 어떻게 받아들여야할지를 생각해보자.

---

18) McGavran, 『교회 성장 이해』, 109.
19) Ibid., 106.

1) 선교의 자세를 재고하게 한다.

모라토리움의 주장이 나왔다는 것은 선교지의 교회들이 스스로의 목소리를 낼 수 있을 만큼 컸다는 것을 의미한다. 모라토리움의 요구는 과거의 선교에 대하여 신중하게 반성을 해보라는 심각한 도전으로 해석할 수 있다. 시대가 바뀌었다. 이제는 백인이나 어느 특정한 지역의 교회만이 선교를 감당하는 시대가 아니다. 과거처럼 선교사 혼자 모든 것을 주도하려고 하는 것은 시대에 맞지 않는 발상이다. 과거의 방법으로 구태의연하게 선교를 하면서 그것을 그냥 지속하는 것은 따돌림을 받을 수밖에 없는 것이다. 특별히 선진 산업 국가의 부요함이 제3세계의 희생 위에서 이루어진 것이며, 이러한 불평등으로 인해 둘 사이의 차이가 갈수록 더 심화되어져 가는 상황을 깨닫는 선교사라면 당연히 그 자세가 달라져야 할 것이다. 즉 일방적이고, 지시적이고, 권위적인 선교의 자세가 아니라 함께 하고, 들어주고, 하나가 되는 선교를 지향해야 하는 것이다.[20] 모라토리움은 이런 선교 자세를 촉구하는 외침인 것이다.

2) 현지 교회가 스스로 서도록 돕는 일에 주력해야 한다.

선교사들은 현지 교회를 바라볼 때 마치 부모가 어린 자녀를 바라볼 때 가지는 마음을 가지고 바라볼 수 있다. 현지 교회가 제법 성장해도 늘 마음이 놓이지 않아서 무언가 선교사의 도움이 없이는 안 되는 것으로 생각하는 경향이 있다. 즉 온정주의적(paternalistic) 자세를 가지고 현지인을 계속 도우려는 경향을 지닌다. 또한 무의식적으로 현지인을 계속 자신들의 지배하에 두고자 하는 마음도 있음을 인식해야 할 필요가 있다. 선교지의 현지인이 너무 커버리면 선교사가

---

20) 칼 뮬러, 『현대선교신학』, 김영동 외 역(서울: 한들 출판사, 1997), 30.

현지인들을 지도하기가 어렵고 그러면 선교사는 그 곳을 떠나야 하기 때문이다. 물론 현지인을 계속 지배하기 위해 의도적으로 현지인을 키우지 않는 선교사는 없으리라 믿는다. 그러나 무의식적으로 그런 유혹을 받을 수도 있음은 사실이다.

이런 이유 때문에 선교사들은 비록 의도하지는 안았지만 신생교회들로 하여금 하나님을 의지하는 것이 아니라 선교사들의 돈을 의지하도록 만들었다. 선교사들은 그들의 직을 사임한 후에도 주는 위치에서 재정적인 도움을 줌으로써 상당한 영향력을 계속 행사했고, 이런 일이 계속될수록 현지 교회는 갈수록 더 약해지는 결과를 가져오게 되었다. 이런 경향으로 인해 선교 현지에는 선교사의 손에 있는 돈만 바라는 기독교인들이 생성되어져 돈 때문에 교회에 나오고 돈 때문에 전도하다가 돈이 없어지는 날 신앙까지도 잃어버리는 일이 종종 벌어지게 되었던 것이다.[21] 이에 대하여 루사카 대회는 다음과 같이 말한다.

> 오늘날 아프리카 교회를 아프리카화 하는 데 있어서 가장 큰 문제 중의 하나는 힘의 문제이다. 많은 경우에 있어서 교회의 지도력은 물리적으로는 현지인의 손에 있는 것처럼 보이지만, 실제로 진짜 힘은 다른 곳에 있다. 이 힘은 재력, 프로그램, 프로젝트, 정책, 교회의 치리 등에 대한 통제를 통하여 아프리카 교회를 조종한다.[22]

결국 현지 교회가 어느 정도 스스로 설 수 있도록 성장했는데도 계속해서 선교사가 지배하려고 할 때 이런 병폐는 지속될 수밖에 없으며, 모라토리움은 이런 악순환의 고리를 끊는데 기여할 수 있는 하나의 결정적인 선언이 되었다고 볼 수 있다. 이런 점에서 모라토리움은 현지 교회의 자기표현과 자립이라는 깊은 열망을 나타내는 것이라고 볼 수 있다. 교회가 철저히 주님을 의지하고 그 분을 위해 살도록 성장함으로 말미암아 선진국에 있는 교회들과 그들 가운데 와

---

21) J. Nevius, *Planting and Development of Missionary Churches*, 14.
22) Ecumenical Press Service, June 20, 1974, 11. recited from Wagner, "Colour the Moratorium Grey", 173.

있는 선교사들을 덜 의지하고자 하는 열렬한 소망과 기도가 바로 모라토리움으로 나타났다고 볼 수 있는 것이다.[23]

3) 선교의 인력과 재력을 효율적으로 사용하도록 도전한다.

지역마다 차이가 있겠지만 확실히 선교사역은 막대한 재정을 필요로 하는 사역이다. 미국의 한 복음주의 교단 선교부에서 파송한 선교사가정이 파송부터 첫 안식년을 마칠 때까지 드는 비용이 약 25만불 가량 된다고 한다.[24] 이러한 비용과 연관하여 아시아 복음협회(Gospel for Asia)의 회장인 요하난은 미국 선교사 한 사람을 후원하는데 드는 비용이라면 30명의 본토인을 지원할 수 있다고 주장한다.[25] 하여간 중요한 것은 선교사는 현지인 사역자들과는 비교도 안 될 정도로 높은 고비용의 사역자들이며, 따라서 그들의 일은 현지인들과는 다른 차원의 일이어야 할 것이다. 현지인도 충분히 할 수 있는 일을 고비용을 들여서 하는 것은 전체 선교의 차원에서도 손해가 되는 일일 것이다.

선교사 모라토리움을 주장하면서 에머리토 낙필은 선교사를 산파로 비유하였다. 산파는 아기를 낳는 것을 도와주는 것으로 그 임무를 다한 것이라고 주장하면서 아기가 나왔으면 산파가 더 이상 할 일이 없듯이, 현지 교회가 생겼으면 선교사는 더 이상 할 일이 없다는 주장을 펼친다.[26] 물론 선교사를 산파로 비유한 것은 선교사의 사역을 너무 단순화시킨 것으로 보인다. 선교사는 단순히 교회를 세우는 것 뿐 아니라 교회가 든든히 서갈 수 있도록 훈련하고 도와주는 일까지 해야 한다. 그런 점에서 선교사는 산파보다는 오히려 어머니로 비유하는 것이

---

23) 요하네스 벌카일, 『현대선교신학개론』, 최정만 역(서울: 기독교문서선교회, 1991), 514.
24) 헷셀그레이브, 『현대선교의 도전과 전망』, 장신대 세계선교원 역(서울: 한국장로교 출판사, 1991), 195.
25) K.P. Yohannan, "America Can't Win the World for Christ", *Christianity Today*, November 7, 1996, 15.
26) Emerito Nacpil, "Mission but not Missionaries", *International Review of Missions*, Vol. 60, 1971, 360.

더 적절하다고 보여진다. 하여간 낙필에게서 얻을 수 있는 아이디어는 현지인 교회가 태어나 스스로 행동할 수 있는 만큼 성장했는데도 선교사가 여전히 그 교회를 다스리려고 하는 것은 문제가 있는 것이다. 이때쯤 되면 선교사는 다른 복음의 불모지를 개척해야 하는데, 이미 이루어놓은 것을 관리하는 것으로 시간과 재정을 허비하는 것은 세계선교의 인력과 재정을 허비하는 것이다. 이런 점에서 모라토리움은 선교사가 그를 참으로 필요한 곳으로 가라는 요청인 것이다.

4) 모라토리움은 선교 자체의 중지와 연관될 수 있다.

앞에서 살펴본 대로 모라토리움의 주장은 확실히 많은 기여점을 지니고 있다. 그럼에도 불구하고 복음주의 진영에서 이 주장에 대하여 반대의견을 펴는 데는 그 나름대로의 이유들이 또 있다. 그 가장 주된 요인 중의 하나는 바로 이 주장이 선교 자체의 중지를 가져올 수 있는 가능성 때문이다. 물론 모라토리움을 주장한 사람들도 보다 더 선교를 잘 해보자는 의도에서 이런 주장을 펼쳤을 것이다. 그러나 의도가 어찌되었든 이 주장은 선교를 불필요한 것으로 인식하게 하거나 선교에 힘을 쏟을 필요가 없다는 것을 인식시키는 데 일조하게 되었다. 모라토리움 선언의 영향으로 유럽과 미국의 상당수 교회들이 세상의 모든 대륙에 교회가 있으며 이들의 헌신으로 교회는 자연히 증가할 것이고 따라서 자신들의 세계선교 과업은 이제 끝났다는 생각을 갖게 되었다. 모라토리움이 선포된 루사카대회에 참여했던 아프리카와 마다카스카르 복음주의 협의회(Association of Evangelicals of Africa and Madagascar) 총무였던 비양 카토(Byang Kato)가 모라토리움 선언에 "선교 대명령(마 28:19)에 대한 언급이 전혀 없었다"[27]라고 외친 것은 확실히 괜한 불평이 아니었다.

---

27) Byang Kato, "Lusake Report", *Africa Pulse*, Vol. 2, July 1974. 12.

특별히 모라토리움은 에큐메니칼 진영의 신학과 맞물려 들어가는 주장이었다. 에큐메니칼의 하나님의 나라 이해는 복음을 전하고 회개한 자들이 들어가는 곳이기보다는 인간화의 노력과 투쟁을 통하여 얻어지는 곳이라는 이해 쪽으로 많이 기울어진 경향이 있었다. 이런 이유로 복음 전도 위주의 전통적인 선교에 힘을 쓰기 보다는 오히려 인간화에 힘을 쓰는 경향이 강하다. 선교의 노력도 복음을 전하는 것보다는 인간화와 해방을 위한 투쟁에 더 많이 쏟아지는 경향을 보이는데, 이러한 흐름에 모라토리움까지 주장되면서 전통적인 의미의 복음전파는 거의 그 자리를 상실한 듯한 느낌을 주었다. 과거와 같이 복음을 전파하여 하나님께로 돌아와 예수 그리스도를 구주로 영접하게 하여 구원을 얻게 하는 선교는 이제 구시대적인 산물이나 제국주의적인 발상이라 하여 괄시를 받게 되었다.[28] 그러나 아직도 전 인류의 3분의 1 이상이 복음을 듣지 못한 상태이고, 복음을 듣지 못한 지역의 교회들은 스스로 복음화를 이루어갈 능력이 없는 상태에서 모라토리움의 요구는 복음전파의 동력을 감속시키는 심각한 오해를 야기시켰던 것이 사실이다.

5) 모라토리움은 합리적인 해결 방안이 아니다.

선교사역은 생각보다 훨씬 복잡한 관계로 구성되어 있다. 이런 복잡한 관계를 모라토리움이라는 요구로 순식간에 정지시키고자 하는 것은 결코 합리적인 해결방안이 될 수 없다. 모라토리움을 주장하는 사람들이 에큐메니칼 대회에서는 그것을 주장하지만, 실제로 이러한 지도자들이 자국 교회로 돌아가면 그들의 견해를 지지하는 사람들이 거의 없다.[29] 또한 선교사들과 그들을 지원하는 후원자들 역시 그 견해에 쉽게 동조하지 않을 것이다. 이런 점에서 앤더슨은 가투와 낙

---

28) 이동주, 『현대선교신학』(서울: 기독교문서선교회, 1998), 202.
29) 허버트 케인, 『세계 선교의 오늘과 내일』, 191.

필의 제안을 보면서 다음과 같이 평한다.

> 확실히 그들의 해결방법은 지극히 복잡한 역사적인 배경에서 볼 때 너무도 근시안적이고 단순하다. 우리는 거의 200년 동안의 축적된 선교관계의 문제들을 갑작스런 분리의 방법으로 책임 있게 해결할 수도 없거니와 신약성경이 우리에게 그렇게 가르치지도 않는 것이다.30)

요하네스 벌카일도 모라토리움에 대하여 평가하면서, 교회들간의 협력관계를 설정함에 있어서 서구 선교정지를 일방적으로 중지하도록 요구하는 것은 구체적으로 그리고 구체적 실제 사례에 근거하여 다루어야만 할 문제를 추상적으로 일반화하여 접근하는 것이라는 비셜 후프트의 견해를 받아들인다. 아울러 만약 공적 지도자들이 그러한 협동을 방해하거나 금지시킨다면 그들은 UN이 채택한 인간권리 선언을 저촉한 것일 뿐 아니라 모든 지도자들이 고려해야 하는 그리스도의 정신과 가르침들 외에 다른 기묘한 일을 하고 있는 것이라고 말한다.31) 모라토리움의 주장에 현실성이 빈약하다는 증거는 AACC의 의장으로서 이것을 주창했던 존 가투 자신도 1974년 로잔회의에서 자신의 원래의 제안보다 좀 더 정확하고 상당히 다른 설명을 하였다는데서 찾을 수 있다. 아울러 그는 아프리카 교회들이 더욱 의식 있는 아프리카인들이 되도록 그리고 그들의 아프리카인 대표자들이 그들에 대해 더 큰 책임을 분담하도록 이끌어야 하는 전략들을 개발하는데 아프리카 교회들과 협력할 것을 서구 교회들에게 호소하였다.32)

6) 현지 교회를 넘어뜨리는 결과를 가져올 수도 있다.

선교사 모라토리움이 실제로 진행된다면 이것은 현지 교회를 살리는 것일 수도 있지만 오히려 회생 불가능한 교회로 만들 수 있는 가능성도 있다. 즉 현지의

---

30) 제럴드 앤더슨, "선교사는 철수시켜야 하는가?", 157.
31) 요하네스 벌카일, 『현대선교신학개론』, 517-518.
32) Ibid., 513.

교회들이 수면 위에 자기 머리를 유지할 수 있기에 충분한 능력이 안 된 상황에서 선교사들이 무조건 철수할 경우 문제는 심각해지는 것이다. 현실적으로 선교사가 떠나면 대부분 선교사와 함께 후원도 떠난다. 물론 몇몇 선교단체들과 교회들은 선교사가 철수한 후에도 계속 후원을 할 것이다. 그러나 이것은 매우 드문 경우가 될 것이다. 후원교회들과 단체들은 선교지의 교회들이 선교사 없이도 잘 해나갈 수 있다면 또한 후원 없이도 잘 해나갈 수 있을 것이라 생각하며 재정적 후원을 중단할 것이며 이것은 곧 현지 교회의 몰락을 가져올 수도 있는 것이다.[33] 또한 많은 재정을 투자하여 세운 학교와 병원 등이 운영난에 빠져서 문을 닫을 수도 있다.[34] 아울러 이런 기관들에 대한 책임을 가진 지도자들 사이에 불화의 불씨가 되어서 선교를 망칠 수도 있다. 실제로 선교지의 교회들이 선교 자산의 정리 문제로 분열한 경우들이 있다.[35] 현지 교회가 아직 준비가 안 되어 있는데 선교사가 떠나면 이런 문제가 충분히 발생할 수 있는 것이다.

　이런 문제점들 때문에 모라토리움을 주창한 전 아프리카 교회협의회(AACC)는 사실상 이 안을 철회하였다. 이 안은 만들어질 때부터 AACC가 회원교회들과의 신중하고 지혜로운 논의 끝에 만든 것이 아니라 상부구조에서 교묘히 조작된 후 단지 지역 그리고 지엽적인 교회들의 무릎에 던져진 것이었다.

　결국 1975년 1월에 WCC의 원조 담당 총무인 알랜 브래쉬(Alan Brash)는 경제 자문단과 함께 상의한 후 AACC의 이름으로 AACC를 괴롭히고 있는 커다란 경제적인 어려움을 덜 수 있도록 서구교회들에게 도움을 호소하였다. 아프리카 독립교회들 역시 최근에 서구 선교 단체들에게 특별한 형태의 원조를 호소하였다. 이러한 모든 사실들을 면전에 두고 계속해서 "서구 선교 정지!"를 외친다는

---

33) 실제로 동남아 선교지에서 선교사들이 철수한 후에 몇몇 현지교회 지도자들이 교회건물을 다른 용도로 팔고 잠적한 경우가 있었다. 선교지마다 교회의 문에 빗장이 질러지고 예배를 드리지 않는 교회건물들이 많이 있다.
34) 허버트 케인, 『세계 선교의 오늘과 내일』, 198.
35) Ibid., 197.

것은 모순이다.36)

4. 선교사 모라토리움 요구와 바람직한 선교자세

모라토리움의 요구는 지금까지 수행되어져온 선교에 대하여 많은 것을 생각하도록 도전한다. 모라토리움은 부정적인 의미인 '선교 정지' 보다는 긍정적인 문구인 '성숙한 방향으로의 선교 갱신' 이라는 방향으로 이해되어져야 할 것이다. 모라토리움의 요구를 생각하면서 어떠한 선교자세를 지녀야 하는지 생각해 보자.

1) 현지인과 하나가 되도록 힘써야 한다.

선교사는 생활양식을 최소한으로 간소화해서 현지인들과의 생활 격차를 줄이도록 노력해야 한다. 선교사가 물질적으로 너무 잘 살게 될 경우 현지인들에 눈에 비친 선교사는 희생의 사도가 아니라 부유함의 사도요, 그리스도의 겸손함의 사도가 아니라 문화적 우월감의 사도요, 자유와 공동체를 위한 사도가 아니라 선진국 우월주의의 사도로 비쳐지게 될 것이다. 이런 일이 계속될 경우 결국 선교지에 있는 사람들에게 선교사는 그리스도의 사랑의 화신이 아니라 선진 제국주의의 한 상징으로 비쳐지게 될 것이다.37) 실제로 중국이 공산화되기 전에 선교사들과 중국인들 사이의 깊은 갈등과 원한의 핵심적인 요인은 바로 선교사들과 중국인들 사이의 커다란 생활수준의 차이에 있었다. 선교사들은 그들의 동료

---

36) 요하네스 벌카일, 『현대선교신학개론』, 515-516.
37) Emerito Nacpil, "Mission but not Missionaries", 359.

토착인들의 봉급보다 여섯 배부터 열배까지 지원을 받았었다.[38] 모라토리움의 표면적 이유는 다르게 나타나지만, 지나친 수준 격차에 대한 현지인들의 이와 같은 불만과 원한이 모라토리움의 주된 한 원인이 되었던 것이다.

예수께서는 자신을 따르는 사람들을 자기의 가족으로 고백하였고(막 3:33-35), 제자들을 친구라고 불렀다(눅 12:4; 요 11:11; 15:14-15). 그래서 예수의 적대자들은 예수를 그를 따르는 사람들과 구별하지 않고 "세리와 죄인의 친구"(마 11:19)로 불렀다. 그는 의복도 자신을 따르던 사람들과 똑같이 입었기에 잡히시던 날 밤에 가룟 유다가 입을 맞추어 알려 주어야 할 정도였다(마 14:44 이하). 참으로 예수는 그의 복음을 받아들이는 사람들과 함께 먹고, 마시고, 잠을 자며, 그들 가운데 하나로서 생활하였다. 그러나 오늘날 상당수의 선교사들은 원주민들의 삶 한가운데서 그들과 하나가 되어서 선교하지 않고, 그들만의 담을 높이 쌓고, "와서 배우라!", "너희의 지난 모든 것을 다 버리라"는 식의 선교를 고수하는 것은 모라토리움의 요구를 더욱 강하게 만드는 결과를 가져오게 될 것이다. 물론 선교사가 현지인과 한 가지로 산다고 하는 것은 결코 쉬운 일이 아니며, 실제로 현지인과 똑같은 생활수준을 유지하는 것은 거의 불가능에 가까운 일인 것은 틀림없다. 그러나 격차를 줄이도록 노력하고 하나가 되도록 힘써야 한다. 참으로 쉬운 일은 아니지만 생사를 걸고 노력해야 할 부분인 것이다.

2) 현지인을 존중해야 한다.

선교사는 사람들을 구원으로 인도하며 새로운 교회를 세우는 '아버지' 나 '어머니'의 역할을 하게 된다. 그러나 누구든지 계속적으로 어린아이처럼 취급받는 것을 원하지 않는다. 그러나 선교사들은 자신들이 손을 떼면 무엇이 잘못될

---

38) 요하네스 벌카일, 『현대선교신학개론』, 491.

지도 모른다는 노파심 때문에 너무 오랫동안 부모의 역할을 붙잡고 있는 경우가 종종 있다.[39] 이런 태도로 인해서 현지인들은 실수를 통해서 성장하게 되는 것을 경험할 수 없게 된다. 아울러 서구 선교사들의 상당수는 복음과 자신들의 문화를 동일시하면서 현지 문화를 멸시하는 경향이 있었다. 또한 현지인들을 주체로서 존경하기보다는 오히려 대상들로서 격하시키는 경향이 있었다. 이제는 식민통치나 제국주의가 통하지 않는 시대가 되었음에도 불구하고 선교사들은 힘이 있고 능력이 있다는 이유로 은근히 현지인들을 얕보는 경향이 무의식적으로 내재해 있다. 모라토리움의 요구는 의식적으로든 무의식적으로든 선교지의 사람들과 문화를 무시하는 백인선교사들의 이 같은 태도에 대한 반항에서 비롯되었다.[40] 휘데리고 파구라의 "만일 선교사들이 피선교지에 와서 참으로 모든 것을 희생해가며 복음을 가르치고 복음 사역을 수행할 때 문화적인 주형과 영원한 복음의 말씀을 구별해서 일할 수 없다면, 선교사는 물러가야 한다"[41]라는 말은 바로 현지의 문화와 사람을 무시하는 선교사들은 떠나야 한다는 의미를 내포하고 있는 것이다.

한걸음 더 나아가서 선교사는 현지인과 그들의 문화를 무시하지 않는 데서 그치는 것이 아니라 그들을 존중해야 한다. 현지인이야말로 성경의 진리를 가장 효과적으로 전할 수 있는 사람들이다. 역사적으로 선교사는 선교지 인구의 1% 이상을 복음화한 일이 없다는 주장이 있다. 이것은 곧 한 지역의 복음화는 현지 교회와 현지 지도자의 어깨에 전적으로 달려있다는 것을 말해준다.[42] 또한 현지를 복음화시키는 데 가장 적절한 신학적 작업을 할 수 있는 사람들 역시 현지인이다. 따라서 선교사는 이러한 사실들을 깊이 인식하면서, 현지인들이 이런 일

---

39) 폴 히버트, 『선교와 문화인류학』, 395-397.
40) 요하네스 벌카일, 『현대선교신학개론』, 514.
41) 휘데리코 파구라, "선교사는 돌아가라 그렇잖으면 머물러라", 131.
42) 이태웅, "세계 비견과 주요 선교동향," 『현대선교학의 동향』, 현대선교 10(서울: 한국해외선교회출판부, 1997), 93.

을 잘 감당할 수 있도록 선교사는 처음부터 현지인들을 존중하고 최대한 스스로 결정할 수 있도록 훈련시켜야 한다. 또한 웬만하면 그들 스스로 설 수 있도록 간섭하는 자세를 배제해야 한다. 또한 현지인들이 스스로 그런 작업들을 잘 해낼 수 있도록 현지인 지도자들의 역량을 키우는 데 힘을 써야 한다. 아울러 현지인에게 점진적으로 재정과 지위 그리고 지도력까지 맡겨야 한다.[43]

3) 초기부터 자립 선교를 지향해야 한다.

선교사들이 선교현지를 떠나지 못하는 이유 중의 하나는 선교현장이 아직 스스로 설 수 있는 단계가 되지 못하였다고 판단되기 때문이다. 스스로 설 수 없는 현장을 두고 선교사가 떠날 경우 그 동안 이루어놓았던 모든 일이 물거품이 될 수 있기 때문에 선교사는 떠나지를 못하는 것이다. 따라서 선교사는 선교를 시작할 때부터 최단 시일 내에 선교현장이 자립할 수 있도록 자립의 계획을 세우고 자립의 목표를 향하여 추진해 나가야 한다.

자립을 목표로 할 경우 선교사는 어떤 일에 주력해야 하는가? 첫째, 현지인 지도자의 양성이다. 현지인 지도자양성의 중요성을 말하면서 네비우스는 "중국에서의 복음전파의 중심적 사역을 결국에 가서 원주민들이 하여야 한다"[44]고 말하였다. 사도 바울의 사역을 보아도 그가 그토록 신속하게 교회들을 세울 수 있었던 중요한 비결은 바로 각 교회에 헌신되고 재능 있는 그 지방 출신 장로들을 두고, 그들에게 전적으로 모든 목회적 책임을 부여하였다는 사실이다(행 14:21-23).[45] 특별히 현지인 지도자를 양성할 때 고용제도 즉 현지인 사역자를 고용하여 보수를 지불하고 복음을 전하게 하는 방법을 삼가야 한다. 참으로 복음 때문

---

43) Wagner, "Colour the Moratorium Grey", 172.
44) Helen S.C. Nevius, *The Life of John Livingston Nevius*(New York: Fleming H. Revell Co. 1895), 231.
45) Beaver R. Pierce, *To Advance the Gospel: Selections from the Writings of Rufus Anderson*, 97.

에 일하는 사람이어야지, 돈을 받기에 일하는 사람을 써서는 안 되는 것이다.[46] 참으로 복음 때문에 일하는 사람을 여러 가지로 훈련시키면서 함께 목회를 하다가 교회가 어느 정도 성장할 때 그 사역자에게 교회를 맡겨주어 전임사역을 하도록 하면 될 것이다.

둘째, 처음부터 모든 일을 스스로 할 수 있도록 훈련시켜야 한다. 힘들고 어렵지만 처음부터 선교사를 의존하지 않고 스스로 서갈 수 있는 강인한 교회를 만들어야 한다는 것이다. 이를 위하여 교회의 운영과 기구 조직은 교회가 감당할 수 있는 범위 내에서 기획되고 실천되어져야 한다. 교회를 지을 때도 교인들이 감당할 수 있는 정도의 규모로 지어야 한다. 기타 학교나 병원 등의 시설을 시작할 때도 무조건 규모를 크게 하여 시작하지 말고, 처음에는 좀 작게 시작하고 현지인의 능력에 따라서 점차로 성장시켜 나가는 것이 좋다. 그래야 어느 시점에서 선교사가 떠나도 현지인 스스로 감당할 수 있게 된다. 외부에서 계속적으로 자금을 들여와야 움직일 수 있는 조직을 만들어놓으면 선교사가 결코 떠날 수 없게 된다.

4) 동역 선교를 지향해야 한다.

과거에는 선교사들이 복음을 땅 끝까지 전하며 거의 혼자 힘으로 신앙의 새로운 공동체를 세우면서 신앙의 영웅들로 존대를 받는 경향이 있었다. 그러나 이제는 시대가 바뀌었다. 세계 대부분의 곳에 이미 신앙공동체가 있다. 이제는 선

---

[46] 돈을 주고 현지인에게 사역을 시킬 경우의 폐해를 네비우스는 다음과 같이 지적한다. 첫째, 이런 사람들은 돈을 받을 때에는 열심히 일을 하지만 고용이 해지되는 날 교회 일을 하지 않을 뿐 아니라 아예 신앙까지 저버리는 경우가 많다. 둘째, 모두가 돈을 받으면서 일을 하고 싶어 하므로 자원하여 무보수로 일하고자 하는 신앙적 헌신을 막을 우려가 있었다. 마지막으로 제국주의 시대에 선교사에게 고용된 대리인들은 본토인들에게 국가에 해로운 정치적 운동을 위해 포섭된 지지자로 오해받기 쉬웠다. J. Nevius, *Planting and Development of Missionary Churches*, 14-17.

교사가 현지 교회의 중심을 차지하는 것이 아니라 소모될 수 있는 타이어로 간주되는 경향이 있다. 이런 상황에서 선교사는 곧 교회간 사역을 위한 협력자로 간주되며,[47] 이런 상황에서 가장 필요한 선교 자세는 협력 선교 즉 에큐메니칼 선교 정신이다. 에큐메니칼 선교란 곧 동역의 선교이다. 이것은 강자가 약자를 돕는 것이 아니라 같은 위치에서 함께 힘을 합하는 것이다. 만약 선교사가 계속 힘을 쥐고 있다면 그것은 약자에 대한 강자의 지배가 될 뿐이다. 따라서 선교사는 혼자 권위를 잡으려는 온정주의(친권주의, Paternalism)를 하루 속히 극복하고, 현지인에게 권한을 이양해 주어야 한다.

에큐메니칼 선교를 제대로 실천하기 위하여 선교사는 기부자라는 거만한 자세를 버려야 한다. 상호 협력하는 에큐메니칼 선교에 있어서 가장 큰 적중의 하나는 바로 한 편의 자만이다. 늘 자신은 무언가를 주는 자라는 자만을 갖는 태도이다. 테오 순더마이더(Theo Sundermeier)는 서구 선교의 병폐를 '도움만을 주려고 하는 병'[48](Helferssyndrom)에 걸린 것이라고 진단한다. 이런 병으로 인해 서구교회는 처음부터 복음을 전하는 1세계와 복음을 받아들이는 제 3세계 교회를 차별하여 교만한 마음과 우월주의로부터 선교를 시작하게 되었다는 것이다. 그래서 가르치는 자와 배우는 자, 도움을 주는 자와 받는 자 그리고 서구의 진화론적 사고에 근거하여 '선교하는 선진 문명의 제1세계'와 '미개한 제3세계선교대상국'으로 그 둘을 영원히 나누어 놓았다는 것이다. 이것은 자연히 제3 세계의 반발을 가져오게 되고, 여기에서 협력은 어렵게 되는 것이다. 그러므로 이러한 오만한 정신을 청산해야 하는 것이다.[49]

한걸음 더 나아가서 에큐메니칼 선교는 현지의 필요를 따라 선교사역을 정하

---

47) 데이비드 J. 보쉬, 『변화하고 있는 선교』, 김병길, 장훈태 역(서울: 기독교 문서선교회, 2000), 543.
48) Theo Sundermeier, *Konvivenz und Differenz*, hrsg. von Volker Kuster, Erlangen, 1995, 53. 한국선교신학회, 『선교학개론』(서울: 대한기독교서회, 2001), 52. 재인용.
49) 한국선교신학회, 『선교학개론』, 52.

는 자세를 의미한다. 즉 선교사의 사역을 선교사가 일방적으로 정하는 것이 아니라 현지 지도자들과의 협의를 통하여 정해야 하는 것이다. 또한 에큐메니칼 선교는 현지 교회의 종이 되는 선교 즉 현지인들의 지도를 받는 선교까지 나아가는 선교를 의미한다.[50] 물론 이것은 참으로 쉬운 일이 아니다. 현지인을 위하여 선교자금을 다 쓰면서 현지인 밑에서 현지인이 시키는 것을 한다는 것이 어찌 쉽겠는가? 특별히 선교사들은 흔히 자신이 어느 곳에서 일하든 그 기관의 책임자가 되어야 하고, 자신의 말은 현지인의 말보다 더 큰 비중을 차지한다고 가정하는 경향이 있다.[51] 그래서 현지인의 지도를 받으면서 일하는 것은 참으로 쉬운 일이 아니다. 일을 하다가 당장에라도 독자적인 사역을 하고 싶어진다. 내가 뭐가 부족해서 이 사람들 밑에서 이런 어려움을 겪어야 하는가 하는 마음이 수없이 치밀어 올라온다. 그런데 이런 마음을 이길 수 있어야 에큐메니칼 선교를 할 수 있는 것이다.

 에큐메니칼 선교에는 또한 경제적인 문제까지 포함된다. 현지 교회는 모든 선교회의 자산이 그들에게로 인계되어야 한다고 생각한다. 이것은 선교사들의 봉급을 포함하여 모든 선교회 운영비까지도 포함한다. 또 교회가 선교기금을 사용하는데 전적인 자유를 주어야 한다고 생각한다. 이러한 생각을 다 따른다는 것은 참으로 쉬운 일이 아니다. 또한 때로는 돈에 어두운 현지인 지도자들이 있기 때문에 매우 위험한 일이기도 하다. 그러나 어렵지만 실천해야 할 과제이다. 에큐메니칼 선교는 십자군의 정신이 아니라 십자가의 정신으로 선교에 임하는 것이다. 참된 선교사의 자세는 스스로 쇠함으로써 현지 교회가 '흥하는 것' 이다. 즉 선교는 증인들의 '쇠함' 으로부터 증거의 주가 되는 그 분의 '흥함' 으로 이어지며, 이것은 그 증거를 듣는 자들에게 참 증거가 되므로 그들 또한 주의 증인들이 되는 것이다.[52]

---

50) Emerito Nacpil, "Mission but not Missionaries", 361.
51) 폴 히버트, 『선교와 문화 인류학』, 154.
52) 칼 뮬러, 『현대선교신학』, 31.

5) 미전도 지역 선교를 지향해야 한다.

모라토리움의 요구는 어느 정도 성장하여 스스로의 목소리를 낼 수 있을 정도의 교회에서 나오는 목소리다. 즉 이미 어느 정도 선교가 결실을 이룬 곳에 선교사가 더 머무르려 하기에 생기는 문제인 것이다. 아직도 지구상에는 복음을 듣지 못한 수억의 영혼들이 있고, 이들을 생각하고 복음화하는 일에 힘을 기울인다면 모라토리움의 문제는 자연히 사라질 수 있을 것이다. 베네수엘라 복음주의 교회 연합의 총회장이었던 올란도 라가(Orlando Raga)는 자신들의 지역에서 선교하던 선교사들에 대하여 다음과 같이 설명하였다. "그 선교사들은 수용성이 높은 지역을 선택하여 그곳으로 들어가 교회를 개척합니다. 교회가 세워진 후엔 베네수엘라인에게 지도력을 넘겨주고 똑같은 일을 하기 위하여 또 움직입니다. 우리는 이 과정을 위하여 2년의 시간을 줍니다."53) 선교사들이 이러한 방식으로 사역을 감당했더라면 모라토리움의 요구는 결코 나오지 않았을 것이다.

모라토리움과 비슷한 요구는 사실 소위 말하는 삼자원리에서도 이미 오래 전부터 주장되어졌다. 삼자원리에서도 자립선교를 주장하면서 선교의 목표를 속한 시간 내에 지도력을 현지인에게 이양하는 것으로 본다. 삼자원리의 주창자 중 하나인 앤더슨은 선교지 교회와의 관계에서 선교사는 '세례요한'과 같은 입장에 서야 한다고 가르친다. 즉 선교사는 현지 교회가 스스로 설 수 있는 단계54)

---

53) Wagner, "Colour the Moratorium Grey", 174.
54) 선교지 교회의 성장단계를 잘 그린 이론 중의 하나가 랄프 윈터(Ralph Winter)의 소위 말하는 4P 이론이다. 그는 선교지 교회의 발전 정도에 따라 교회와 선교사와의 관계를 4단계로 나누었다. 즉 개척자(Pioneer), 부모(Parents), 동역자(Partners), 참여자(Participant)로 나누고 현지 교회가 성장하여 선교사가 참여자의 단계에 이르렀을 때에 선교사는 새로운 사역지에서 제 1단계 즉 개척자의 사역을 다시 시작해야 한다고 주장하였다. Ralph Winter, "Four Men, Three Eras, Two Transitions: Modern Missions", in *Perspectives on the World Christian Movement*, ed. by Ralph Winter & Steven C. Hawthorne (Pasadena, CA: William Carey Library, 1992), B-37.

로 성장했을 때에 더 이상 그곳의 지배자가 되지 말고, 현지인 목회자 밑에 개교회를 맡겨두고, 가능한 빨리 교회의 발전을 위하여 사라져야 한다고 주장하면서 이것을 선교사의 안락사(euthanasia)라고 말했다.[55] 물론 이러한 사고는 선교의 목표를 자립교회 설립과 동일시하는 개념 속에서 요구되어지는 것이다. 지금의 선교사역은 그 형태가 매우 다양해졌기에 선교사가 촉매자의 역할로서 외부세계에 대한 정보를 제공해주거나 현지 교회 지도자들의 생각이나 사역 방향을 검증해 줄 수 있는 상담자의 역할을 해주는 것도 필요할 것이다.[56] 아울러 매우 오랜 시간을 걸쳐서 이루어가야 할 개발사역이나 신학적 수준이 낮아서 신학교 교수인력 확보가 안 된 지역에서 현지인 인력 양성을 위한 교수사역 등의 분야가 여전히 필요할 것이다. 그러나 이상의 몇 가지 예외를 제외하고는 여전히 선교는 아직도 복음화가 미약한 미전도 지역을 향하여 계속 나아가야 하는 것이다.[57]

요약 및 전망

모라토리움의 요구는 좀 해묵은 주제인 듯한 느낌이 있다. 적어도 표면적으로는 더 이상 모라토리움이 강하게 외쳐지지는 않기 때문이다. 그러나 모라토리움의 요구가 국제대회 같은 곳에서 공식적으로 외쳐지지 않는다 해도, 실제 선교

---

55) Rufus Anderson, *Foreign Missions: Their Relation and Claims*(New York: Charles Scribner and Co., 1869), 208-209.
56) 폴 히버트, 『선교와 문화인류학』, 397.
57) 미전도 지역을 향한 선교의 방향의 측면에서 본다면 한국 교회의 선교는 매우 바람직한 방향으로 진행된다고 할 수 있다. 45% 정도의 한국 선교사들은 미전도 지역에서 사역을 감당하고 있고, 이슬람권에서도 25.8%가 사역을 하고 있는데, 이 수치는 세계 평균 이슬람권 사역자의 2배에 해당하는 수치이다. 문상철, "21세기 글로벌 선교의 리더: 한국 선교의 현황과 과제", 파발마, 2004.1.12 호, 3.

현장에서는 그와 같은 요구가 계속적으로 흘러나오고 있다. 한국선교사들을 향해서도 "당신들이 우리보다 더 나은 것이 무엇인가? 돈이 좀 더 많다는 것 외에 무엇이 더 있는가? 당신들은 전혀 헌신적이지 않으면서 어떻게 우리를 향해서만 헌신을 요구하는가?"라는 비난의 소리가 은근히 들려온다. 그 다음의 요구는 무엇인지 쉽게 짐작할 수 있지 않은가? 그것은 말할 것도 없이 "떠나 달라"는 요구일 것이다. 그러므로 이제는 모라토리움의 요구가 실제로 나오기 전에 그 요구를 미리 듣고 고려할 수 있어야 한다. 우리의 선교자세를 가다듬고 새로이 정진할 수 있어야 한다.

성육신하신 그리스도를 본받아 우리 자신을 최대한 낮추어 선교지의 영혼들과 하나가 되어야 한다. 그들과 하나가 되어 확실한 동질감이 형성되어 있다면 떠나가 달라고 요구할 이유가 없을 것이다. 무언가 너무 차이가 나고 이질적이라고 생각되니까 떠나 달라고 요구하는 것일 것이다. 또한 현지인을 참으로 존중해야 한다. 그들을 존중하지 않는 한 결코 그들이 변화되어질 수 없다. 그들이 바른 지도자로 설 수 없다. 그들이 선교사보다 훨씬 더 잘 할 수 있다는 사실을 인정하고 그들을 키워야 한다. 그들을 세워야 한다. 아울러 우리의 선교 방향은 철저히 현지인 스스로 서게 하는 자립선교, 철저히 동역하는 에큐메니칼 선교, 그리고 미전도 지역을 향하는 선교를 수행해야 한다.

모라토리움은 결코 선교의 명령을 그만두라는 것으로 요구되거나 이해되어서는 안 된다. 아직도 30% 이상의 사람들이 복음을 듣지 못하는 상황 가운데 놓여 있다. 선교사를 보내는 교회나 선교사를 받는 교회 그리고 선교사 자신이나 서로 자존심을 내세우며 논쟁을 하고 있을 때가 아니다. 우리는 오히려 손 안에 쥐어진 임무에 눈을 떠서 그것을 완수하기 위해 모두 함께 손을 잡아야 한다. 모라토리움은 선교를 멈추라는 요구이기 보다는 참으로 섬기는 자세를 가지고 예수의 성육신적 선교를 실천하라는 요구로 이해해야 한다. 선교의 전적인 폐지가 아니라 효과적인 선교사역 완수를 위해 더욱 성숙한 관계를 만들라는 요구를 의미하는 것으로 이해해야 할 것이다.

주제 V. 생명 살림 ENLIVENING THE CREATION

오늘날 전 지구가 직면하고 있는 총체적 생명 죽임의 현실 앞에서 세계교회 협의회의 핵심 중심 주제 중의 하나는 '생명 살림'이 되었다. 에큐메니칼 선교신학에서 말하는 '생명 살림' 개념은 전통적인 선교에서 말하는 '생명 살림' 개념과 어떤 차이점을 지니는가? '생명 살림' 개념의 배경과 내용 등을 살펴보면서 바람직한 '생명 살림'의 방향을 찾아보자.

생명에 대한 관심이 그 어느 때보다 커지고 있다. 세계의 인권단체, 평화단체, 환경단체 등이 앞을 다투어 생명 문제와 연관하여 목소리를 높이고 있다. 세계교회협의회(WCC) 역시 생명 문제에 깊은 관심을 기울이고 있다. 특별히 벵쿠버 회의 이후로 JPIC 즉 정의(Justice) 평화(Peace)와 더불어 창조질서 보전(Integrity of Creation)을 주된 사역으로 제시하면서 생명문제에 깊은 관심을 보이고 있다. 이런 점에서 강희창은 WCC의 산안토니오(1989)로부터 살바도르(1996)를 거쳐 하라레 총회(1998)까지의 선교 성명서를 하나의 패러다임으로 인식하고 거기에 '생명 패러다임'[1]이라는 이름을 붙이고 있다. 한국의 한 장로교 총회에서도 '생명 살리기 운동 10년'을 선언하고 2002년부터 2012년까지 2단계로 나누어 생명 살리기를 위한 구체적인 과제를 실천하고 있다. 이런 경향 속에서 1990년대 이후 세계교회협의회의 가장 중심되는 주제를 '생명'이라는 말로 요약할 수 있을 것이다.

---

1) 강희창, "에큐메니칼 선교신학의 패러다임 변화에 대한 연구", 『장신논단』, 제 22집 (2004), 126.

오늘의 세계 상황을 생각할 때 이와 같은 '생명 살림'에 대한 관심은 참으로 시의 적절한 것이고 교회가 최선을 다해 역점을 두어야 할 사항임에 틀림이 없다. 하지만 생명 살림에 대한 글들을 대하다보면 생명 살림의 방향에 통전성이 결여되어 있지 않는가 하는 의구심을 갖게 된다. 즉 생명 살림의 방향이 균형감을 갖추지 못하고, 다분히 한쪽 방향으로만 나아가는 것이 아닌가하는 생각을 갖게 된다. 즉 살림의 대상이 되어야 하는 생명의 개념이 이 세상의 생명 뿐 아니라 영원한 생명도 포함하는 통전적 개념이기 보다는 주로 이 세상에서의 생명 문제에 더 많이 치우친 경향을 보이고 있다. 이런 점에서 본 장은 생명 살림운동이 좀 더 통전적 시각을 가져야 한다는 것을 강조하고자 한다. 이를 위하여 생명 살림개념의 배경, 주된 관심 등을 살펴보면서 생명 살림 개념의 현재 방향을 진단하고, 거기에 근거하여 생명 살림 운동이 나아가야 할 방향을 통전적으로 제시해보고자 한다.

1. 생명 살림에 대한 관심 배경

생명에 대한 관심은 어제 오늘의 일이 아니다. 초대교회 시절부터 교회는 생명에 대해 깊은 관심을 가져왔다. 그런데 교회가 관심을 가져왔던 생명은 주로 영원한 생명이었고, 그런 점에서 생명이라는 말보다는 '영생'이란 용어를 더 많이 사용한 경향이 있어왔다. 그렇다면 최근 들어 '생명' 혹은 '생명 살림'에 지대한 관심을 갖고 이 용어들을 많이 사용하게 된 배경이 무엇인지를 살펴보는 것이 필요할 것이다.

1) 생태계 문제의 심각성

'생명'이란 용어가 등장하게 된 가장 근본적인 요인 중의 하나는 현재 인류가 직면하고 있는 심각한 생태계 파괴의 문제일 것이다. 지난 300여 년 동안의 다양한 차원의 발전으로 인해 인류는 엄청난 발전을 맛보았지만 동시에 이 발전으로 인해 인류는 전멸될 수 있는 가능성을 한층 더 높이고 있다. 특별히 서구의 기술 과학적 발전과 성장지향의 경제가 치러야 할 대가, 특히 자연의 보복에서 오는 대가는 누구도 피할 수 없게 되었다.[2] 인간들의 생태계 파괴의 행각으로 인해 지구생태계는 인간들이 대규모로 만들어내는 오염물질을 정화할 능력을 상실하면서 지구 생태계의 자정 능력과 지구의 자연자원이 점점 한계점을 향해 도달하고 있는 것이다. 현재 나타나고 있는 '온실효과'나 '오존층구멍', '산성비' 등이 그 문제를 잘 반영해주는 증거라 하겠다.

2005년 1월 12일자 동아일보 기사에 보면, "잇따르는 자연재해 … 지구가 심상찮다"라는 제하의 기사를 다루고 있는데, 이에 의하면 세계 각국에 기상이변이 나타나고 있다. 예를 들면, 유럽에는 강풍과 호우가 많이 나타나는데, 스웨덴에서는 시속 150km의 강풍 및 폭우로 인해 7명이 사망했고, 영국에서는 40년 만의 최대의 폭우로 5명이 사망 또는 실종되었고, 아일랜드에서는 호우로 15만 가구가 정전되기도 하였다. 또한 미국에서는 캘리포니아주 폭설 및 폭우로 5일 동안 11명이 사망하기도 하였다. 아시아에서는 지진해일 (쓰나미)로 인해 수십만 명이 목숨을 잃는 사고가 발생했다. 또한 중남미에서도 또한 기상이변이 나타나고 있는데, 브라질의 경우는 가뭄과 폭우가 한꺼번에 몰려왔다. 브라질 중부의 4개 주에는 폭우주의보가 내려진 반면에 남부에서는 87개 주에는 가뭄 비상사태가 발령될 정도로 심각한 가뭄사태가 빚어지고 있다. 또한 멕시코의 수도

---

[2] 채수일, 『21세기의 도전과 선교』(서울: 대한기독교서회, 1998), 71-72.

인 멕시코 시티 인근의 포포카테페틀 화산은 증기와 재를 5km 높이까지 분출하는 이변을 낳기도 하였다.[3)]

이러한 생태계 파괴의 위협 앞에서 교회는 생명 살림에 대한 관심을 갖지 않을 수가 없게 되었다. 현재 살아가는 사람들의 생명, 미래 세대들의 생명, 모든 생물들, 그리고 자연 그 자체를 위협하는 현대 사회의 여러 경종을 울리는 흐름들(환경악화, 물, 공기, 땅의 오염, 원시림의 제거와 사막화, 기름과 광물질 등 재생 불가능한 자원의 고갈, 생태계의 변화, 대기의 변화와 오존층의 파괴 등)에 대하여 연구하고 이를 줄일 수 있는 모든 수단을 동원해야 한다는 당위성에서 생명 살림에 대한 관심은 점점 더 깊어지게 된 것이었다.[4)]

2) 총체적 생명 죽임의 현실

앞에서는 주로 생태계 파괴의 현실을 다루었는데, 생태계 파괴 뿐 아니라 인류는 실제로 총체적 생명 죽임의 위협을 받고 있으며 이러한 상황은 어느 한 지역에 국한되는 것이 아니라 전 세계에 파괴적인 영향을 줄 수 있다는 공동의 위험 앞에서 인류는 점점 더 강하게 공동체성을 느끼고 있다. 프레만 나일스 (Preman Niles)는 지구촌의 생명 죽임의 현실을 다음과 같이 고발하고 있다.

> 매분마다 세계의 여러 국가들은 군비 확장에 1백80만 달러를 소모한다. 매시간 1천5백명의 아이들이 기아와 관련된 원인으로 사망하고 있다. 매일 동물의 1개종이 사멸되고 있다. 제2차 세계대전의 기간을 예외로 하고 1980년은 매우 역사상 어느 시기보다도 더 많은 사람들이 구금, 고문, 암살되고 피난민의 신세가 되었거나 압제를 일삼는 정부에 의하여 다른 방법으로 인권이 침해되었다. 매월 세계 경제계는 지금 제3세계 국민들의 숨통을 억누르고 있는, 너무나 엄청나서 도저히

---

3) "잇따르는 자연재해… 지구가 심상찮다." 동아일보, 2005년 1월 12일자, A 13 면.
4) 이형기, "생명과 신학 - 에큐메니칼 운동과 WCC에 나타난 '창조신학'(Theology of Creation)의 기원과 역사", 『교회와 신학』 제 29집(1997년), 23.

결딜 수 없는 빚더미 1조 5천억 달러에 75억 달러의 가산금을 빚지게 하고 있다. 매년 남한 국토 넓이의 4분의 3이나 되는 열대 산림지역이 파괴되고 상실되고 있다. 매 10년마다 현재 지구상에 만연되고 있는 온실현상의 결과로 해면이 약 1.5m 상승될 전망이 있으며, 이는 우리가 사는 지구에 특히 해안지방에 재앙의 결과가 다가올 것임을 경고하는 정도에 이르고 있다.[5]

이러한 생명 죽임의 현실은 지구촌의 어느 한 부분 혹은 한 분야에만 위협이 되는 것이 아니다. 이것은 전 지구촌을 총체적으로 병들게 하고 멸망시켜가는 것이다. 전쟁무기의 경쟁적 개발과 증강, 다량 살상의 테러와 전쟁, 전쟁으로 인한 난민의 문제, 자연 착취의 결과 나타난 각종 환경오염과 자연의 폐해, 환경 파괴로부터 오는 자연적 재앙, 폭력과 독재로 인한 인권 탄압, 경제적 불평등이 심화시킨 부익부 빈익빈의 부조리와 부채의 문제, 편협한 이데올로기로 인한 증오와 차별주의의 심화 등은 긴밀히 연결되고 상호 영향을 주면서 인류의 생명을 파멸로 몰아가고 있는 것이다.[6] 이런 상황 속에서 교회는 생명 살림의 문제를 심각하게 다루지 아니할 수가 없게 된 것이다.

3) '생명'이라는 용어의 포괄성

1960년대까지 WCC는 주로 역사에 대한 교회의 책임인 정의와 평화(Justice & Peace)만을 주로 다루면서, 사회, 정치, 경제적 역학의 격심한 소용돌이 속에서 발생하는 각종의 양태를 달리하는 폭력과 억압 그리고 차별을 없애고 이사야가 꿈꿨던 참된 평화와 정의가 실현되는 인류사회(사 11:6-9)를 이루는 데 주된

---

5) D. Preman Niles, Resisting the Threats to Life, 김종일 역, 『도전받는 하나님의 창조』(서울: 대한기독교서회, 1990), 22-23.
6) 안영호, 정경호, "생명 살림을 향한 일치와 갱신", 『생명 살림 평화 누림』, 영남신학대학교 선교와 생명 연구소 편 미간행 자료집(구미: 도서출판 제일, 2004), 57.

관심이 있었다.7) 즉 환경파괴와 생태계의 위기에 대한 관심(Integrity of Creation)은 거의 관심 밖이었다. 아마 당시까지만 해도 생태계의 위기가 그다지 심각하게 피부에 와 닿지 않았기 때문이었을 것이다. 어찌되었든 창조세계에 대한 관심은 주로 70년대에 들어서서 본격화되었는데, 1975년 나이로비회의에서 JPSS(A Just, Participatory, Sustainable Society)8)가 등장하였고, 1983년 벵쿠버 회의에서 JPIC(Justice, Peace, Integrity of Creation)9)가 대두되면서 창조질서 보전이 주된 관심대상이 되었다.10)

정의, 평화, 창조세계의 보전 이라는 세 가지 주제는 서로 긴밀하게 맞물려 있다. 그럼에도 불구하고 제1세계는 창조세계 보전의 문제와 평화 문제에 주로 관심을 기울여왔고, 제3세계는 정의와 발전 문제에 많은 관심을 보이면서 약간의 갈등도 있어온 것이 사실이다.11) 그러나 1990년 서울 JPIC 이후, JPIC문제가 제1세계나 제3세계 모두를 포함하여 향후 세계 교회가 감당해야 할 21세기 과업이라는 점이 확실해졌다. 그리고 이 세 가지 주제를 모두 포함하는 용어로서 '생명' 이라는 용어가 각광을 받게 되었는데, 이유는 생명이라는 용어 속에는 정의, 평화, 창조질서 보존이 모두 포함되어 있기 때문이라고 보여진다. 실제로 경제

---

7) 강영옥, "세계교회협의회 흐름", 『세계의 신학』, 제4호 (1989), 135-136.
8) 나이로비의 주제 였던 JPSS의 정의(Justice), 참여(Participation) 그리고 지탱가능성(Sustainability) 이 세 가지가 삼위 일체적으로 서로 맞물려 있는 것으로 이해되었다. 그리고 지탱가능성(Sustainability)은 과학기술의 오용과 남용으로 인하여 지탱하기 어려워져 가는 인간사회의 문제를 다룬 것이므로, 1975년의 나이로비는 '창조세계 보전' 의 문제를 이미 다루고 있었던 셈이다.
9) 1983년 벵쿠버 총회에서는 현실의 문제를 세 가지 측면 즉 세계의 무기경쟁, 경제적 지배와 착취, 생태계의 위기로 규정하면서 정의, 평화, 창조의 통전(Justice, Peace and the Integrity of Creation)이라는 지침을 선정하게 되었고, 뒤이어 1984년 중앙협의회(Central Committee Meeting)에서 정의, 평화, 창조의 통전을 위한 연계 프로그램의 제시를 통해 창조의 통전에 대한 관심을 구체화하기 시작했다.
10) 이형기, "생명과 신학-에큐메니칼 운동과 WCC에 나타난 창조신학(Theology of Creation)의 기원과 역사", 『교회와 신학』, 제29집(1997년), 8.
11) 이것은 1960년대 말부터는 제 1세계의 전통적인 신학과 제 3세계의 해방신학이 갈등을 보여 온 것과도 관련이 있다. 이형기, "생명 살리기 운동 10년의 신학적인 방향과 비전", 『생명 살림 평화누림』 (구미: 도서출판 제일, 2004), 87.

부정의와 전쟁은 창조세계의 파괴를 가져오고, 창조세계의 파괴는 인류 공동체와 지구 생명 공동체의 파괴로 이어지는 것이다.12)

2. 생명 살림의 구체적 영역들

앞에서 살펴본 대로 생명 살림은 오늘날 상황에서 가장 절실히 요구되어지며, 교회가 깊은 관심을 기울여야 하는 개념 중의 하나임이 틀림없다. 세계 교회들의 협의체인 WCC는 생명 살림을 가장 중요한 활동 목표 중의 하나로 삼고 다양한 활동을 전개해 왔다. 본 연구에서는 이 다양한 활동 중에서 특별히 세계교회협의회가 추진하고 있는 JPIC(Justice, Peace, Integrity of Creation)를 중심으로 생명 살림의 구체적인 영역들을 살펴보고자 한다. 물론 이 세 가지 영역들은 서로 긴밀하게 연결되어 있어서 서로 떼어놓고 생각하기 어려운 면도 없지 않아 있다. 그러나 이해의 편의를 위해 나누어서 생각해보고자 한다.

1) 정의(Justice)

생명 살림과 연관하여 가장 첫 번째로 생각해 볼 수 있는 것은 정의의 문제이다. 정의란 일반적이며 추상적인 개념이 아니다. 그것은 정의가 부정되는 곳의 구체적인 상황 속에서 파악되고 추진되어야 할 성질의 것이다.13) 정의의 문제를 여러 가지 측면에서 살펴볼 수 있는데 먼저 경제적인 측면에서 살펴보자. 현재 세계의 다수 민중은 질병과 가난과 투쟁하면서 매일의 생존을 위하여 허덕여야 하고, 이로 인해 부유한 나라와 가난한 나라 사이의 심연은 더 깊어만 가고 있는

---

12) 이형기, "생명 살리기 운동 10년의 신학적인 방향과 비전", 93.
13) Preman Niles, 『도전받는 하나님의 창조』, 111.

실정이다.[14] 화려한 시장경제의 뒷전에서 지금도 지구 인구 4분의 1인 13억 명이 절대빈곤에 시달리고, 11억 명이 하루 1달러 미만의 생계비로 살아가고 있다. 20억 명이 적절한 식수를 공급받지 못하고 있고, 7억 명이 영양실조에 시달리며 매년 1,400만 명의 어린이들이 피할 수 없는 각종 질병으로 죽어가는 것이 오늘의 세계 현실이다. 1억 2,000만 명이 실업의 고통을 받고 있고, 1억 2,500만 명은 난민이나 이민자로 떠돌아다니고 있다.[15]

이 같은 현실 속에서 가난한 이들은 자신의 노동력을 돈 가진 이에게 팔 수밖에 없다. 임금 노동을 사들이는 부자는 노동자가 생산한 가치에 상응하는 것보다 적은 임금을 지불함으로써 많은 이윤을 획득하게 되고, 이로서 빈부의 격차는 갈수록 심화되어 가는 것이다. 부자는 가난한 자의 생명을 자기 자본의 부가가치로 첨부시키면서[16] 가난한 이는 부자의 자본증식을 위한 수단으로 전락되게 된다. 이와 같은 부정의의 현실은 개인적인 관계 속에서만 일어나는 것이 아니라 국가 간에서도 발생하게 된다. 제3세계 국가들은 엄청난 외채위기에 빠져있고, 불어나는 이자로 인해 국가경제는 갈수록 심각한 지경에 빠져가고 있다. 이자와 외채를 갚기 위해 모든 수단을 동원하다보니 자국 국민들의 삶을 개선시킬 수 있는 역량이 거의 없는 실정이다. 이러한 이유로 1983년에 에디오피아가 최악의 기근에 시달렸을 때에도 당시 생산한 커피와 쇠고기의 대부분을 이탈리아에 수출하였던 것이다.[17] 이와 같은 국가간의 불평등과 억압이 제3세계의 가

---

14) Ibid., 146.
15) "1995년 3월 6일 코펜하겐에서 열린 유엔 사회개발정상회의와 관련해서 제출된 통계", 『한겨레 21』, 제50호 (1995, 3, 16), 24.
16) 채수일, 『21세기 도전과 선교』(서울: 대한기독교서회, 1998), 169.
17) 가나에서도 심각한 경제문제가 나타났는데, 수입의 감소와 기본생필품의 급격한 가격앙등으로 영양실조가 현실로 다가왔다. 아이들의 칼로리 섭취는 필수량의 69%미만이었고, 임산부와 젖을 먹이는 엄마들도 칼로리 섭취량의 85% 미만 정도까지만 충족시킬 수밖에 없었다. 취학 아동들의 2-7%가 심각할 정도로 영양불량이었고, 50%는 양양기준 미달이었다. 국제연합아동구호재단 (UNICEF)의 한 연구에 의하면 1970년대 1천 명당 80명이었던 영아 사망률은 1983년에 1천 명당 약 120명으로 증가하였고, 도시 인구의 30-35%와 농촌인구의 60-65%가 1978년 기준으로 책정된 극빈경계선 이하이다. Preman Niles, 『도전받는 하나님의 창조』, 29.

난을 부르고, 이것이 저들의 삶을 심각하게 위협하고 있는 것이다.

그런데 이와 같은 국가간 경제 불평등은 역사적 발전의 피할 수 없는 결과도 아니고, 발전의 비동시성이나 각 문화의 법칙성 때문도 아니다. 그들의 가난의 주된 원인은 산업사회 국가의 정치적, 경제적, 군사적 결정의 결과다. 즉 제3세계의 가난은 제3 세계 민중의 무능에서 초래된 것이기 보다는 소위 '세계시장'에서의 기회불균형과 이미 식민주의와 함께 시작된 착취구조와 예속에서 초래된 것이다.[18] 이와 같은 불평등 구조는 제3세계 국가의 엄청난 외채를 초래하였고 이들 국가에게 점증되는 외채부담을 지불하도록 하여 경제 발전을 계속 비뚤어나가게 하고 있다. 그것은 선진국에만 불공평한 무역이익을 주면서 제3 세계 국가를 경제적 예속에 얽매이게 하여 자본이 가난한 나라에서 부유한 나라로 계속 흘러들어가는 것이 가능하도록 하는 제도이다.[19] 이처럼 예속적 자본주의 발전의 길을 강요당한 제3세계나 개발도상국들의 역외 수출 타격과 그에 따른 민중의 희생은 더욱 더 확대될 전망이다. 따라서 제3세계의 가난은 언젠가는 극복될 잠정적인 현상이 아니다. 이것은 경제적, 사회적, 정치적, 체제의 결과다. 가난이 개별적 인간들의 개별적 상황에 결부된 것이 아니라, 역사적이고 구조적인 민중의 권리 박탈과 결부된 것이라면, 교회의 가난한 사람들을 위한 결단과 선택 역시 집단적이고 구조적인 것이어야 할 필요가 있는 것이다.[20] 이러한 점에서 호주 캔버라 회의는 경제적 불평등의 문제를 다음과 같이 고발하고 있는 것이다.

> 국가가 국가를 착취하고, 대기업들이 사람을 착취하며, 막강한 경제적 자원들을 가질 수 있는 수단을 소유한 자들이 그저 제공할 것이라고는 노동 밖에 없는 사람들을 착취하기 때문에 불가피하게 갈등이 일어난다. 자원의 불공평한 분배가 우리 이웃에게 굶주림을 가져다주고, 우리 영혼의

---

[18] 채수일, 『21세기의 도전과 선교』, 42.
[19] Preman Niles, 『도전받는 하나님의 창조』, 35.
[20] Ibid., 45.

온전성을 파괴하고 있다. … 수입, 지식, 권력, 부의 분배에 있어서 두드러진 국제적 불평등이 계속 되고 있다. 탐욕적인 물질주의는 우리 시대의 지배적인 이데올로기가 되어 버렸다.[21]

캐나다 밴쿠버 회의는 이러한 불평등 해소에 교회가 앞장 서야할 것을 강조하면서 "교회의 영적인 투쟁은 가난한 자들, 압제받는 자들, 소외된 자들, 추방된 자들의 투쟁과 관계되어 있다. 성령은 투쟁하는 사람들 가운데 계신다. 성령은 사랑에 불을 붙이시고 우리에게 용기로 채워 주신다."[22] 라고 강조하였다.

2) 평화(Peace)

오늘날 생명을 위협하는 또 다른 요소는 평화를 위협하는 각가지 폭력, 테러, 전쟁 등이다. 이 같은 것들은 수 없이 많은 생명을 빼앗아갈 뿐 아니라 수도 없이 많은 사람들을 자신의 나라에서 몰아내어 타국 땅에서 방랑하면서 헐벗고 굶주린 채 인간 이하의 삶을 살아가도록 만들고 있다. 이 같은 난민이 세계의 70여 개 지역에서 2,000만 명 이상이 되며, 지금도 전쟁과 테러 그리고 각종 재난으로 정처 없이 정든 고향을 떠나고 있는 실정이다.[23] 그럼에도 불구하고 전 세계는 경쟁적으로 군사비 지출을 늘리고 있다.[24] 예를 들면 펜타곤(미국 국방성과 그 산하 미군을 총칭)에 의하여 소모되는 1년간의 연료는 22년간 미국의 전 수송기관을 운영할 수 있을 정도이다. 군비확장을 위한 정부지출 이외에 어떤

---

21) 세계교회협의회, "제7차 총회: 호주 켄버라(1991)", 『역대총회보고서』, 이형기 역(서울: 한국장로교출판사, 1993), 511.
22) 세계교회협의회, "제6차 총회: 캐나다 밴쿠버 (1983)", 『역대총회보고서』, 473.
23) 안영호, 정경호, "생명 살림을 향한 일치와 갱신", 56.
24) 죽음의 무기 경쟁이 감소하고 있다는 보고도 있지만, 하루에 2억 달러씩 소비한다는 놀랄 만한 자료는 기간이 길어지고 깊어지는 세계 경제 위기를 부채질하는 것이다. 죽음의 무기 경쟁이 감소하고 있다는 보고도 있지만, 하루에 2억 달러씩 소비한다는 놀랄만한 자료는 기간이 길어지고 깊어지는 세계 경제 위기를 부채질하는 것이다. Preman Niles, 『도전받는 하나님의 창조』, 36.

실제적 정치적 통제 밖에서 가장 수익성이 높은 사업에 종사하고 있는 개인 무기제조업자나 혹은 상인들이 많다. 전쟁무기 증강은 이러한 개인 무기 생산업자에게 돈벌이를 제공하면서, 사망자의 80%가 민간인인 지구상에서의 많은 전쟁에 쓰여 지는 무기류를 취급하는 이 산업을 흥왕토록 만드는 결과를 낳고 있다.25) 또한 제3세계는 강대국들의 '대리전쟁'을 떠맡거나 핵폐기물 등을 떠맡게 된다. 물론 제3세계 정부는 막대한 원조를 약속받지만 이것은 곧 죽음의 사업에 동참하는 것을 의미하는 것이다.26) 다음은 태평양 마샬 군도의 '안나'라는 여인의 이야기인데, 이것은 핵문제가 얼마나 치명적으로 인간의 생명을 망치는지에 대한 좋은 예가 되고 있다.

나의 이름은 안나이다. 태평양에 있는 마샬 군도 출신이다. 나의 부족들은 부족 서로 간에는 물론이고 우리의 산호섬에 있는 모든 가정들과도 긴밀히 상호 의존하는 가운데에 나누며 사는 백성들이다. 우리 부족들은 전통적으로 우리 식량의 근원인 땅과 산호초를 아끼며 보존해 왔다. 그러나 오늘날 우리는 고통에 처해 있다. 우리 젊은이들 중 다수가 삶에서 미래에의 희망을 갖지 못하고 있다. 우리의 땅은 더 이상 우리에게 식량을 제공하지 못하고 있다. 우리 땅의 과일과 바다의 고기를 먹으면 먹을수록 더욱 우리는 병들게 된다. 우리부족에게 우리 땅에 그리고 우리의 바다에 무슨 일이 있었는가?

1946년부터 1958년까지 핵실험이 우리의 산호섬에서 실시되었다. 우리의 산호섬들 중 몇 개는 간단히 사라졌다. 나머지는 아직도 서서히 방사능을 바다로 누출하고 있다. 늙은 사람들은 방사성병으로부터 아직도 고통당하고 있는 반면 우린 아이들의 다수는 유전적 결함에 시달리고 있다. 우리 여성들은 이것을 특히 심각하게 느끼고 있다. 우리는 아이들을 걱정하고 있기 때문이다.

아주 최근에 우리는 우리가 사는 산호섬 중 몇 개에서 이주되어 에배예섬이라는 곳에서 비좁게 살게 되었다. 그 이유는 우리의 산호섬이 다시 핵무기의 시험장이 되기 때문이다. 우리는 새로 이주한 땅과는 전통적인 유대관계가 없다. 우리가 간직한 정체성도 부분적이나마 사라졌다. 우리의 거주지는 너무 과밀하고 우리는 가난하다. 우리의 산호섬은 삶이 아닌 질병의 근원지이다. 그렇다. 너무나 엄청난 일들이 우리 부족들에게 일어났다. 우리의 땅과 바다에도 역시.27)

---

25) Preman Niles, 『도전받는 하나님의 창조』, 36.
26) Ibid., 113-114.
27) "1988년 노르웨이 그란볼렌에서 개최된 창조질서 보전에 관한 WCC-JPIC 국제 간담회 보고서," Preman

이러한 상황에서 교회는 인류의 평화 실현을 위한 일에 헌신하도록 부름을 받고 있다. 이런 점에서 세계교회협의회는 2001년부터 2010년까지 10년을 폭력추방의 기간으로 설정하였으며, 평화를 연구하며 실천하기 위해 모든 교회의 힘을 결집시키고자 노력하고 있다. 이러한 노력은 국가들 간의 폭력,[28] 한 국가 안에서의 폭력, 지역 공동체 안에서의 폭력, 가정과 가족 안에서의 폭력, 교회 안에서의 폭력, 성폭력, 사회-경제적 폭력, 경제적이고 정치적인 봉쇄의 결과로서 야기된 폭력, 청소년들 간의 폭력, 종교적 문화적 관례에서 생기는 폭력, 법적 구조안의 폭력, 창조를 거스르는 폭력, 그리고 인종차별주의와 소수민족 혐오증에서 나온 폭력 등을 해소하는 것들을 포함하고 있다.[29] 또한 가난과 불평등, 굶주림, 억압 속에 있는 사람들의 고통과 슬픔 같은 현실적 문제들도 함께 해결되어지지 않고는 참된 평화가 주어질 수 없다는 점에서 세계 교회협의회는 이런 분야에서도 노력을 기울이고 있다.

3) 창조질서 보전(Integrity of Creation)

앞 장에서 생명 살림에 대하여 관심을 갖게 된 여러 배경들 가운데 생태계 파괴 문제가 주요한 요소였음을 살펴보았다. 이런 점에서 생명 살림을 위해 관심을 가져야 할 주요한 영역 가운데 하나는 바로 환경보전 문제일 것이다. 프레만 나일스는 오늘날 생태계 문제의 심각성을 다음과 같이 말하고 있다.

Niles, 『도전받는 하나님의 창조』, 26-27에서 재인용.

[28] 국가들 간의 폭력에는 실제적인 국가들 간의 전쟁 뿐 아니라 국가들 간의 차별대우 등으로 인한 한 국가가 일방적으로 손해를 입는 것도 포함될 수가 있을 것이다. 예를 들어 서방 국가들에 대한 아랍 국가들의 적대감은 이스라엘을 편파적으로 지원하며 팔레스타인을 일방적으로 소외시키고 있는 실정이다. 독일 디 차이트(Die Zeit)의 편집장 테오 조머는 이러한 문제를 외면하고서는 진정한 평화를 기대할 수 없다고 말한다. 다시 말하면 이스라엘에 대한 아랍 국가들의 상대적 박탈감을 치유하는 것이 중동 평화 문제 해결의 열쇠라는 것이다. 중앙일보, 2001, 11, 19일자. 13면,

[29] Janice Love, "The Decade to Overcome Violence", in *The Ecumenical Review*, Vol. 53, No. 2, (April 2001), 135-143.

화석연료 사용의 증가, 산림의 손실 그리고 기타 여러 요소들이 지구의 대기를 덥게 하고 있다. 이로 인하여 해수면이 올라가서 세계인구의 대략 반수가 살고 있는 해안지역에 재앙을 가져올지도 모른다. 이제까지 백년에 걸쳐 세계의 열대림이 대략 반쯤 사라졌음이 목격되었다. 열대산림 황폐화는 식물과 동물의 대량 멸종의 주요원인이 되는 것 이외에 한발과 대지의 사막화에 또한 영향을 미친다.[30]

생태계 위기를 크게 대별해보면, 지구온난화, 오존층의 파괴, 토양의 황폐화, 수자원의 오염, 생물종의 멸종 등으로 말할 수 있을 것이다. 이와 같은 환경문제와 더불어 문제가 되는 것은 서구의 기술 과학적 발전의 희생자들인 제3세계의 민중이다. 그들은 부유한 산업국가가 향유하는 발전의 희생자이면서도 그 발전의 결실을 나누어 갖기는커녕 그 발전이 동반한 자연 파괴의 결과—사막화, 재해, 기근과 질병 등—에 직접적으로 노출되어 있다. 이들을 도와주어야 할 UN의 '환경과 발전을 위한 세계회의와 지구 정상회담'은 역설적이게도 제3세계에게 그들이 파괴하지도 않은 자연, 예속적 발전의 결과에 대해서도 책임을 나누어지도록 강요하는 우를 범하였다. 지구 온도 상승과 오존층 파괴에 결정적인 영향을 끼치는 것도 산업국가이고, 지금까지 지구와 인류의 미래에 아랑곳하지 않고 자국의 이익만을 추구해 온 것도 산업 국가들이다. 따라서 지구촌 생태 위기에 대한 책임은 당연히 소위 말하는 선진산업 국가들의 몫임에도 불구하고 이들은 그 짐을 제3세계의 민중들에게 전가시키었던 것이다.[31]

이러한 상황 속에서 교회는 창조에 대한 잘못된 인식들을 지녀왔음을 깨닫기 시작했다. 즉 인간의 '정복'(창 1:28)을 착취로, 또 하나님의 초월을 부재로 오해해왔다. 많은 경우 하나님의 절대적인 초월과 물질계로부터의 거리를 지나치게 강조하면서 지구를 '비영적인' 실체로 또 그저 인간의 착취의 대상에 지나지 않

---

30) Preman Niles, 『도전받는 하나님의 창조』, 37.
31) 채수일, 『21세기의 도전과 선교』, 72.

는 것으로 여겨왔다는 것을 깨달았다. 이러한 잘못된 인식들로 인해 생명을 파괴해 온 여러 형태의 지배, 그리고 자연을 단지 인간의 '소유권'과 무절제한 조작에 종속된 것으로 여기는 자연관을 갖게 되었던 것이다.[32] 이런 이유로 세계교회협의회 역시 1960년대까지 주로 역사에 대한 교회의 책임 (Justice, Peace)만을 주로 다루었다. 즉 환경파괴와 생태계의 위기에 대한 관심 (Integrity of Creation)은 거의 관심 밖이었다. 그러다가 70년대에 들어서면서부터 지구환경문제에 대하여 본격적인 관심을 갖게 되어서, 1975년에 JPSS(A Just, Participatory, Sustainable Society) 가 등장하게 되었다.[33]

1983년부터는 생명문제가 WCC의 주요한 관심사가 되었는데, 예를 들자면 1983년 밴쿠버 회의에서는 회의 전체 주제가 '예수 그리스도 – 세상의 생명'이었으며, 소주제들로서는 1. 하나님의 선물인 생명, 2. 죽음에 직면하여 죽음을 극복하는 생명, 3. 충만한 가운데 있는 생명, 4. 일치 속의 생명 등이 다루어졌다. 또한 1991년 캔버라의 전체 주제(성령이여 오소서, 전 창조의 세계를 새롭게 하소서)와 제1분과의 주제(생명의 시여자시여, 당신의 창조세계를 지탱하소서)에서 '창조세계의 보전' 문제가 강조되고 있음이 보인다. 특별히 제 1분과에 나오는 '창조의 신학 : 우리 시대의 도전'이 주장하는 삼위일체 하나님과 예수 그리스도, 무엇보다 창조세계 속에 현존하시는 '성령'에 대한 주장은 '창조의 신학,' 나아가서 '생명의 신학'의 신학적 근거를 제시하고 있다.[34] 특히 캔버라는 '세계적인 생태학적 위기'가 '세계적인 사회정의의 위기' 및 '세계적인 경제정

---

32) 세계교회 협의회, "제8차 총회: 호주 캔버라 (1991)", 509.
33) 이형기, "생명과 신학-에큐메니칼 운동과 WCC에 나타난 창조신학 (Theology of Creation)의 기원과 역사", 『교회와 신학』, 29집(1997년), 8.
34) 호주 캔버라 회의는 다음과 같이 말한다. "성경은 하나님이 만물의 창조자이시며, 만물이 창조되었을 때에 '매우 좋았다' 고 증언한다(창 1:31, 딤전 4:4 참조). 하나님의 영은 이 지구를 계속해서 지탱하시고 또 새롭게 하신다(시 104:30). 인간은 피조계의 일부이면서 동시에 피조계에 대한 하나님의 청지기로서의 책임이 있다(창 1:26-27; 2:7). 우리는 지구를 이어받을 축복받은 온유함의 태도로서 지구를 '보전하고' '섬겨야' 할 책임이 있다(창 2:15)." 세계교회협의회, "제8차 총회: 호주 캔베라 (1991)", 508.

의의 위기'와 맞물려 있는 것으로 보았다. 계속해서 1993년 산티아고의 신앙과 직제 제 5차세계 대회 이후, WCC의 JPIC(Unit III)는 '생명의 신학'(Theology of Life)에 관심을 집중하고 있다.[35]

3. 생명 살림 개념과 함께 고려되어야 하는 점들

생명 살림 개념 등장의 배경과 주요 관심 영역들을 살펴보면서, 생명 살림 개념의 특징과 방향성을 파악할 수 있었다. 이제 우리는 생명 살림의 통전적 방향 정립을 위하여 몇 가지를 고찰해 볼 것이다. 먼저 성경에 나타난 '생명' 개념을 살펴보면서 에큐메니칼 진영에서 말하는 '생명' 개념과 비교한 후에, 생명 살림 운동의 통전적인 방향을 설정해 보고자 한다.

1) 성경에 나타난 '생명'의 의미

성경에서 '생명'을 나타내는 단어는 구약의 하이임(hayyim)과 네페쉬(nepesch), 그리고 신약의 비오스(bios), 조에(zoe), 푸시케(pushike) 등이 있다. 먼저 '하이임'이란 단어를 보면, 이것은 하야(haya) 라는 동사형에서 나온 말인데, '하야'라는 말은 '살다', '생명을 갖다', '살아났다', '삶을 유지하다', '부유하게 살다', '영원히 살다', '질병이나 죽음 등으로부터 소생하다' 등의 다양한 뜻을 지니고 있다.[36] 또한 '네페쉬'는 '생명', '영혼', '피조물', '사람', '식욕' 등의 의미를 지닌다.[37] '네페쉬'에 영혼이란 의미가 들어있으므로 흔히 '네페

---

35) 이형기, "생명 살리기 운동 10년의 신학적인 방향과 비전", 86.
36) R. Laird Harris 외 편저, 『구약원어신학사전』(상)(서울: 요단출판사, 1986), 639.

쉬'를 영적인 생명으로 연결시키고 '하이임'은 단순한 생명으로 해석하는 경향이 있다.[38] 하지만 구약에서는 인간을 통전적으로 보며 인간을 표현하는 방식도 몸과 영혼이 대립된 개념에서보다는 몸과 생명이 서로 분리될 수 없는 보완적 개념으로 나타내므로 의미를 명확히 구분 짓는 것은 조금 무리가 있다고 보여진다.[39] 히브리어에서는 생명의 개념이 육체의 개념과 결합되어 있고, 모든 생물은 '네페쉬'라는 항목에 속하고 혼과 육은 대등한 것으로 이용되거나 결합될 수 있다. 구약에서는 육적인 생명 혹은 영적인 생명의 구분을 짓는 것보다는 생명이 전적으로 하나님의 지배 하에 있다는 점에서 하나님이 생명의 수여자이시며 죽이기도 하시고 살리기도 하신다는 점(시 36:9; 신 32:39)을 강조한다. 즉 하나님께 올바로 종속되었을 때는 장수하고 축복된 생명이 되지만(창 25:8; 신 30:15; 욥 42:17), 하나님을 거스르고 불순종했을 때 생명은 파멸된다는 것을 강조한다.[40]

신약에서 생명을 나타내는 용어 중 비오스(bios)는 주로 '생명의 외적 형태', '생명의 변화, 유지'를 나타내며, 푸쉬케(pushike)는 개인 고유의 생명력 혹은 생명의 담지자로서의 영혼을 의미하며, 조에(zoe)는 죽음에 대한 반대 개념으로서의 '생명', '영원한 생명', '그리스도와 하나님에게서 믿는 이에게 주어지는 생명'으로 나타난다.[41] 신약에 있어서도 생명을 의미하는 용어를 명확하게 영적인 생명 혹은 육적인 생명으로 구분하기는 쉽지 않다. 그런데 신약에서는 참

---

37) Ibid., 1395.
38) '네페쉬'는 생명이 의존하는 힘을 가리키며 영생을 의미하는 '조에'와 가깝다고 할 수 있으며, '하이임'은 단지 육체적 유기체적 생명을 의미하며 이런 점에서 비오스에 더 가깝다고 보는 견해가 많다. 이 달, "구원과의 관계성에서 살펴본 생명",『그리스도께서 주신 생명과 평화』, 대한 예수교 장로회 총회 교육부 편 (서울: 한국장로교출판사, 1996), 51.
39) Gerhard Kittel & Gehard Friedrich 편저, Geoffrey W. Bromiley 편역,『킷텔 단권 원어사전』(서울: 요단출판사, 1986), 1500.
40) Ibid., 335.
41) Ibid., 334-337.

생명과 일시적인 생명을 구별하여 쓴다. 예를 들어 죽음에 종속된 생명은 일시적인 생명이며(고전 15:19), 그러한 생명은 육체 가운데 있는 생명으로 말한다(갈 2:20). 참 생명은 미래적이며(딤전 4:8), 절대적 의미의 '조에' 이다(막 9:43). 참 생명은 영원하고(막 10:17; 롬 2:7; 갈 6:8) 구원과 결부되어 나타난다. 참 생명이란 얻고 받고 그 안에 들어갈 수 있는 것이다(막 10:17; 10:30; 9:43-44). 신약에서는 육체적인 생명보다 참 생명 즉 영원한 생명에 깊은 관심을 기울이고 있다. 그래서 "영원한 생명을 얻기 원하면"(막 10: 17; 눅 18:18; 10:25; 벧전 3:7) 혹은 "영원한 생명에 들어가기를 원하면"(마 7:14; 19:18)이라는 표현이 자주 사용된다.[42]

요한복음에 의하면 인간은 거듭남을 통해서 성령으로 그리스도의 생명을 공유하게 되며 하나님의 자녀가 된다(요 1:12). 여기에서의 '생명'은 '조에'(zoe)인데, 이것은 영원한 생명을 의미한다.[43] 예수께서는 오병이어의 기적을 행하신 후에 자신을 "생명의 떡"(요 6:51)이라고 계시하시고, "이 떡을 먹는 자는 영원히 살 것이라"(요 6:51, 58)고 확언하신다.[44] 여기에서의 생명은 참 생명 즉 영원한 생명으로서 케리그마로서 선포되는 예수의 말씀에 대하여 응답하는 자에게 주어지는 생명을 의미하는 것이다. 그래서 예수께서는 "내 말을 듣고 나 보내신 이를 믿는 자는 영생을 얻었고 심판에 이르지 아니하나니 사망에서 생명으로 옮겼느니라"(요 5:24)라고 말씀하신다.[45] 이 생명은 아들에 대한 결단과 긴밀하게 연결되어 있다. 그러므로 성경은 선언한다. "아들을 믿는 자는 영생이 있고 아들을 순종치 아니하는 자는 영생을 보지 못하고 도리어 하나님의 진노가 그 위에 머물러 있느니라"(요 3:36).

---

42) Ibid., 337.
43) 이 달, "구원과의 관계성에서 살펴본 생명", 51.
44) Ibid., 53.
45) Ibid., 52

이상과 같은 점에서 생각해 볼 때 성경에서는 육체적인 생명과 영적인 생명을 용어적으로 명확히 구분하기보다는 통전적으로 나타내고 있으므로 용어를 가지고 육적 생명 혹은 영적 생명을 구분하는 것은 바람직하지 않다고 본다. 그러나 구약에서 생명은 하나님의 선물이며, 항상 하나님과 연결되는 것으로 이해된다는 점에서 하나님을 알고 하나님과 연관된 생명이 참 생명이며, 신약에서는 하나님의 보내신 자 그리스도를 알고 그 분을 믿는 자가 참 생명 즉 영생을 소유한다는 것을 명확히 하고 있다. 신약에서는 이 땅에서의 생명보다는 이 참 생명 즉 영원한 생명에 대한 관심이 매우 높은 것을 알 수 있다. 그래서 사도바울은 인간의 육적인 생명(롬 8:12)은 무익하고 무가치하며(엡 2:12), 결국 죽음에 이르는데 비하여(롬 5:14; 6:21; 7:5), 영적인 생명은 무한한 가치가 있으며(빌 3:7), 마지막 아담이셨던 그리스도는 바로 이 생명을 얻도록 하기 위하여 자신의 육적인 생명을 바치셨음을 강조한다(롬 5:17-18; 고전 15:22, 45).[46] 그리고 부활하신 주님은 계속해서 이 생명 얻는 도를 온 세상에 전파하도록 제자들을 보내셨고(마 28:18-20; 행 1:8), 이런 이유 때문에 성도들은 이 세상에서 순교를 당하더라도 이 세상에서의 생명을 포기하고 순교를 선택했다. 그 같은 철저한 신앙 때문에 기독교 신앙은 오늘 우리에게까지 전해져 내려올 수 있었다. 이러한 신앙이 아니었다면 기독교 신앙은 벌써 이 땅에서 사라졌을지도 모른다.

이런 점에서 본다면 에큐메니칼 진영에서 말하는 생명 살림개념은 이 땅에서의 생명 살림에 관하여는 많은 관심을 갖는 반면, 영원한 생명을 얻게 하는 일에는 다소 미흡한 면이 있다고 진단해볼 수 있겠다. 물론 에큐메니칼 진영은 이러한 것을 구분하는 것 자체를 이분법적인 사고라고 생각한다. 참된 영성은 전 인

---

46) 물론 이 영원한 생명은 미래적인 것임과 동시에 현재의 역사적인 실재이고(롬 6:4, 11, 13; 8:2-10), 세례에 의해 그리스도의 죽음과 부활에 연합함으로 신자들에게 시작된 영원한 생명은 (롬 6:4) 지금 이곳에서도 역사하는 생명인 것이다. 중요한 것은 먼저는 그리스도와 연합함으로 영원한 생명을 얻는 것이 우선적인 것이며, 그것이 먼저 있을 때 이 땅에서의 참 생명이 가능케 되어진다는 것이다.

격의 통전성(몸과 영혼)과 공동체의 온전성(사회적, 경제적, 정치적 및 문화적 경계선을 초월하여 새로운 종류들의 공동체를 형성하는)을 통하여 표현되며, 몸과 영혼, 개인과 사회, 인간과 자연이 분화될 수 없다고 본다.[47] 이런 점에서 이 땅에서의 생명과 영원한 생명을 구분하여 생각하는 것 자체를 매우 못마땅해 하는 경향이 있다. 그러나 앞에서도 본 바와 같이 성경은 이것을 구분하고 있는 것이다. 또한 한쪽(육적인 생명)을 강조하면 다른 쪽(영적인 생명)이 약화되는 인간의 한계 또한 직시할 수 있어야 한다.[48]

물론 에큐메니칼 진영이 영생을 얻게 하는 일에 전혀 관심을 갖지 않는다고 보아서는 안 된다. 아울러 에반젤리칼 진영이 창조세계에서의 생명 살림에 대하여 소홀히 할 때에 에큐메니칼 진영이 일찍부터 관심을 가지고 이 방면에 관심을 갖도록 공헌한 것은 참으로 귀한 일이 아닐 수 없다. 다만 에큐메니칼 진영의 생명 이해가 좀더 통전적이 되기를 바라는 마음을 가지고 하는 말이다. 그리스도께서는 영생을 주시기 위하여 자신의 생명까지 내어 주셨고, 지속적인 구원사역을 위하여 제자들과 우리들을 보내신다는 점에서 그리스도의 관심은 영적인 생명을 갖게 하는 데 깊은 관심을 지니셨다. 그리스도께서는 내세에서의 삶을 위하여 현세의 행복을 유보할 수 있고 심지어는 현재의 생명까지도 포기할 수 있는 자가 복 있는 자라고 말씀하였다(마 10:28).[49] 내세의 영원한 행복을 위하여 죄를 범하는 손, 발, 눈까지라도 뺄 수 있어야 한다고 주님은 역설하셨다는 것을 기억해야 한다(마 5:29-30).[50]

---

[47] 이형기, "생명 살리기 운동 10년의 신학적인 방향과 비전", 128-129.
[48] 이런 점에 대하여 이형기는 "복음과 교회의 정체성에 안주하는 한 교회의 사회 참여를 소홀히 여기게 되고, 교회의 사회참여에 전념하다 보면 복음과 교회의 정체성을 상실하고 헤매지 않나 하는 문제가 오늘 우리 한국에서까지 심각한 문제로 등장하고 있다"라고 말하고 있다. 이형기, "WCC에 나타난 교회와 사회문제", 『역대총회종합보고서』, 569.
[49] "몸은 죽여도 영혼은 능히 죽이지 못하는 자들을 두려워하지 말고 오직 몸과 영혼을 능히 지옥에 멸하시는 자를 두려워하라" (마 10:28).
[50] "만일 네 오른 눈이 너로 실족케 하거든 빼어 내버리라 네 백체 중 하나가 없어지고 온 몸이 지옥에 던지

많은 사람들이 예수께 나아와서 병 고쳐주시기를 요구했고, 그들은 허탈한 상태로 돌아간 적이 없었다. 그러나 만일 그들의 병을 고쳐 주심이 예수께서 그들에게 줄 수 있었던 보다 큰 축복이었던 영생의 축복의 한 징표에 불과하다는 사실을 이해하지 못했다면 그들은 본질을 놓친 것이다. 만약 예수께서 병을 고쳐주시거나 빵을 먹여주시는 것에 강조점을 두셨다면 이스라엘에 있는 모든 병자를 고쳐주시고 모든 가난한 자들을 먹이셔야 했을 것이다. 그러나 이런 일들은 하나님의 위대한 축복을 단지 예시하는 것에 불과하다. 그런 것들은 영생으로 솟아나게 하는 샘물이 되는 물을 예시하는 것일 뿐이었다.[51] 즉 주된 강조점은 현세에서의 삶보다 영원한 삶에 있었다고 할 수 있다. 예수께서 자신을 따르는 사람들을 향하여 토지와 전토 친척 그리고 심지어 생명까지도 포기하면서 영생을 추구하도록 명하신 사실 (눅 9:23-24, 눅 9:60, 눅 9:28-30)에서도 우리는 영적생명을 증진시키는 일에 더욱 관심을 지니는 것이 마땅한 것임을 알 수 있다.

이런 점에서 볼 때 생명 살림을 강조하면서 영적인 생명을 구하는 일에 관심을 많이 쏟지 못하는 것은 균형을 잃은 것이라 아니할 수 없다. 에반젤리칼 진영의 생명이해가 지나치게 영적인 생명 쪽으로 기울어진 반면에 에큐메니칼 진영의 생명이해도 지나치게 현세의 생명 쪽으로 기울어져 있음을 볼 때에, 통전적인 방향 정립이 요구되는 것이다.

2) 생명 살림의 통전적 방향

에큐메니칼 진영의 생명 살림에 대한 관심은 시의 적절하고 반드시 필요한 것임에도 불구하고, 다소 현세적인 생명에 지나치게 집중되어 있다는 사실을

우지 않는 것이 유익하며 또한 네 오른 눈이 너로 실족케 하거든 찍어 내버리라 네 백체 중 하나가 없어지고 온 몸이 지옥에 던지우지 않는 것이 유익하니라" (마 5:2-30).
51) J.Hreman Bavinck, 『기독교 선교와 세계 문화』, 권순태 역(서울: 성광문화사, 1987), 205.

언급하였다. 예를 들어 1973년 방콕 대회는 구원을 4가지 차원으로 묘사 하였는데, 그것은 (1)착취와 반대되는 경제적인 정의, (2)억압과 반대되는 인간의 존엄성, (3)소외와 반대되는 연대, (4)인간 삶에 있는 실망과 반대되는 소망을 위한 투쟁 등으로 다분히 현세에 치중된 생명이해와 구원이해를 나타내었다.52) 또한 제 8차 하라레 총회에서 새로운 세기의 공동의 소명을 6가지로 논의하였는데, 그 내용을 보면 다음과 같다. (1)일치에 관한 소명으로 성례전적 친교를 통한 교회의 가시적 일치를 이루는 일에 관심을 둔다. (2)정의와 평화에 관한 소명이다. (3)공동의 에큐메니칼 여정에 관한 소명으로 에큐메니칼 운동에 참여하는 교회와 기구들 사이의 커뮤니케이션을 추구한다. (4)상호 배움에 관한 소명으로 종교 간의 상관관계와 세계의 문화적 종교적 다원성을 고려한다. (5)선교와 공동증언에 관한 소명으로 전도와 증언을 통한 복음 전달의 과정에서 개종주의로 인해 야기되는 문제를 해결해야 한다. (6)연대적 실천에 관한 소명으로 남북통일의 문제, 동서 화합의 문제, 환경 보전의 문제 등을 다룬다.53) 이것을 가만히 보면 선교의 다른 측면에 관하여는 많은 논의가 있는 반면 정작 가장 중요한 사역인 복음 전도에 관한 것은 겨우 하나를 다루었고, 그것도 개종주의로 인해 야기되는 문제를 해결해야 한다는 말을 함으로써 전도의 기를 꺾어놓는 분위기를 만들고 있다.

물론 보수적인 진영에서 그런 것처럼 지나치게 저 세상의 생명에만 관심을 갖고 이 땅에서의 생명 살림에 대하여 무관심한 것은 분명 문제이다. 그러나 반대의 경우로 이 땅의 생명 살림에만 관심을 기울인 나머지 영원한 생명을 얻게 하는 일에 소홀히 하여 버려진 영혼들을 영생으로 인도하지 못하는 것도 큰 문제

---

52) World Council of Churches, *Bangkok Assembly 1973: Minutes and Report of the Assembly of the Commission on World Mission and Evangelism of the World Council of Churches* (Geneva: World Council of Churches, 1973), 98.

53) World Council of Churches, *Together on the Way : Official Report of the Eighth Assembly of the World Council of Churches*, Diane Kessler, ed.(Geneva: WCC Publications, 1999), 136-148.

가 아닐 수 없다. 이런 점에서 독일 삭소니의 감독 이멜즈(Ihmels)는 "우리 인간이 하나님의 왕국을 지상에 건설해야 한다고 생각하는 것보다 더 잘못되고 위험스러운 생각은 없다"54) 고 말하였는데, 좀 편향된 시각이긴 하지만, 지나치게 이 땅에서의 생명 살림에만 관심을 갖는 사람들에게 하나의 경종이 되어질 수 있다고 보인다. 생명 살림에 대한 강조가 자칫 이 세상에서의 생명에로만 관심이 모아져서 성경이 역점을 두고 있는 영원한 생명을 살리는 일에 대한 강조가 무시되지 않을까 하는 우려를 갖게 된다. 이 세상에만 관심을 갖는 나머지 구속사와 세속사의 질적 차이가 없어지고 교회와 세상이 정의와 평화의 나라에서 합류하게 될 수 있는 가능성도 배제할 수는 없다.55) 즉 하나님의 나라가 철저하게 역사내적인 것으로만 머무르면, 역사를 초월하여 하나님의 권능 가운데 임하는 초월적 하나님의 나라의 측면은 거의 무시되기 쉽다.56) 이 같은 경향이 가져올 수 있는 가장 심각한 문제는 복음화에 대한 열정의 위축이다. 헤셀그레이브(Hesselgrave)는 이 같은 결과를 다음과 같이 보여주고 있다.

> … 세계 복음화에 대한 복음주의자들이 점증되는 관심을 가진 것과 동시에 에큐메니칼 편에서는 그 관심이 쇠퇴하고 있다. 복음화(선교기관과 거기 속한 선교사들과는 반대로)는 교회들의 책임이라는 반복되어 온 에큐메니칼측의 선언이 이 사실을 입증하지 못한다. 통계적으로 미국 NCC의 해외선교분과(DOM)에 속한 선교사는… 숫자상 1969년(8,279명)에 비해 오늘(4,349명)에는 약 절반 정도 밖에 되지 않는다. 그러나 복음주의적 협회들(IFMA & EFMA와 같은)과 독립적(주로 복음주의적)선교회에 관련된 선교사의 수는 같은 기간 동안 꾸준하면서도 극적인 증가를 보여 왔다

---

54) Nils Ehrenstrom, "Movements for International Friendship and Life and Work 1925-1948", in *A History of the Ecumenical Movement*, ed. by Ruth Rouse and S. C. Neill(London: S.P.C.K, 1967), 434.
55) 실제로 헤셀그레이브(D. J. Hesselgrave)가 지적하는 것처럼, 에큐메니칼 진영은 "세상의 제단에 선교를 희생시키는 모험을 감수한다. 인간성의 상실, 개종의 필요, 교회확장의 중요성, 그리스도의 유일성 등 하나 하나 선교와 신앙의 본질을 배 밖으로 던져 버리는 경향이 있다." D. J. Hesselgrave, *Today's Choices for Tomorrows Missions*, 장신대세계선교연구원 역, 『현대선교의 도전과 전망』 (서울: 한국장로교출판사, 1991), 104.
56) 이형기, "해방신학이 함축하는 '정의와 평화'의 신학적 근거에 대한 비판", 『교회와 신학』 제 22집(1990), 36.

(25,001명에서 35,620명으로).57)

위의 자료에서 보듯이 현세에서의 생명 살림에 강조를 두고 있는 에큐메니칼 진영의 복음화에 대한 열정은 계속 식어가고 있다. 현세에서의 생명을 살리는 일에는 깊은 관심을 두지만, 영적인 생명을 살리는 복음화에는 개종주의, 식민주의 잔재, 제국주의적 자세 등의 딱지 등을 붙이면서 피해야 할 일로 치부하고 있는 실정이다. 전 세계적으로 제3세계를 중심으로 교회들이 성장하고 있다고는 하지만, 서구 세계의 교회는 이미 하향 길을 걸은 지 오래이다. 과거에 수많은 선교사를 보냈던 영국의 대교회들이 술집이나 회교 사원으로 팔려가는 상황이다. 데이비드 바렛트는 일찍이 유럽과 북미에서 매주일 평균 53,000명의 그리스도인들이 매주일 지속적으로 교회를 떠나고 있다고 추정했다.58) 제3세계 교회에 이러한 상황이 밀려오지 오지 않으리라는 보장이 어디 있겠는가?

역사상 유례를 찾아볼 수 없는 급성장을 경험한 한국교회 역시 마이너스 성장의 철퇴를 맞고 있는 실정이다. 이 땅에서의 생명을 살리는 일이 말할 수 없이 중요하다. 그러나 이 땅에서의 생명을 다 살렸다고 그것이 하나님의 나라는 아니지 않는가? '생명 살림' 운동을 통해서 목표하는 바를 다 이루는 것도 쉽지 않겠지만 설사 그것이 다 이루어진다 한들 그것을 하나님의 나라라고 말할 수는 없을 것이다. 자신의 생명을 내주면서까지 우리에게 영생을 주셨던 주님께서 우리의 생명까지 내걸고 다른 사람에게 영생의 선물을 전하라고 명하셨는데, 이 땅에서의 생명 살림에만 치중하는 것은 확실히 균형감을 잃은 것이 아닐 수 없다.

다시 한번 말하거니와 생명을 존중하고 생명을 잘 살릴 수 있는 운동은 너무나 중요하다. 그러나 여기에서 끝나면 그것은 세상의 단체들이 하는 생명운동과

---

57) D. J. Hesselgrave, 『현대선교의 도전과 전망』, 126.
58) David B. Barrett & James W. Reapsome, *Seven Hundred Plan to Evangelize the World: The Rise of a Global Evangelization Movement*(Birmingham: New Hope, 1988), 7.

크게 다를 바가 없는 생명운동이다. 그것은 환경단체나 평화단체의 관심과 별반 다를 것이 없게 된다. 기독교의 생명운동은 여기서 한 걸음 더 나가야 한다. 기독교만 할 수 있는 생명운동을 펼쳐야 한다. 그것은 바로 생명의 주인이신 예수 그리스도를 널리 전하는 것이다. 예수 그리스도의 생명을 전하도록 힘써야 한다. 그 분은 우리가 이 세상에서의 생명을 잘 보존할 뿐 아니라 세상에서의 생명 너머의 생명을 갖게 되기를 원하신다.[59] 이런 점에서는 우리는 통전적인 생명 살림의 이해를 지닐 필요가 있는 것이다.

요약 및 전망

생명 살림 개념은 우리의 터전인 지구의 생태계 위기와 우리에게 밀어닥치고 있는 총체적 생명 죽임의 현실 앞에서 보다 포괄적이고 통전적인 개념으로 등장하였고, 1980년대 이후로 에큐메니칼 신학의 가장 핵심적인 용어가 되어 오고 있음을 살펴보았다. 에큐메니칼 진영에서는 생명 살림을 구체적으로 실천하기 위하여 다양한 운동을 전개해오고 있는데, 이 같은 운동들은 JPIC(Justice, Peace, Integrity of Creation) 운동으로 가장 잘 표현되어질 수 있다는 점에서 정의, 평화, 창조질서 보전 등과 연관하여 생명 살림에 대한 에큐메니칼 진영의 신학적 입장 등을 살펴보았다. 즉 생명 살림 개념의 등장 배경과 구체적인 관심 영역 등을 살펴보면서 생명 살림의 주된 관심과 방향 등을 분석하여 보았다.

이러한 분석의 결과 생명 살림 개념은 현 시대에 꼭 필요한 개념이며 교회가 온 힘을 기울여 참여하여 실천해야 할 영역임을 살펴보았다. 또한 이 개념은 분

---

[59] 이종록, "성서적 고찰로 본 생명", 『그리스도께서 주신 생명과 평화』, 대한예수교 장로회 총회교육부 편 (서울: 한국장로교출판사, 1996), 45.

명한 성경적 근거위에서 우리로 하여금 창조세계와 그 안에 있는 생명들을 보는 편협한 시각에서 벗어나 통전적인 시각을 갖도록 도와주고 생명을 살리는 일에 동참하도록 도전하는 기여를 하고 있음을 보았다. 이러한 일은 교회들의 세계적 연합 기구인 WCC로서 당연히 해야 할 일임에 틀림없고, 실제로 WCC는 생명 살림을 위한 일에 많은 공헌을 하여왔다. 그러나 그럼에도 불구하고 에큐메니칼 진영이 지니고 있는 생명 살림의 개념과 그 운동은 한쪽으로 치우치는 경향이 있음도 보게 되었다. 즉 에큐메니칼 진영에서 말하고 실천하는 생명 살림의 주된 관심은 이 땅에서의 생명에 관심을 기울인 나머지 영원한 생명에 관해서는 거의 관심을 기울이지 않는 경향을 보인다. 이런 이유로 에큐메니칼 진영은 영원한 생명을 구원하는 복음전도에 대한 열정을 점점 상실해 감을 보여주고 있다. 물론 에큐메니칼 진영이 복음전도에 대하여 말하지 않거나 복음전도를 실천하지 않는다는 것은 아니다. 다만 당연히 주어져야 할 만큼의 강조가 주어지지 않는다는 것이다. 에반젤리칼 진영에서 영원한 생명에는 관심을 보이는 반면 이 땅에서의 생명에 많은 관심을 보이지 않는 오류를 범하는 것처럼 '생명 살림'을 주장하는 에큐메니칼 진영에서는 영원한 생명을 얻게 하는 일에는 거의 관심을 보이지 않는 것이 또한 사실이다.

교회는 세상의 단체들과 다르다는 사실을 결코 잊어서는 안 된다. 교회가 하는 생명 살림 운동은 이 땅에서의 생명 살림 운동을 넘어서야 한다. 그래야 교회의 생명 살림 운동이다. 또한 영적인 생명 살림이 있어야 세상에서의 생명 살림을 할 수 있는 에너지를 얻게 되는 것이다. 영국 교회처럼 교회가 술집이나 회교 사원으로 넘어가는 상황이 된다면 생명 살림을 위해 일할 수 있는 교회 자체가 없는 상황에서 생명 살림을 논하는 것이 무슨 의미가 있겠는가? 이런 점에서 교회가 말하는 생명 살림은 세상이 말하는 생명 살림과 달라야 한다. 그것은 영적인 생명을 시여받은 사람들로부터 시작되며, 영적인 생명을 시여하는 운동으로 나가야 한다. 이것이 통전적인 생명운동이고 한국교회가 추구해야 할 생명운동의 방향이 아닌가 싶다.

현대선교의 핵심 주제 8가지

주제 VI. 하나님의 나라 THE KINGDOM OF GOD

'하나님의 나라'를 말할 때 에큐메니칼 선교는 하나님 나라의 현재성 혹은 역사성을 나타내는 "이미"(already)를 강조하는 반면, 복음주의 선교는 하나님 나라의 내세성 혹은 초월성을 나타내는 "아직 아니"(not yet)를 강조하는 경향이 있다. 선교에 있어서 핵심적 개념 중의 하나인 하나님의 나라 이해의 바람직한 방향은 어떤 것일까?

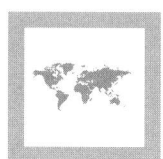

'하나님의 나라'는 예수 그리스도의 중심 메시지 중 하나였다. 이 하나님의 나라는 선교사역에 있어서도 매우 중요한 의미를 지니는데, 선교라는 것이 곧 하나님 나라 완성의 사역에 동참하는 인간들의 활동이기 때문이다. 그런데 하나님 나라 라는 용어를 사용할 때 모두가 같은 의미를 가지고 사용하는 것은 아니다. 즉 다같이 하나님 나라 라는 용어를 사용하면서도 나름대로의 하나님 나라 이해 혹은 강조점을 지니고 있다. 예를 들자면, 에큐메니칼 선교는 하나님 나라의 현재성 혹은 역사성을 나타내는 '이미'(already)를 강조하는 반면, 복음주의 선교는 하나님 나라의 내세성 혹은 초월성을 나타내는 '아직 아니'(not yet)를 강조하는 경향이 있으며[1], 이와 같은 이해는 각각의 선교의 방향을 결정짓는 데 결정적인 역할을 하고 있다.

'하나님의 나라'라는 용어는 세계 교회 협의회에서 창안한 용어가 아니므로 본장에서는 이 용어의 생성 배경에 대하여는 논의하지 않고 다만 협의회에서 이

---

1) 김은수, 『현대선교의 흐름과 주제』(서울: 대한기독교 서회, 2001), 315.

해하는 '하나님의 나라' 이해의 특징이 무엇이며, 그에 따른 선교의 방향을 집중적으로 조명해 보고자 한다. 아울러 협의회의 '하나님의 나라' 이해의 특징을 평가하는 기준으로 먼저 성경이 말하는 '하나님의 나라' 의 특징을 간략히 살펴보고자 한다.

1. 성경이 말하는 하나님의 나라

세계교회협의회의 하나님 나라 이해를 살펴보기 전에 먼저 성경이 말하는 하나님 나라를 살펴보고자 하는데, 특별히 하나님 나라를 이 땅에 가져오신 예수 그리스도의 하나님 나라에 관한 가르침을 중심으로 고찰하고자 한다. 이러한 가르침을 기준으로 삼을 때 협의회가 지니는 하나님 나라에 대한 바른 평가가 이루어질 수 있을 것이기 때문이다.

1) 점진적으로 성장해 가는 나라

하나님 나라 오심의 표적에 대하여 묻는 질문에 대하여 예수께서는 "하나님의 나라는 볼 수 있게 임하는 것이 아니요 또 여기 있다 저기 있다고도 못하리니 하나님의 나라는 너희 안에 있느니라"(눅 17:20-21)라고 말씀하셨다. 이 말씀은 하나님 나라의 오심에 대하여 묵시주의자들이 기대하는 것과 같은 외적인 혹은 우주적인 표적을 기대하지 말라는 것을 내포하고 있다.[2] 즉 예수의 가르침 속에서 우리는 하나님의 나라가 유대 묵시문학이 기대하는 것과 같은 급진적인 변화나 젤롯당이 기대하는 정치 사회적 혁명을 통해서 일어나지 않는다는 것을 짐작

---

2) Mortimer Arias, *Announcing the Reign of God* (Philadelphia: Fortress Press, 1984), 14.

할 수 있다.

예수께서 가르치신 천국의 비유 가운데 겨자씨의 비유나 누룩의 비유(막 4:30; 마 13:33; 눅 13:20-21)에 의하면 하나님의 나라는 매우 미미하게 시작되어 믿음이 없는 사람들의 눈에는 아예 보이지도 않을 정도이다. 적은 양의 밀가루 반죽에 누룩이 들어가서 작용을 할 때에 아무것도 일어나지 않는 것처럼 보인다. 그러나 무언가 미세한 작용이 지속적으로 일어나고 그것은 결국 밀가루 덩어리 전체를 완전히 바꾸어 놓는 결과를 가져오는 것이다.[3] 누룩이 이같이 눈에 보이지 않게 역사 하여 결국 전체 밀가루 덩어리를 바꾸듯이 적게 시작된 하나님의 나라 역시 전 세계에 영향을 주면서 전 세계를 바꾸는 것이다.

물론 다니엘이 예언한 것 같이 모든 인간의 왕국을 뒤엎고 승리의 왕국으로 임하는(단 2:44) 하나님 나라의 측면이 없는 것은 아니다. 하나님의 나라가 완성되기 이전에 초월적인 인자의 활동도 있을 것이다(단 7:13-17). 하나님 나라 완성에 앞서서 전 우주적인 심판과 변화와 새로워짐이 있을 것이다(마 24장; 막 13장). 그러나 예수께서 강조하신 것은 하나님의 나라가 무력이나 극적인 시위에 의하여 시작되는 것이 아니라 누룩을 넣거나 씨를 뿌리는 것과 같은 미미해 보이는 활동으로 시작된다는 것이다.[4]

2) 사회 변혁보다는 개인의 회심을 통해 이루어지는 나라

하나님 나라에 대한 예수의 가르침 속에는 정치, 사회, 경제적인 프로그램이 없다. 예수께서는 하나님의 나라가 사회 정치 경제적인 발전이나 개혁을 통해서 이루어질 것이라고 말씀하시지 않는다. 아울러 예수께서는 불의에 물든 시대 속에 오셔서 그 사회를 당장 에 개혁하시거나 심판하시지 아니하셨다. 오스카 쿨

---

3) George E. Ladd, *A Theology of the New Testament* (Grand Rapids, MI: W.B. Eerdmans Publishing Co., 1974), 99.
4) Ibid., 101.

만이 말하듯이 "예수께서는 개인들의 회심에 대하여 관심을 가지신 반면 사회 구조의 개혁에는 관심이 없으셨다."[5] 니고데모가 종교적 지식과 도덕적 자질에 있어서 필적한 만한 사람이 거의 없을 만큼 탁월한 존재였음에도 불구하고 그에게 거듭나지 아니하면 하나님 나라에 들어갈 수 없음을 강조함으로써 중생의 필요성을 역설하였다.[6] 그 나라는 기본적으로 개개인의 회심을 통해서 이루어지기 때문이다. 하나님의 나라는 각 개인들이 악과 고난으로 얼룩져진 사단의 나라에서 회개함으로 해방되고, 하나님을 왕으로 고백하여 하나님과의 올바른 관계를 회복함으로 말미암아 하나님의 백성의 공동체에 들어감으로 이루어져 가는 것이다.

물론 이 말은 예수께서 가져오시는 하나님의 나라에 혁명적인 요소가 전혀 없다는 것을 의미하지는 않는다. 예수께서 가져오신 하나님의 나라는 기존에 풍미하던 삶의 방식과는 철저히 대조되는 삶의 방식을 요구하는 면이 있다. 그 나라의 가치는 기존 사회에서 당연히 받아들여지는 삶의 방식들을 도전하며 변혁할 것을 요구한다. 그러나 이러한 혁명적인 요소는 통치 구조에서부터 시작되는 것이 아니라 개인으로부터 시작되는 것이다. 즉 이 혁명은 개인의 가슴을 바꾸는 것으로부터 시작되는 것이다. 그것은 기존의 가치에서 벗어나 새로운 규칙과 코오치를 기꺼이 따르는 사람들로부터 시작되는 것이다.[7] 그리고 이러한 사람들의 삶을 통하여 점차로 하나님의 나라는 확산되어져 나가는 것이다.

3) 하나님의 선물과 잔치로서의 하나님 나라

예수께서 하나님 나라를 말씀하실 때에 흔히 쓴 동사들은 그것이 "온다"(마

---

5) Oscar Cullman, *Jesus and Revolutionaries*, Gareth Putnam, trans (New York: Harper & Row, 1970), 55.
6) D. J. 헤셀그레이브, 『현대선교의 도전과 전망』, 187.
7) Donald B. Kraybill, *The Upside-Down Kingdom*(Scottdale, Pennsylvania: Herald Press, 1990), 17-19.

6:10; 눅 11:2; 막 9:1; 눅 17:20; 22:18) 또는 "당도한다"(막 1:15; 마 4:17; 마 10:7; 눅 10:9; 눅 21:31) 는 표현과 그것을 하나님이 사람들에게 "주신다"(눅 12:32; 눅 22:29; 막 4:11) 는 표현 그리고 하나님의 나라에 대해 인간이 하는 행위는 주로 "들어간다"(막 10:15; 눅 18:17)와 "받다"(마 25:34) 등의 표현이 주로 쓰였다. 반면에 예수께서는 우리가 즐겨 쓰는 하나님 나라를 "이룬다" 또는 "확장한다" 등의 동사를 일체 쓰지 않았다. 이런 언어 사용에서 두드러지는 사실은 예수께서는 하나님 나라의 초월성을 강조하면서 하나님 나라는 인간의 노력이나 투쟁으로 이루는 것이 아니라 인간을 향한 하나님 자신의 행위라는 것을 강조하고 있음을 시사해준다. 그 나라는 바리새인들의 공로의 원칙이나 엣센파의 엄격한 율법 준수 그리고 열혈당의 혁명 활동 등으로 이루어내는 것이기 보다는 하나님 자신에 의해 이루어진다.

즉 하나님의 나라는 하나님의 주권에 의해 오는 것이고, 인간은 다소 수동적으로 그 복을 받는 면이 강하다.[8] 하나님 나라의 실현에 있어서 중요한 것은 그 나라를 이루어 가시는 하나님의 주권이며, 이런 점에서 하나님의 나라는 선물의 성격이 강한 것이다.

4) 인간의 책임적인 동참을 요구하는 나라

앞에서 살펴본 것 같이 하나님의 나라는 기본적으로 하나님의 신비로운 역사하심으로 말미암아 온다. 그것은 절대적인 하나님의 주권으로 완성되는 것이며, 이런 점에서 그것은 하나님의 선물이다. 그러나 그렇다고 해서 하나님 나라 확장에 있어서 인간은 아무런 역할도 하지 않는 로봇 같은 존재라는 것은 아니다. 하나님은 계속해서 인간을 하나님 나라 사역에로 부르시면서 동참을

---

8) 김세윤, 『예수와 바울』, 52.

요구하신다. 이와 같은 하나님의 요구가 유대인들에게는 좀 낯선 메시지일 수 있다. 그들의 이해 속에 하나님의 나라는 인간의 개입이 필요 없으며 마지막 날에 갑작스런 하나님의 역사하심으로 이루어지는 것이라는 성격이 강하기 때문이다.[9]

하나님 나라가 인간의 동참을 요구하는 나라라고 할 때에 그것은 두 가지 측면에서 생각할 수 있다. 첫째, 하나님 나라로 오라는 초청이 주어질 때에 그것을 받아들이는 인간에게 하나님 나라는 이루어지는 것이다. 하나님의 나라는 받아들여질 수도 있고 거부되어질 수도 있는 것이다.

씨 뿌리는 비유에서 드러나듯이 하나님 나라의 복음이 인간들의 마음 밭에 떨어질 때에 그것이 잘 받아들여지고 열매를 맺을 때에 하나님 나라는 이루어지는 것이다(마 13:18-23). 감추어진 보화의 비유에서 드러나듯이 하나님의 나라는 그 나라의 중요성을 인식하고 모든 것을 팔아 그것을 받아들이는 자에게 임하는 것이다(마 13: 44-46).

둘째, 하나님의 동참 요구는 하나님 나라가 이루어져 가는 과정에서 그의 백성들에게 주어지는 것이다. 하나님은 끊임없이 그의 나라 확장을 위한 사역에 그의 백성들을 보내신다. 예수께서도 '하나님 나라'를 선포하고 치유하도록 제자들을 보냈다(막 3:31; 마 10:7-8; 눅 19:9). 제자들의 선포에 따라 회개와 믿음으로 하나님 나라를 '받아들이는' 사람들 위에 하나님의 주권이 확립되고(곧 하나님의 나라가 '오고') 그들은 하나님 나라에 '들어가게' 된다. 이런 의미에서 제자들의(또는 교회의) 하나님 나라 선포와 치유 활동은 하나님 나라의 '확장' 운동이라고 말할 수 있는 것이다.[10]

---

9) Arthur F. Glasser, *Kingdom and Mission*, Unpublished Edition (Pasadena, CA: Fuller Theological Seminary, 1989), 164.
10) 김세윤, 『예수와 바울』, 52.

5) 역사성과 초월성을 동시에 지니는 나라

예수께서는 하나님 나라를 잔치로 많이 비유하였다(마 8:11; 눅 14:15-24; 막 14:25). 하나님이 주인으로서 베푸는 잔치에 참여하여 풍성한 음식을 먹고 마시어 배부름, 곧 만족함을 얻고 기쁨을 얻는 것을 의미한다. 이것은 피조물의 한계성과 결핍 속에 갇혀 죽어가는 인간들이 부요한 하나님과의 사랑의 관계로 회복되어 그의 무한에 참여함으로써 구원을 얻게 되는 것임을 강하게 상징하고 있는 것이다. 그 나라에서 백성들은 아들 됨(눅 15:11 이하), 부활의 생명 곧 영생(눅 20:34-35, 마 25:46) 즉 완전한 구원을 얻고 모든 인간의 결핍과 고난과 슬픔이 종식되는 기쁨을 맛보게 되는 것이다. 이 같은 구원은 종말에 오는 세상 속에서 완전하게 이루어질 것이다.

그러나 하나님 나라의 이와 같은 초월적인 측면 못지않게 많이 나타난 것은 하나님 나라의 역사성이다. 즉 하나님 나라가 오는 세상에서만 이루어지는 것이 아니라 예수의 사역을 통하여 현재 여기서 실재가 되어 일어나고 있다는 사실이다. 예수께서는 하나님의 구원 사에서 '율법과 선지자들'의 시대가 세례요한으로 끝나고, 자신의 사역과 더불어 새로운 시대 곧 하나님 나라의 시대가 와 하나님의 통치가 강력히 역사하고 있으며 사람들이 그 통치의 영역으로 들어가고 있음을 선언하였다(마 11:12-13; 마 10:7; 막 1:15). 예수께서는 자신이 하나님의 힘으로('성령으로' 또는 '하나님의 손가락으로') 귀신을 쫓아내는 행위를 사단의 세력을 꺾고 하나님의 통치가 구원의 힘으로 나타나는 것 즉 하나님의 나라가 임했음을 증명하는 것으로 말했다(마 12:28; 눅 11:20). 예수께서는 자신이 사단을 "묶었음"을 시사하면서(눅 11:21; 마 12:29) 자신이 사단의 악과 고난의 통치 밑에서 허덕이는 사람들을 지금 벌써 해방시키고 있음을 드러내고 있는 것이다. 이런 점에서 예수의 귀신 쫓아냄과 병 고침은 하나님 나라의 구원의 힘의 시위이며, 악과 고난으로 다스리는 사단의 나라에 있는 사람들을 해방하여 의와 사랑과 생명으로 통치하는 하나님 나라로의 이전을 의미하는 것으로서 예수께서 선포한 하나님 나라에 대한 주해이며 실제화였다.[11] 즉 예수께서 가져오시는 하나님의 나라는 결코 오는 세상에서만 이루어지는 것이 아니라 이 세상에서도 그 실체가 나타나는 것이다. 이런 점에서 하나님의 나라는 초월성과 함께 역사성을 동시에 지니는 것이라 할 수 있다.

6) 모든 사람을 포함하는 나라

이스라엘 백성들이 지녔던 하나님 나라 이해는 유대 민족주의와 깊이 연루되어 있었다. 즉 그들은 은연 중에 이스라엘이 열방 위에 높아지고 그들을 다스리게 되는 나라를 하나님 나라 완성으로 보는 경향이 강했다. 이처럼 이스라엘이 이해한 하나님의 나라는 민족주의적인 성향을 강하게 나타낸 것에 덧붙여서 그 나라는 철저히 율법을 지킨 사람들에게 주어지는 것으로 이해되었다. 즉 가난한 자와 죄인 그리고 병자 등은 율법을 지키지 않은 이들이기에 하나님 나라에서 제외되는 것으로 생각하였다.

그러나 예수께서는 이같이 유대 민족주의와 연관된 하나님 나라의 개념을 철저히 배격하셨다. 물론 예수께서는 그의 사역을 주로 유대인들에게 집중시키는 듯한 모습을 보이시기는 했지만 예수는 그에게 믿음으로 다가온 이방인들에게도 구원을 베푸셨다(막 7:24-30; 눅 17:11-19; 마 8:5-9). 그분은 모든 열방이 그 나라에 참여하게 될 것을 말씀하시면서 믿음이 없는 유대인들은 오히려 제외될 것임을 말씀하셨다(마 12:41; 마 11:22; 눅 10:12; 마 11:24; 눅 13:28; 눅 13:6-9).[12] 결국 예수께서 가져오신 하나님의 나라에는 민족적 경계가 더 이상

---

11) Ibid., 49-50.
12) 김세윤, 『예수와 바울』, 59-60.

의미를 갖지 못하는 것이다. 모든 민족, 모든 계층, 모든 연령의 사람들이 부르심을 받고 그 부르심에 응한 모든 이는 왕국의 백성이 되는 것이다.

2. 세계교회협의회의 하나님의 나라 이해

앞에서 살펴 본대로 예수께서 가르쳐주신 하나님의 나라는 다양한 포괄성을 지니는 나라이다. 즉 하나님 나라의 어느 한 면만을 강조하는 것은 올바른 하나님 나라에 대한 이해라 할 수 없다. 이러한 관점에서 볼 때 협의회의 하나님 나라 이해는 다소 한편으로 치우친 듯한 모습을 보이는데, 어떤 경향이 많이 나타나는지를 살펴보자.

1) 하나님 나라의 초월성보다는 역사성을 강조하는 경향

세계교회협의회에서 강조하는 구원은 총체적 구원이며, 하나님의 구원 의지의 중심은 생의 모든 면을 위한 것(정의, 평화, 이웃과의 화해)이라고 이해한다. 이러한 총체적 구원은 물질적인 풍요와 해방의 성취와 안전의 회복이며 이러한 구원이 이루어지는 것이 바로 하나님 나라의 도래라고 이해한다.[13] 즉 하나님의 나라의 초월적이고 내세적으로 이루어지는 측면에 대하여는 거의 무시하면서 포괄적이고 현재적인 세계 발전을 하나님 나라의 구현으로 보는 경향이 강하다는 것이다.

하나님 나라는 분명히 역사성을 지니고 있다. 이 땅 위에서 그 모습이 이루어진다. 그러나 그 나라는 동시에 초월적인 면도 지니고 있다. 인간이 원하는 가장

---

13) 이동주, 『현대선교신학』 (서울: 기독교문서선교회, 1998), 197.

이상적인 상태가 이루어진다고 해도 그것을 하나님 나라의 구현이라고 볼 수는 없는 것이다. 하나님의 나라의 완성으로 나타나는 완전한 구원 그리고 그로 인해 인간의 결핍과 고난과 슬픔이 종식되는 기쁨은 종말에 오는 세상에서 완전하게 이루어지는 것이다. 그것은 역사 내에 일부 드러나지만 역사 속에서 다 이루어지는 유토피아가 아닌 것이다.

2) 개인적인 죄의 청산보다 구조악의 제거를 강조하는 경향

협의회에서 이해하고 있는 하나님의 나라는 하나님의 부르심에 응하는 사람들에 의해서 이루어진다기보다는 구조적인 악을 제거함으로써 이루어진다고 보는 견해가 강하다. 즉 하나님 나라의 주인되신 하나님과의 관계 개선 없이 스스로의 노력과 투쟁을 통해서 현재의 시민사회와 그 구조를 파괴하여 구조적인 악을 없앨 수 있다는 낙관적인 견해가 지배적이다. 즉 영원한 구원의 소식보다는 사회적 관심을 지나치게 강조하는 경향을 지닌다. 협의회는 기독교에서 개인적인 죄의 청산과 개인적인 구원의 문제는 대수롭지 않은 것처럼 여기는 듯한 인상을 풍긴다.[14]

물론 하나님과의 바른 관계를 지닌 사람들은 사회의 구조적인 악의 척결을 위해 투쟁하고 노력해야 한다. 그러나 회심을 통한 하나님과의 바른 관계 회복이 선행되어져야 할 일이다. 왜냐하면 인간의 가난과 비참과 억압의 원인은 근본적으로 인간의 타락에서 기원되었으며 또 그 결과로 나타나는 것이므로, 예수 그리스도의 대속을 근거로 한 인간의 회심과 하나님의 용서의 사건을 통해서 하나님과 화목한 관계가 형성되고 새로운 피조물이 되는 것(고후 5:7)이 가장 우선적인 것이 되는 것이다. 이 근본적인 것을 도외시한 채 구조적인 악의 청산에만 강

---
14) 데이비드 J. 보쉬, 『변화하고 있는 선교』, 595.

조점을 두는 것은 주객이 전도되는 실수를 범하는 것이다. 구조악을 제거하고 하루아침에 정의와 평화가 이루어지는 나라를 건설하는 것은 열혈당이 추구하는 바와 비슷한 면을 지니고 있다. 예수께서 가르쳐주신 하나님의 나라는 누룩을 넣거나 씨를 뿌리는 것과 같은 미미해 보이는 활동으로부터 시작하여 전체 사회를 변화시켜 나가는 방법을 취하고 있다는 사실을 기억해야 한다.

3) 인간의 해방과 체제를 하나님의 나라와 혼동하는 경향

하나님의 나라는 기본적으로 하나님의 선물이며 하나님에 의해서 주어지므로 역사 안에서의 모든 성취는 상대적이며 최종적인 목표에 단지 가까이 갈 수 있을 뿐이다. 세계교회협의회도 인간의 이런 것들을 잘 인식하며, 인간의 어떠한 힘이나 능력으로 이룰 수 없고 오로지 하나님의 능력에 의해서만 하나님의 나라가 성취될 수 있다는 것을 말한다.[15] 그러나 실제에 있어서 협의회는 인간이 세운 어떤 체제를 하나님의 나라와 동일시하는 경향을 자주 보인다. 예를 들어 1973년 방콕에서 열렸던 세계선교복음화위원회에서 WCC의 총무 포터 (P. Potter)는 선교사 3천 명을 투옥하고 처벌한 모택동을 중국인을 위한 '하나님의 메시아'로 일컬었고, 중국 공산주의자들의 혁명으로 '새로운 중국'을 이룩하게 되었으며, 이것이 해방과 구원을 의미하는 것이고, '새로운 사회'와 '새로운 인간'이 중국에서 표명되었다고 했다.[16]

이처럼 어떤 인간의 체제를 하나님 나라와 동일시하다 보면 자연히 그 같은 체제를 인간이 이루어내었기에 인간이 마치 하나님 나라를 이루어낼 수 있다는 식의 행동주의적 성향을 보일 수 있다. 이동주는 이러한 모습을 보면서 협의회

---

[15] WCC, *Your Kingdom Come: Report on the World Conference on Mission and Evangelism* (Geneva: WCC, 1980), 128.
[16] 이동주, 『현대선교신학』, 199.

의 하나님 나라 이해가 인간 스스로가 새로운 사회 질서를 세우고 새 사회와 새 인간을 창조하려는 마르크스주의의 이념과 비슷한 측면을 지닌다고 주장한다.[17] 보쉬도 하나님 나라의 통치는 본질적으로 '선물'이며 그것은 결코 경험적인 구조와 동일시될 수 없음을 강조하면서, "우리는 하나님의 통치를 우리가 이 세상에서 성취한 것과 혼동하는 죄를 저지를 수 있다"[18]라고 엄중하게 경고하였다.

물론 하나님의 백성들이 주인 되신 하나님의 통치를 실현키 위하여 행동해야 한다. 그러나 기본적으로 하나님의 나라는 인간의 노력이나 투쟁으로 이루어내는 것이 아니라 인간을 위한 하나님의 행위임을 망각해서는 안 된다. 하나님의 나라는 하나님에 의해서 오는 것이고, 인간은 다분히 수동적으로 그 복을 받는 면이 강하다. 인간은 하나님의 나라가 '오기'를 즉 하나님이 그의 주권을 확립시키도록 기도하는 것이 우선적인 것이다.[19] 이 기도를 통하여 하나님의 뜻을 깨닫고 그 분이 주시는 능력으로 하나님 나라 사역에 동참해야 하는 것이다.

4) 교회보다 세상에 주안점을 두는 경향

전통적으로 하나님, 교회, 세상의 관계를 생각할 때에 하나님이 세상을 구원하실 때 교회를 통하여 구원하신다고 이해되었다. 즉 교회는 하나님 나라 확장의 가장 주요한 에이전트로 여겨졌다. 그런데 1952년 독일의 빌링겐 대회에서 호켄다이크(J. Hoekendijk)는 개신교 선교개념이 지나치게 교회중심적 선교라는 사실을 지적하면서 교회중심의 선교를 세계 중심의 선교로 바꿀 것을 주장하였다. 이 같은 호켄다이크의 주장을 받아들여 세계교회협의회는 하나님이 세상

---

17) Ibid., 222.
18) 데이비드 J. 보쉬, 『변화하고 있는 선교』, 743.
19) 김세윤, 『예수와 바울』, 52.

속에서 일하시므로 교회는 하나님이 어느 곳에서 일하시는가를 찾아서 그곳에서 일해야 한다고 생각하게 되었다. 그 결과 과거에는 하나님 – 교회 – 세상의 구도 즉 교회가 선교의 과제를 정하여 추진해 나갔다면, 이제는 하나님 – 세상 – 교회의 구도를 가지고 세상이 선교의 과제를 제공하고 교회는 단지 거기에 참여하여 도울 뿐이라는 견해를 지니게 되었다.[20]

물론 이러한 견해는 세상에 대하여 우월의식을 가지면서 교회 자체의 유지와 번영만을 구가하는 서구 교회, 그리고 교회는 무조건적으로 구원을 소유하면서 그것을 세상에 기여할 수 있다고 생각하는 교만한 자세에 적절한 경종을 울린 면이 없지 않다. 그러나 동시에 이 같은 견해의 영향으로 교회는 더 이상 구원사의 수행자나 전위대이기 보다는 하나의 참여자의 위치로 낮아진다. 나아가서 교회는 선교의 걸림돌이 된다고 까지도 말하기도 한다.[21] 교회의 위치가 이처럼 지나치게 약화되면서 교회가 선교를 감당할 수 있는 힘을 상실하게 되는 모습을 보여준다. 아울러 하나님이 선교하시는 주체이므로 교회가 선교에 목을 맬 필요가 없다는 생각으로 발전되어지면서 교회는 선교의 사명에 대하여 무감각하게 되어지는 결과를 낳게 된 측면이 없지 않다.

3. 세계교회협의회에서 행하는 선교의 모습

앞장에서 세계선교협의회의 하나님 나라 이해의 주된 경향을 살펴보았다. 이러한 경향은 협의회가 시행하고 있는 선교의 형태와 긴밀한 관계를 지닌다. 즉 협의회가 지니는 하나님 나라 이해가 시행하는 선교의 실제에 반영되고 있는 것

---

20) Charles Van Engen, *God's Missionary People*(Grand Rapids, MI: Baker Book House, 1991), 114.
21) 데이비드 J. 보쉬, 『선교신학』, 전재옥 역(서울: 두란노서원, 1985), 53.

이다. 어떤 형태의 선교가 시행되는지 살펴보자.

1) 인간화를 위한 노력

1973년 방콕 대회의 제2분과에서는 구원을 인간의 경제적, 정치적, 문화적 그리고 개인적 비참함에서 해방하는 것이라고 말하였다. 즉 포괄적인 하나님의 해방의 역사 속에서 경제적 정의, 정치적 자유 그리고 문화적 갱신을 위한 투쟁으로 이해하였다. 또한 예수의 하나님 나라 선교는 우주적 범위를 포괄하지만 구체적인 행동은 특수하게 곧 가난한 자에 대한 편파성을 가짐을 특별히 강조하였다.[22] 이리하여 협의회는 각처의 억눌린 자들의 울부짖음을 들어야 하고 이들의 해방을 위해 힘써야 함을 강조하면서 자주 해방 투쟁과의 연대를 칭송하며 그같은 일을 실천하는데 노력을 기울여왔다. 1980년 호주 멜버른 대회에서 개최된 제3차 선교와복음화대회(CWME)는 "나라이 임하옵시고"라는 제목으로 총체적 복음화론을 다루었다. 제1분과에서는 주장하기를 선교란 억압하는 것이 아니라 해방하려고 노력하는 것이고, 착취하려는 것이 아니라 정의를 위해 노력하는 것이고, 가난이 아니라 충만이며, 노예가 아니라 자유며, 질병이 아니라 건강이며, 죽음이 아니라 생명이라고 정의하고, 복음화의 중심요소를 정의 사회를 위한 질서와 인권을 위한 투쟁에 참여하는 것이라 하였다.[23]

특별히 협의회는 이 땅의 가난한 자들을 주목하고 이들을 위하여 하나님의 나라가 선포되었음을 강조하면서 이들과 더불어 이 땅에 하나님의 나라를 세워 가는 것을 강조한다. 그리고 이러한 입장에서 볼 때에 그 동안 교회가 불의에 저항하여 빈자와 피압박자의 투쟁에 참여하는 일을 소홀히 하였음을 반성하며, 억압

---

22) 박종천, "WCC와 복음주의 선교학의 역사와 새로운 방향" 『한국적 선교학의 모색』(서울: 성서연구사, 1998), 25.
23) WCC, *Your Kingdom Come*, 87.

을 저항하는 빈자의 투쟁을 후원할 것을 다짐했다. 선교 및 복음화란 다른 것이 아니라 더 나은 공동체를 설립할 구조적 변혁을 위한 투쟁에 교회가 참여하는 것이며, 구체적으로는 종족적 인종적 소수와 여성과 장애자와 도주자 등을 돕는 투쟁에 참여함을 의미한다고 했다.[24]

2) 정의, 평화, 창조보전을 위한 노력

세계교회협의회는 역사를 이해할 때에 모든 사회적인 변혁을 포함한 세계역사 자체를 숨어 계시는 하나님의 활동의 나타남으로 이해하는 경향을 지닌다. 하나님이 이처럼 역사 속에서 활동하시므로 이 하나님의 활동에 책임적으로 살고 하나님의 샬롬을 이 땅위에 실현시키는 것을 교회의 주된 사명으로 여긴다. 이러한 목적의식은 협의회가 가진 총회의 주제들에도 잘 나타난다. 강영옥은 1차부터 6차까지의 세계선교 협의회 총회의 주제를 다음과 같이 정리하고 있다.[25]

> 제1차 총회는 1948년 네덜란드 암스테르담에서 '인간의 무질서와 하나님의 기적' (Man's Disorder and God's Design)이라는 주제로 열렸으며, 이 총회에선 주로 전쟁의 악마성을 폭로함과 동시에 주 하나님 안에서의 인간성 회복을 강조하고, 자본주의적 폐해를 견제하고 공산주의의 전체주의적 억압과 횡포에 대응하는 자세를 취했다. 제2차 총회는 1945년 미국 에반스톤에서 '예수 그리스도는 세상의 소망' (Jesus Christ-the Hope of the World)라는 주제로 열렸는데, 여기에서는 식민주의에 대한 비판과 인종 차별의 문제가 주 쟁점으로 다루어졌다. 제3차 총회는 1961년 인도의 뉴델리에서 '예수 그리스도는 세상의 빛' (Jesus Christ - the Light of the World) 이라는 주제 하에 산업화과정에서 생기는 사회 구조의 변화와 비인간화에 관심을 기울였다. 제4차 총회는 1968년 스웨덴의 웁살라에서 "보라, 내가 세상을 새롭게 하노라"(Behold, I will make all things

---

[24] Gathered for Life, Vancouver 1983, ed. by David Gill(Geneva: WCC, 1983), 50.
[25] 강영옥, "세계 교회 협의회의 흐름", 「세계의 신학」, 1989. 제4호, 135-136.

new) 라는 주제 하에 인종 차별에 대한 문제를 본격적으로 취급하였다. 제5차 총회는 1975년 케냐의 나이로비에서 "예수 그리스도는 자유케 하시고 연합하신다"(Jesus Christ Frees and Unites)는 주제로 열렸으며, 사회 정의 문제와 인권 문제를 심층적으로 다루었다. 제6차 총회는 1983년 캐나다 벤쿠버에서 '예수 그리스도는 세상의 생명'(Jesus Christ- Life of the World)을 주제로 모였다. 여기에서는 핵전쟁의 위협에 대응한 평화와 잔존의 문제가 깊이 다루어졌고 성차별의 문제가 실제적으로 부각되기도 했다.

특별히 6차 대회 이후부터는 기존의 '정의와 평화'라는 주제에 덧붙여 창조의 보전 (Integrity of Creation) 의 주제가 함께 강조되어지면서, 7차(호주, 캔버라, 1991년)와 8차(짐바브웨, 하라레, 1998년) 총회에서도 중요하게 다루어졌다. 창조의 보전은 악이 창궐하는 병 깊은 세계를 치유하고자 하는 노력이라고 말할 수 있다. 구체적으로 말하자면, 전쟁 무기의 경쟁적 개발과 증강, 대량 살상의 테러와 전쟁, 각종 환경오염과 자연의 폐해, 인권 탄압, 증오와 차별주의의 심화 등으로 무질서해진 세계 정치, 경제, 사회, 문화에 질서를 선포하여 화해의 교량이 되어 본래의 창조질서를 회복하고자 하는 노력이다.[26]

3) 모라토리움의 수용

모라토리움이라는 말은 본래 경제적인 용어로 '지불유예'라는 의미를 지니고 있는데, 이것이 선교적인 의미로 쓰일 때에는 '선교 일시 중단'의 의미를 지닌다. 이것은 특별히 동아프리카의 존 가투(John Gatu) 라는 사람에 의해서 강하게 주장되었는데, 피선교지의 교회들이 서구 교회의 지나친 간섭과 영향아래 있기에 스스로 설 수 없으므로 일정 기간 선교사들이 물러가라는 것이다. 선교사들이 물러가면 자신들이 스스로의 힘으로 교회를 세우고 그 뒤에 필요에 따라

---
26) 강영옥, "세계 교회 협의회 흐름", 141.

선교사를 요청하겠다는 것이다. 협의회는 이러한 견해를 수용하였고 교회가 세상의 모든 대륙에 존재하고 있으므로 각국의 헌신적인 기독교인들이 그들의 이웃을 복음화 시킴에 따라 교회는 자연히 증가될 것이라고 전망하였고, 각국의 현지 그리스도인들이 외국 선교사들보다 훨씬 복음 사역에 효과적일 것이라는 견해가 지배적이 되었다.[27]

물론 모라토리움이라는 주장 자체는 상당한 일리가 있는 견해임에는 틀림없다. 그러나 이 견해는 너무나 쉽게 전통적인 복음전파 위주의 선교사역 자체의 무용론으로 연결되어졌다. 즉 상당수의 선교 지도자들은 이것을 계기로 해서 선교사를 보내는 것 자체가 별 의미 없는 것으로 생각하게 되었다. 특별히 협의회의 하나님의 나라 이해는 복음을 전하고 회개한 자들이 들어가는 곳이기보다는 인간화의 노력과 투쟁을 통하여 얻어지는 곳이라는 이해 쪽으로 많이 기울어지면서, 선교의 노력도 복음을 전하는 것보다는 인간화와 해방을 위한 투쟁에 더 많이 쏟아지는 경향을 보이는데, 이러한 흐름에 모라토리움까지 주장되면서 전통적인 의미의 복음전파는 거의 그 자리를 상실한 듯한 느낌을 주었다. 과거와 같이 복음을 전파하여 하나님께로 회개(개종)케 하고 예수 그리스도를 구주로 영접하게 하여 구원을 얻게 하는 선교는 이제 구시대적인 산물이나 제국주의적인 발상이라 하여 괄시를 받게 되었다.[28]

이런 상황을 보면서 바이어하우스 같은 학자들은 모라토리움을 선교 명령에 대한 '배반'이라고 규정하면서, 그리스도인들이 선교를 위해 저축한 돈을 군사적 해방운동을 위해 사용하도록 하는 것은 너무나 놀라운 일이 아닐 수 없다고 신랄하게 비판하였다.[29] 실제로 협의회와 관련된 교회들에서 파송된 타문화권

---

27) D. J. 헤셀그레이브, 『현대선교의 도전과 전망』, 장신대 세계선교원 역 (서울: 한국장로교출판사, 1991), 217.
28) 이동주, 『현대선교신학』, 202.
29) Peter Beyerhaus, *Bangkok 73: The Beginning or End of World Mission* (Grand Rapids, MI: Zondervan Publishing Co, 1973), 234.

선교사들의 수는 지극히 적으며 계속해서 그 숫자가 감소하고 있다.30) 반면에 지금까지 선교비로 사용되어 오던 자금을 인권 투쟁 단체들 혹은 해방단체들의 활동을 지원하는 곳에 사용하였다. 예를 들어 협의회는 1952년 이후에 선교비를 해방운동 보조비나 제3세계 유학생 교육비 등에 사용하기 시작하였다. 1970년부터 1986년까지 17년 동안 약 250만 불을 ANC(African National Congress), SWAPO(South West Africa Peoples Organization), PACC(Pan Africanist Congress on Azania) 등의 반백인 통치 투쟁단체들에게 지급하였다.31) 물론 이 같은 자금의 사용이 실제로 인류의 정의와 평화를 이루는 데 상당한 기여를 한 것은 사실이며 매우 귀한 일임에 틀림없다. 그러나 인간화와 평화를 이루는 데 기여하는 것이 복음전파를 대신할 수는 없을 것이다.

4) '종교 간 대화' 추구

협의회는 제5차 대회 때부터 '타 신앙과의 대화'를 선교의 중요한 과제로 삼아왔다. 협의회 중앙위원회 회장 캐톨리코스 아람은 다음과 같이 말하면서 대화의 필요성과 중요성을 다음과 같이 언급하였다.

> 과학 기술적 문화와 지구화에 의한 비인간화가 조장되며, 세속화된 새로운 이데올로기들이 궁극적인 산재의 현존을 부인하며 물질적이며 소비적인 가치를 만연시키고 있는 이 세계에, 교회는 다른 종교들과 협력하여 신성한 토대를 강화시킴으로 이 사회를 새롭게 하며, 재형성하여, 재교육 시키도록 요청받고 있다. … 문화와 종교들 간의 대화는 정의와 평화, 인권과 존엄을 위한 연대 확산의 틀로서 매우 중요하다.32)

---

30) D. J. 헤셀그레이브, 『현대선교의 도전과 전망』, 126.
31) 이동주, 『현대선교신학』, 201.
32) 이미화, "세계 교회 협의회 제8차 총회 스케치", 『기독교 사상』, 1999년 1월호, 208.

즉 협의회는 정의와 평화 그리고 인류의 행복을 위하여 종교간의 대화가 필수적이라는 것을 인식하고 WCC 안에 대화 프로그램 담당자가 임명되어 주요한 비기독교 신앙의 지도자들과 일련의 대화를 주도해오고 있다.[33] 한 걸음 더 나아가서 협의회는 대화의 불가피성을 말할 뿐 아니라 대화 자체가 기독교적 증거이며 기독교적 삶의 양식이라는 점을 강조한다. 1970년 아잘톤 종교간 대화와 연이은 취리히, 아디스 아바바, 콜롬보 회의를 거치면서 협의회는 다원주의적 경향을 띠기 시작하였다. 물론 협의회가 외적으로는 아직도 그리스도를 통한 구원 자체를 포기하지는 않았지만[34] 실제로는 종교다원주의를 어느 정도 수용하고 있는 것이 사실이다.[35]

앞에서도 살펴보았듯이 협의회의 하나님 나라 이해는 역사 가운데 이루어지는 하나님 나라 이해의 경향이 강하고 이를 위한 인간의 노력을 많이 강조한다. 이러한 이해 속에서는 복음을 전하여 하나님 나라에로 초청하는 일보다도 타종교와도 손을 잡고 평화와 행복을 실현하는 것이 더 필요한 것으로 보일 것이다. 물론 현대가 다원주의의 사회이고, 세계 곳곳마다 종교 분쟁으로 인해 어려움을 당하는 상황을 보면서 종교간의 대화 자체를 무시할 수는 없을 것이다. 그러나 꼭 해야 할 일(하나님 나라의 복음을 전하는 일)과 하지 말아야 할 일(타종교와 분쟁하는 일) 중에서 꼭 해야 할 일보다 하지 말아야 할 일에 더 많은 강조점을 두면서 모든 시선을 집중하는 것은 바른 균형이 아니라고 보여 진다. 주님께서는 "내가 세상에 화평을 주러 온 줄로 생각지 말라 화평이 아니라 검을 주러 왔노라 내가 온 것은 사람이 그 아비와 딸이 어미와 며느리가 시어미와 불화하게

---

[33] D.J. 헤셀그레이브, 『현대선교의 도전과 전망』, 120.
[34] 예를 들어 1989년 샌안토니오 대회에서 협의회는 타종교와 관련하여 개방적 대화를 권장하되 그리스도를 통한 구원을 포기할 수 없다(We cannot point to any other way of salvation than Jesus Christ)는 것을 천명했다. 김은수, 『현대 선교의 흐름과 주제』, 331.
[35] WCC, "제 5차 총회: 케냐 나이로비 (1975)", 『역대총회종합보고서』, 326-327. 협의회의 주된 관심 중의 하나는 종교 간의 대화이며, 이로 인해 협의회는 종교다원주의에 대하여 비교적 개방적인 성향을 보인다.

하려 함이니"(마 10:34-35) 라고 말씀하셨다. 이 말씀 속에서 주님은 복음 전파를 위하여 때로 분쟁과 불화가 일어나는 것까지도 감수해야 함을 함축하고 있는 것이다. 화해와 평화가 중요한 것은 틀림없지만 복음의 본질을 희석시켜 가면서까지 무조건적으로 평화와 화해를 추구하는 것을 주님의 뜻으로 볼 수 있을지 생각해 볼 일이다.

요약 및 전망

성경이 말하는 구원은 정신, 영혼, 그리고 세상 저편의 영역 뿐 아니라 이 세계 안에서 그리스도인의 전체 삶을 포괄하며, 하나님의 나라는 바로 이러한 구원이 이루어지는 곳이며, 이런 점에서 하나님의 나라는 이 땅에서도 이루어져야 하는 것이다. 이런 점에서 예수께서 가져오신 하나님의 나라를 완전히 정신적이며 내적이고 피안의 세계의 일로만 강조하게 되면 종교는 하나의 위안이 될 뿐이다. 반면에 하나님 나라의 사회, 윤리, 정치적인 국면만을 강조하는 것은 교회를 정치 정당 정도 혹은 복지기관으로 만들 가능성이 있다.[36] 이런 점에서 하나님 나라의 역사 내적 차원과 역사 초월적 차원을 모두 포함하는 포괄적 이해를 갖는 것은 아무리 강조해도 지나치지 않으며, 하나님 나라의 초월성으로만 치우치기 쉬운 복음주의의 하나님 나라 이해를 교정하는 데 협의회의 견해가 많은 공헌을 했다는 사실은 깊이 인정해야 할 것이다.

그러나 그럼에도 불구하고 앞에서 살펴본 것과 같이 협의회의 하나님 나라 이해 역시 균형감을 상실하면서 중요한 것을 소홀히 하는 경향이 있다. 즉 협의회는 하나님 나라의 역사성에 관심을 많이 갖는 반면, 초월성에는 큰 관심을 기울

---

36) A. Sovik, *Salvation Today*, 48. 김은수, 『현대선교의 흐름과 주제』, 256 재인용.

이지 않는 경향이 강하다. 정의와 평화를 이루려는 노력에는 많은 공을 들이지만, 정작 복음을 전하는 일에는 그리 큰 관심이 없다. 이런 현상은 협의회와 연관된 교회들의 자금 사용에 잘 드러나는데, 미국의 자선사업 연구기관인 '엠티 툼 (Empty Tomb)'은 미국 내 5개 주요 교단의 선교비 증감 추이를 조사한 결과 교인수의 증감과 관계없이 대부분의 교단이 선교비 지출을 줄이고 있는 것으로 나타났으며, 이 같은 추세가 계속될 경우 오는 2049년엔 교회의 선교비가 제로 상태가 될 것이며, 이러한 추세로 가다간 2094년에는 교인이 한 명도 없을 것이라고 발표했다. 실제로 1996년 한 해에 미국의 주요교단들이 선교비를 대폭 삭감하였는데, 루터교회(ELCA)는 44%, 장로교(PCU)는 43%, 그리고 연합감리교회(UMC)는 40%의 선교비를 삭감하였다.[37]

하나님 나라에 들어가는 길로서의 구원은 하나님과의 수직적 관계를 무시하거나 그것과 단절된 채 인간과의 수평적 차원의 구원 이해만을 강조해서는 안 된다. 아무리 인간들이 모든 억압으로부터 해방되고 풍요가 넘친다 해도 그것이 하나님 나라와 동일시될 수 없으며, 성경이 말하는 참 하나님 나라는 하나님과의 관계가 올바로 된 연후에 오는 나라이기 때문이다.[38] 협의회는 다음과 같은 보쉬의 말을 의미심장하게 들어야 할 것이다. "우리는 결코 하나님의 뜻과 통치에 일치하는 사회 정치적인 질서에 대한 우리의 청사진을 실현할 수 없다. … 하나님의 변혁은 인간의 혁신들과 다르다. 하나님은 우리를 놀라움으로 사로잡는다. … 궁극적인 승리는 독특하게 하나님의 선물이다. 모든 것을 새롭게 하는 것은 하나님이시다" (계 21:5).[39]

---

37) 국민일보, 1997년 3월 5일자, 제21면.
38) 김은수, 『현대선교의 흐름과 주제』, 279.
39) 데이비드 J. 보쉬, 『변화하고 있는 선교』, 748.

주제 VII. 종교간 대화 DIALOGUES AMONG RELIGIONS

종교간 갈등과 충돌이 빈번하게 발생하는 오늘의 상황에서 우리는 타종교와의 관계 혹은 종교간 대화의 문제를 생각지 않을 수 없다. 그런데 종교간 대화의 문제가 대두될 때 크게 두 가지 경향이 부각되는데 하나는 필요성에 집중하는 경향이고, 다른 하나는 위험성에 집중하는 경향이다. 과연 바람직한 종교간 대화의 방향은 어떤 것일까?

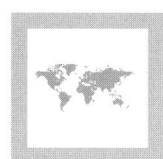

종교간 대화는 선교에 있어서 중요한 주제 중의 하나이며, 이 주제가 에큐메니칼 진영에서 의미 있게 다루어진 것은 1938년 탐바람 대회 때부터 라고 할 수 있다. 그 후 1963년 CWME 멕시코 회의에서 대화에 관한 주제가 심도 있게 논의되었고, 1970년 아잘톤(레바논)에서 '생명력 있는 신앙인들 간의 대화' 라는 주제를 가지고 대화의 가능성을 깊이 있게 다루었다. 1977년 치앙마이(태국)에서도 '공동체 속의 대화' 라는 주제를 가지고 종교간 대화 문제를 다루었다.1) 지금은 WCC 안에 '살아있는 종교들 간의 대화' 라는 부서가 설치되어 있어 전문적으로 종교간 대화의 문제를 다루고 있다.2)

에큐메니칼 진영의 종교간 대화에 대한 이상과 같은 관심은 시의적절한 일이라고 생각된다. 선교를 수행할 때 우리는 세계 현실을 함께 생각지 않을 수 없고 특히 종교간 갈등과 충돌이 빈번하게 발생하는 오늘의 상황에서 우리는 타종교

---

1) 데이비드 J. 보쉬, 『변화하고 있는 선교』, 김병길, 장훈태 역 (서울: 기독교문서선교회, 2000), 712.
2) WCC, 『세계교회협의회 40년사』, 이형기 역 (서울: 한국장로교출판사, 1993), 174.

와의 관계 문제를 생각지 않을 수 없기 때문이다. 그런데 종교간 대화의 문제를 다룰 때 우리는 대화가 가져올 수 있는 부작용에 대하여서도 신중하게 생각하지 않으면 안 된다. 많은 이론들이 그렇듯이 종교간 대화라는 주제 역시 부작용의 가능성을 지니고 있기 때문이다. 이런 점에서 보쉬는 "기독교가 그의 본질적으로 대화적인 성질을 재발견한 것은 참된 것이다. 그러나 이 재발견은 그의 근본적으로 선교적인 성질을 희생하는 것이 되어서는 안 된다"[3]라고 강조한다. 대화가 오늘의 상황 속에서 필요한 것이기는 하지만, 그것이 교회의 선교를 희생시키는 것이 되어서는 안 된다는 말이다. 종교간 대화의 이와 같은 양과 음의 측면을 함께 생각하면서 본 연구는 오늘날 우리의 상황에서 종교간 대화의 방향을 어떻게 하는 것이 좋을지를 모색해보고자 한다. 이를 위하여 먼저 종교간 대화가 어떤 배경에서 논의되었는지를 살펴보고 종교간 대화를 강조하는 진영의 이론적 배경은 무엇인지를 살펴볼 것이다. 그런 후에 종교간 대화의 음과 양을 평가해볼 것이다. 즉 종교간 대화가 기독교 선교에 도움을 주는 것은 무엇이고 제한점은 무엇인지를 살펴본 후에 우리가 추구해야 할 종교간 대화의 방향을 논의할 것이다.

1. 종교간 대화가 강조되게 된 배경

모든 신학의 주제가 나름대로 출현의 배경을 지니고 있듯이 '종교간 대화'라는 주제 역시 시대적 배경을 지니고 있다. 종교간 대화의 주제가 어떤 배경에서 나타나게 되었는지를 살펴보는 것은 종교간 대화를 이해하는 데 도움을 줄 것이다.

---

3) Ibid., 717.

1) 제국주의 시대의 선교에 대한 반성

20세기 중반에 들어 서구 열강들이 세계를 지배하던 시대가 종식되면서 세계 상황은 급격한 변화를 겪게 된다. 특별히 식민지 시대에 기독교 선교에 저항할 수 없었던 기존의 종교들이 국가의 독립과 더불어 부흥하면서 기독교에 대한 강력한 도전 세력으로 등장하기 시작했다. 이러한 상황에서 기독교는 기독교 중심적 세계관에 근거한 우월적 태도를 포기하고 상대방을 인정해야 하는 상황에 직면하게 되었다. 과거 지배자의 종교라는 오명을 벗어나 복음의 진수를 바르게 전하기 위해 노력해야 할 상황에 이르게 되었다. 과거 서구 제국주의의 영향 하에서 형성되었던 절대주의와 문화 우월주의의 이데올로기에 근거한 선교 형태는 종식되어져야 하는 상황에 처하게 된 것이었다.[4]

특별히 피식민지 국가들이 대부분 서구 교회의 선교 현장이었고, 서구 교회가 식민지 정책에 직접적으로 참여하지는 않았지만 그로부터 자유로울 수는 없기 때문에 서구교회는 그에 대한 자기비판과 반성을 하지 않을 수가 없었다. 이와 같은 자기반성의 과정에서 선교는 더 이상 이전과 같이 일방적으로 진행될 수 없게 되었다.[5] 특히 아시아 지역에서는 그리스도인이 전체 인구의 약 6%를 넘지 못하는 약세에 있는 교회 현실 때문에 아시아에 있는 교회 현실에서는 다수를 차지하는 타종교로부터 오히려 기독교가 관용을 호소해야 하는 상황에 처해 있다.[6] 이런 상황에서 오늘의 선교는 더 이상 십자군 혹은 돌격대원 등의 용어로 표현되어서는 안 되며, 대화와 나눔의 정신 속에서 경계선 너머에 있는 사람들과의 참된 연대를 추구해야 한다는 주장들이 나오게 된 것이다. 선교는 자신을

---

4) 한국일, 『세계를 품는 선교』 (서울: 장로회신학대학교출판부, 2004), 218.
5) Ibid., 210-211.
6) 이문장, "세계 기독교 재편성과 아시아 신학의 과제", 김진홍 목사 회갑기념 논문집, 『하나님 나라 운동 두레 공동체 운동 30년』 (서울: 두레시대, 2001), 61.

비우신 예수의 모델(빌 2:7)을 따라 인류와 연대해야 하며,[7] 평화로운 공존의 틀 위에서 진행되어야 하고, 이러한 공존은 서로가 서로를 존중하고 인정하는 대화를 통해서만 이루어질 수 있다는 주장이 강하게 대두되게 된 것이다.

2) 교통수단과 정보통신 도구의 발달로 인한 빈번한 접촉

오늘의 세계선교상황은 19세기와 달리 세계 모든 지역이 가까운 이웃이 된 '지구촌'의 상황이 만들어지면서, 타종교인을 만나는 것이 일상화되었다. 전통적으로 기독교 국가였던 서구에서도 그리스도인들, 이슬람교도들, 힌두교도들, 불교인들이 쉽게 서로 만나 친분관계를 형성하기도 한다. 또한 교통수단과 정보통신 도구의 발달은 서로 다른 종교 문화 간에 접촉과 만남을 용이하게 하였으며 그와 같은 빈번한 접촉으로 인해 서로에 대하여 좀 더 잘 알게 되면서 종교 간의 장벽이 얇아진 면이 있다. 또한 문화 인류학과 종교학의 발전은 서구 교회의 타종교에 대한 이해의 폭을 넓혀 주었다. 타종교에 대하여 막연한 두려움과 오해를 가졌던 그리스도인들도 타종교가 기독교와 유사한 점도 있고, 타종교인들의 삶에 매우 경건한 측면도 있음을 발견하게 되었다.[8]

이처럼 타종교에 대한 기독교인들의 편견과 오해가 조금씩 벗겨지면서 타종교의 존재를 인정하지 않고 오직 기독교만이 참 종교라는 방식으로는 선교가 불가능하지 않을까 하는 생각이 점차로 확산되게 되었다.[9] 또한 이와 같은 시대적 변화에 따라 타종교를 단지 기독교 선교의 대상만이 아니라 그들과 함께 이 세계를 발전시켜가며 인류의 공존과 발전을 위해 공동의 노력을 기울여야 하는 협

---

7) Donal Dorr, *Mission in Today's World* (Maryknoll: Orbis Books, 2000), 188.
8) 데이비드 J. 보쉬, 『변화하고 있는 선교』, 700.
9) 한국일, 『세계를 품는 선교』, 217.
10) Ibid., 211.

력자로 인식하게 되는 변화도 일어났다.[10] 이러한 인식 변화는 자연스럽게 종교 간 대화의 필요성을 느끼도록 만드는 주요한 요인이 되어졌던 것이다.

3) 종교 분쟁 문제 해결을 위한 대안 추구의 한 노력

오늘날 세계의 가장 심각한 문제 중의 하나는 종교분쟁의 문제이다. 지금도 레바논(이슬람과 유대교), 아일랜드(가톨릭과 개신교), 유고와 체첸(러시아 정교회와 이슬람)등의 지역에서 종교분쟁이 늘 꿈틀거리고 있다. 인도의 경우 힌두교도와 무슬림간의 분쟁이 70년 이상 지속되어 왔으며, 최근엔 힌두교 근본주의자들이 기독교도들을 공격하는 일도 발생하였었다. 파키스탄에는 반신성모독법이 있는데 이것은 기독교도들을 핍박하는 것을 목표로 하고 있다. 스리랑카와 미얀마에서 일어나는 내분도 종족적 원인과 종교적 원인이 주된 요인으로 보인다.[11]

이런 상황에서 가톨릭 신학자 한스 큉(Hans Küng)은 오늘의 세계 상황에 도전적인 테제 즉 "세계(시민) 정신 없이 생존할 수 없고 종교 평화 없이 세계 평화 없으며, 종교 대화 없이 종교 평화 없다"는 말을 하였다.[12] 그의 주장에 의하면 세계적으로 번져가고 있는 종교 간의 갈등과 그로 인한 분쟁 및 전쟁은 탈냉전 시대에 세계 평화와 인류의 공존을 위협하는 새로운 요인으로 작용하고 있다. 이러한 종교 간에 갈등과 충돌을 해결하기 위해서는 갈등 관계에 있는 종교 간에 대화가 선행되어야 한다는 것이다. 즉 종교 간의 대화를 통해 세계와 인류의 평화로운 삶을 보전하고 실현할 수 있다는 주장이다.

---

11) Michael Amaladoss, "Identity and Harmony", in *Mission in the Third Millennium*, Robert J. Schreiter, ed.(New York, Orbis Books, 2002), 25.
12) Hans Kung, *Projekt Weltethos, Muenchen*, Zuerich, 1990. 한국일, 『세계를 품는 선교』, 214. 재인용.

4) 포스트모더니즘적 사고

종교간 대화에 큰 영향력을 미친 또 하나의 요소는 포스트모더니즘의 사고방식이다. 모더니즘이 18세기 이래 계몽주의의 역사적 유산의 핵심이며 이성, 합리성, 객관적 가치 등을 극대화하는 의식화 운동이라면, 포스트모더니즘은 이것들과 다른 양상을 드러내었다. 포스트모더니즘적 사고가 무엇인지에 대하여는 아직도 의견의 일치를 보지 못할 정도로 복잡한 점이 있지만, 종교간 대화에 영향을 미친 포스트모더니즘의 특성을 대략 다음과 같이 정리해 볼 수 있겠다.

먼저 포스트모더니즘은 과거에 절대적인 것으로 받아들여지던 것을 상대적으로 보려는 경향을 보인다. 특별히 종교와 같은 가치를 공적이며 절대적인 것으로 받아들이지 않고 사적이며 상대적인 것으로 치부하는 경향이 있다. 종교에서 강조하는 전통이나 미래 세계보다는 현재를 강조하며, 인간 스스로가 인생의 주인이며 그러므로 자신들에게 맞는 것을 스스로 선택하는 데 자유하다는 사실을 강조한다.[13] 종교 역시 상대적인 것이라는 포스트모더니즘적 사고가 팽배해지면 상대적인 가치를 지닌 종교들 간에 아옹다옹 다툴 이유가 없이 서로 서로 좋은 점을 찾아가야 한다는 사고가 자연스럽게 확산되어지는 것이다.

둘째로, 개인과 집단 간의 관계에 있어서 모더니즘 사고에서는 개인의 권리와 자율 및 자유를 강조하고 집단이란 개인의 이익을 위하여 존재하는 것으로 생각하는 개인 중심적인 사고를 지녔다면, 포스트모더니즘의 사고에서는 개인보다 공동체를 중시하는 경향을 보인다. 모더니즘에서는 타인에 대하여 다소 무관심한 태도를 보였지만 포스트모더니즘에서는 점차 상호 연관성(inter-dependence), 공동체성 혹은 공거성(togetherness), 공생(symbiosis) 등이 긍정적으

---

[13] Charles van Engen, "Mission Theology in the Light of Postmodern Critique" in *I.R.M.* vol. 96, No, 343, 1997, 437-461.

로 인식되고 있다.14) 이처럼 공동체성이 강조되면서 자신들만이 옳다고 주장함으로써 분쟁을 일으키는 종교는 외면을 당하게 되기 쉽다. 즉 포스트모더니즘적 분위기 속에서는 자기만이 옳다고 주장하는 종교보다는 다른 종교를 인정하면서 대화를 수용하는 종교가 좋은 반응을 얻게 되며, 이런 이유로 포스트모더니즘의 사고는 다원주의와 종교간 대화의 출현을 간접적으로 요구하는 것이다.

2. 종교간 대화를 말하는 신학적 이유

앞장에서 우리는 종교간 대화의 배경이 되어질 수 있는 사회적 상황을 보았다. 본 장에서는 종교간 대화의 기초를 제공하는 신학적 배경들이 어떤 것들인지 살펴보고자 한다.

1) 타종교인들 가운데서도 역사하시는 삼위일체 하나님

전통적인 신학에서 하나님은 주로 그의 택하신 백성들을 통하여 구원사를 이루어 가시는 분으로 이해된다. 물론 하나님이 직접 역사를 하신다는 것을 부인하는 것은 아니지만, 기본적으로 하나님은 구원사의 완성을 위해 계속해서 그의 선교 백성들을 택하고 그들과 함께 선교를 수행해 오신다는 사실이 강조되었다. 그런데 'Missio Dei' 개념의 등장과 더불어 택함 받은 백성을 통한 하나님의 사역보다는 하나님의 직접적인 구원사역에 많은 강조점이 주어지게 되었다.15) 그래서 호주 켄베라 총회는 "생명의 수여자이신 성령은 모든 민족들과 모든 신앙

---
14) 데이비드 J. 보쉬, 『변화하고 있는 선교』, 362.
15) 이런 점에서 김경재는 다음과 같은 질문을 던진다. "아브라함과 이삭과 야곱의 하나님, 성서가 증언하는 창조주 야훼 하나님은 동아시아 민족과 관계없이 계시다가 선교사들과 함께 동아시아에 전파된 외래 하

들(faiths) 가운데서, 또 우주 전체를 통해서 활동하고 계신다. 하나님께 속한 주권적 자유를 가지고 바람은 원하는 대로 분다"16)라고 말한다. 또한 케냐 나이로비도 다음과 같이 말한다.

> 비록 우리가 그리스도께서 다른 종교에 나타나고 계신지 그렇지 아니한지, 또 어떻게 나타나고 계신지에 대해 일치할 수는 없겠지만 하나님은 어떤 세대, 어떤 사회에서도 그들에게 예수를 증거하지 않은 채로 방치하지 않으셨다고 진정 믿는다. 또한 우리는 하나님이 교회 밖에서부터 기독교인들에게 말씀하시고 계실 가능성을 배제할 수도 없다. 어떠한 형태의 혼합주의에도 반대하지만 상호 이해와 실제적인 협력의 수단으로서 타종교인들 및 이데올로기를 신봉하는 자들과 대화해야 할 필요성을 확신한다.17)

이상과 같은 견해에서 볼 수 있듯이 에큐메니칼 진영에서 가지고 있는 사고는 그리스도께서는 타종교를 포함하여 모든 곳에 이미 역사해 오셨다는 사실이다. 또 성령의 선재로 말미암아 다른 종교에도 우리가 알지 못하는 진리가 이미 주어진 것이다. 하나님은 이미 우리가 갈 곳의 문화들과 상황18) 속에서 사람들을 준비하고 계시는 것이다. 하나님은 이미 장벽들을 제거하셨다. 성령은 인간의 이해를 초월하는 방식으로 지속적으로 활동하고 있다. 이처럼 삼위일체 하나님이 다양한 방법들 심지어는 다른 종교들을 통해서도 역사하시기 때문에 우리는 그들에게 복음을 일방적으로 선포하기보다는 그들과 대화를 나누는 것이 필요하게 되는 것이다.

이런 관점에서 본다면 선교사가 그리스도를 어떤 상황으로 '가져간다' 라고 하

나님인가? 사도바울이 전한 하나님은 우리들의 조상과 한국종교 철학사의 선배들(원효, 의상, 퇴계 율곡, 수운, 해월 소태산)이 믿고 찾던 그 하나님과 다른 분인가?" 김경재, "아레오바고의 신학지성", 제4회 단해 신학강좌, 2003년 10월10일, www. soombat.org.
16) WCC, "제 7차 총회: 호주 캔베라 (1991)", 세계교회협의회, 『역대총회종합보고서』, 이형기 역 (서울: 한국장로교출판사, 1993), 531.
17) WCC, "제 5차 총회: 케냐 나이로비 (1975)", 『역대총회종합보고서』, 326-327.

는 것은 그들의 관점에서 볼 때는 건방진 것이 될 수 있다. 선교사가 해야 할 일은 타종교인과 대화를 나누면서 하나님의 은혜가 어떻게 그들에게 이미 임하였으며, 하나님이 그들을 어떻게 대하셨는가를 발견하는 일이며,[19] 그와 같은 대화를 통하여 먼저 거기에 계시는 그리스도를 '발견하여', '베일을 벗겨 보여주는 것'이 되어야 한다.[20] 이와 같은 관점에서는 바르트가 종교를 불신앙으로 본 견해나 선교를 진공 속으로 가서 복음을 전하는 것으로 보는 견해는 수용되기 어렵다. 에큐메니칼 선교신학의 거대담론은 타종교와 불신자들을 구원의 가능성으로부터 배제시키지 않는 경향을 지닌다. 따라서 타종교들 속에서 발견되는 성령의 열매들과 삼위일체 하나님의 발자취들을 언급하고, 구원의 한계를 열어 놓아야 할 것으로 여긴다.

2) 타종교와의 대화는 곧 우리 자신의 잘못을 수정하는 좋은 계기가 된다.

종교간 대화가 요구되는 또 하나의 신학적 이유는 종교간 대화를 통해서 우리 자신이 새로운 지식을 얻게 되고, 우리 자신의 왜곡된 모습을 발견하게 된다는 점이다. 이것은 앞에서 말한 타종교인들 가운데서도 역사하시는 삼위일체 하나님에 대한 사고와 연결되어진다. 하나님이 그리스도인들에게만 말씀하시는 것이 아니라 타종교인들에게도 말씀하셨다는 사고는 자연히 타종교인들로부터도 배울 것이 있다는 것으로 귀결될 것이다.[21] 이런 점에서 웁살라 총회는 대화의

---

18) 데이비드 J. 보쉬, 『변화하고 있는 선교』, 713.
19) 한국일, 『세계를 품는 선교』, 223.
20) 존 스토트, 『현대의 기독교 선교』, 서정운 역 (서울: 대한기독교서회, 1982), 95.
21) 이런 사고와 연관하여 김경재는 다음과 같이 말한다. "2,000년 기독교 종교사의 '경건한 오해'와 한국 기독교의 위기는 어디에서부터 오는가? 계시의 종교로서, 신구약 계시적 경전을 독점한 종교로서, 그 신비로운 이의 '거룩한 이름'까지를 다 알고 있는 선택받은 선민으로서, 이제는 더 이상 신비하지도 않고, 알지 못하는 남은 구석이 하나도 없이 모두 다 알려졌다는 확신이 문제이다. 정통신학자와 정통목회자는 하나님의 속성과 뜻과 계획을 속속들이 다 알고 있다는 가당치 않은 '교만과 불신앙'이 있다. 그들은 하나님과

유익에 대하여, "기독교인으로서 우리는 그리스도께서 이러한 대화 가운데서 말씀하시고 그를 모르는 이에게 자신을 계시하시며, 예수님을 아는 자라도 그의 제한되고 왜곡된 지식을 바로잡는다는 것을 믿는다"[22]라고 천명하고 있다. 1977년 치앙마이에서 가진 대화를 위한 협의회에서 결론짓기를, "다른 신앙과 이념을 가진 우리의 이웃들에 관한 실체를 파헤치기 위해서 대화가 필요한 것이 아니라 우리 자신을 돕기 위해서 대화가 필요하다. 그러므로 우리는 대화를 사회 속에서 우리의 기독교적 봉사의 한 기본적인 부분으로서 인식한다"[23]라고 말한다.

에큐메니칼 진영은 오랜 동안의 교회 협력활동 경험을 통하여 이상과 같은 견해를 수립하게 되었다. 전통적으로 서구 교회는 자신들의 신앙 경험과 신학 등을 거의 절대적이며 보편적인 것으로 여겨왔다. 그러나 신생 교회들과의 만남과 대화를 통한 다양한 신앙경험은 서구 기독교의 일방적인 시각에 도전을 주었다. 서구교회는 에큐메니칼 만남을 통해서 다양한 문화권이 존재하는 것처럼 그에 따른 다양한 신앙경험과 교회 형태와 신학이 존재할 수 있음을 인식하게 되었다. 이와 같은 인식과 함께 다른 종교 문화적 상황에 속한 신생 교회는 서구 교회가 갖지 못한 새로운 시각으로 복음을 이해한다는 것을 발견하게 되었다. 이 같은 발견을 통하여 서구교회는 복음에 대한 새롭고 다양한 시각을 갖게 되었고, 이로서 '복음 이해의 확장'이라는 해석학적 경험을 가지게 되었다.[24] 이러한 경험을 바탕으로 에큐메니칼 진영은 교회들 간의 에큐메니칼 경험이 자신들의 폭을 넓히는 것처럼, 타종교와의 상호교류 및 대화 역시 자신들의 편견을 발

구원에 관한 전문가가 되고 독점적 지식을 갖추고 있다고 자만하는데 있다. 이 통탄할 현상이야 말로 종교의 물화(物化)와 속화(俗化)의 본질인 것이다." 김경재, "아레오바고의 신학지성", 제4회 단해신학강좌, 2003년 10월10일, www.soombat.org.
22) WCC, "제4차 총회: 스웨덴웁살라 (1968년)," 『역대총회종합보고서』, 263.
23) 김은수, 『현대선교의 흐름과 주제』(서울: 대한기독교서회, 2001), 197.
24) 한국일, 『세계를 품는 선교』, 218-219.

견하고 수정하고, 나아가서 자신들의 폭을 넓히고 풍부하게 할 것으로 생각하면서 종교 간의 대화에 많은 관심을 갖게 되었던 것이다.

3) 대화는 평화로운 인류공동체 건설에 필수적이다.

전통적인 선교개념에서는 세계 복음화가 가장 우선적인 관심이었다. 세계의 평화와 발전에 관심이 없었던 것은 아니지만, 이런 것들은 일단 복음이 전해지면 그 결과로 자연스럽게 주어질 것들이라고 믿었고 우선은 복음이 땅 끝까지 전해지는 것이 주된 관심사였다. 그런데 에큐메니칼 선교개념에서는 샬롬이 충만한 세상 즉 평화로운 인류공동체의 건설이 또 하나의 주된 관심사이다. 인류 전체를 하나의 공동체로 보면서 어떻게 하면 이 세상에 평화가 충만한 공동체를 건립할 것인가에 많은 관심을 기울인다. 이런 점에서 나이로비 총회는, "우리 자신의 공동체를 넘어서는 어떤 공동체를 찾는 것이 매우 절박하다. 우리가 그것을 원하든 그렇지 않든 간에 우리는 평화와 정의에 대한 공통의 관심사에 있어서 모든 인류와 하나가 되어 있다. 우리는 사느냐 죽느냐 하는 절박한 이 상호 의존의 세계 속에서 서로 친구가 되어 있는 것이다"[25]라고 말한다.

이처럼 에큐메니칼의 중대한 관심사 중의 하나는 어떻게 하면 공동체를 파괴시킬 수 있는 모든 것을 제거하고 평화로운 공동체를 건설할 것인가 하는 것이다. 그런 점에서 나이로비는 다음과 같이 말한다.

> 이런 세상에서 우리는 우리의 신앙, 곧 예수 그리스도 안에서의 공동체 의식에 대한 선물이 한 가족이 된 인류를 분열시키려고 위협하는 긴장과 의심과 증오를 증가시키도록 놔둘 수는 없다. 또 우리의 신앙이 그러한 악한 목적들을 위해 남용되도록 방치할 수도 없다. 우리는 복음의 진짜 방해물(true skandalon)과 타협함이 없이 더 큰 공동체를 추구해야한다.[26]

---

25) 세계교회협의회, "제5차 총회: 케냐 나이로비 (1975)", 『역대총회종합보고서』, 352.
26) Ibid.

계속해서 나이로비는 "거의 모든 곳에서 기독교인은 다른 종교를 갖고 있는 이웃들과 함께 살아가고 있으며 우리 모두는 세계 공동체의 일부분이다. 우리는 하나의 세계 속에서 살고 있으며 이 세계의 생존과 향상을 위해 일해야 하는 공통의 사명이 있다"[27]고 강조한다.[28]

이처럼 평화로운 인류 공동체 건설의 목표를 생각하면서 전통적인 선교의 방법인 복음의 선포에 대한 강조는 약화되거나 때로는 적절치 않은 것으로까지 인식되게 되었다. 복음의 선포는 일방적인 것이 되어질 수 있고 그로 인해 자칫 논쟁과 불난을 가져올 수 있는 소지가 있기 때문이다. 따라서 분쟁의 원인이 될 수 있는 복음의 선포보다는 대화에 더 많은 관심을 기울이게 된 것이다. 이런 결과로 에큐메니칼 학자들 가운데서는 경쟁적인 선교(서로 다른 종교를 가진 사람을 개종시키는 데 집착하는) 대신에, 모든 위대한 종교가 함께 무정하고 사랑을 받지 못하는 수많은 인류에게 공동의 선교를 수행하자는 제안도 나오고 있다.[29] 에큐메니칼 신학은 의롭고 평화로운 사회건설을 위해 모든 사람들이 협력할 필요가 있다는 관점에서 대화의 중요성을 강조하면서, "대화는 공동체 추구에 도움을 준다. 진정 대화는 그 자체로서 인간적이며 기독교적인 시작이다"[30]라고 강조한다.

물론 에큐메니칼 신학은 "대화가 선교에 대한 대안으로서 여겨질 수는 없고

---

27) Ibid., 354.
28) 이같은 교회의 사명을 한국일은 다음과 같이 정리하고 있다. "인류 공동체의 단절과 소외, 갈등과 충돌을 극복하고 서로 화해하는 새로운 공동체의 수립은 교회에 주어진 지상명령이다. 그것은 초월적 사실도, 피안 세계에서만 기대할 수 있는 것이 아니라 이 역사 속에서 실현시킴으로 하나님 나라를 가시화 하는 교회의 지상 과제이다. 인간의 힘으로 불가능하지만 그리스도 안에서 이 불가능을 가능으로 바꾸어 가는 것이 선교이다. 교회는 자신의 소명에 근거한 자의식을 품고 세계 안에서 발생하는 갈등과 충돌 및 여러 가지 차별들을 극복하고 모든 인류가 하나님의 평화 속에 함께 살아가는 상호 공존하는데 기여할 수 있어야 한다." 한국일, 『세계를 품는 선교』, 240.
29) 존 맥쿼리(John Macquarrie)가 이 같은 견해를 주장한 사람 중의 하나이며, 존 스토트가 그의 책에서 인용하였다. 존 스토트, 『현대의 기독교 선교』, 94-95.
30) 세계교회협의회, "제5차 총회: 케냐 나이로비(1975)", 『역대총회종합보고서』, 355-356.

또 우리의 신앙에 저해가 되어서는 안 된다"[31]라고 주장한다. 그러나 동시에 인류 공동체 완성을 위하여 대화가 필수적인 것이라는 사실을 분명히 한다.

3. 종교간 대화의 기여점과 한계점

많은 이론이 그렇듯이 종교간 대화의 이론 역시 긍정적인 측면과 함께 부정적인 측면을 함께 지니고 있다. 즉 종교간 대화는 그 많은 기여점에도 불구하고 동시에 상당한 부작용의 가능성도 있을 수 있음을 객관적으로 볼 필요가 있다. 우리는 종교간 대화가 혹시라도 가져올 수 있는 치명적인 부작용에 대해서도 치밀하게 고려해 보아야 한다. 현실적으로 대화가 필요하다고 해서 그것을 무작정 받아들였을 경우 장기적으로 더 큰 문제가 야기될 수 있는 가능성에 대하여 생각하고 보다 신중해야 하는 것이다. 특별히 대부분의 교회가 강한 복음주의적 성향을 지닌 한국교회의 상황에서 종교간 대화가 가져올 수 있는 이점은 무엇이고, 이것이 가져올 문제점은 어떤 것일까에 대한 예리한 분석 작업이 있어야 한다. 그래야 우리가 바라는 참된 대화의 목적을 이루어 낼 수 있는 것이다.

1) 종교간 긴장 갈등 해소에 어느 정도 도움을 준다.

종교 간의 대화는 다양한 종교들 사이에 발생하는 긴장과 갈등을 해소하는데 다소 도움이 될 수 있을 것이다. 본래 모든 종교는 사랑과 자비를 가르치고 실천한다. 그럼에도 불구하고 종교가 사랑과 자비와 협력보다는 오히려 갈등과 분쟁

---

31) Ibid.

의 도구로 사용되는 경우가 많이 있는 것이 사실이다.32) 이런 문제들을 최소화하는데 있어서 종교간 대화는 분명 도움을 줄 것이다. 호주 캔버라는 다음과 같이 말한다.

> 오늘날 세계의 많은 곳에서 종교가 분열의 힘으로 사용되고 있으며, 종교언어와 상징들이 갈등을 부채질하는 데 사용되고 있다. 무지와 관용치 않음이 화해를 어렵게 만든다. 우리는 타종교인들과 존중심과 이해로서 함께 살아가기를 추구하며, 이 목적을 위해서는 상호 신뢰 및 '대화의 문화' 구축이 필요하다. 이러한 일은 우리가 타종교인들과 대화하고, 특별히 정의 및 평화 증진에 공동행동을 취함으로써 지역적 차원에서 시작된다.33)

오늘날과 같은 다원적 사회 상황에서 다원성에 대한 이해가 부족하면 자칫 정복주의적인 선교를 수행하기 쉬우며, 이런 경우 다원 사회에서 종교 간의 대립과 갈등을 양산하기 쉽다. 19세기 서구 선교가 매우 헌신적인 선교를 한 것이 사실이지만, 동시에 서구의 식민지 정책과 맞물려 정복주의적인 자세를 지닌 경우가 많았던 것이 또한 사실이다. 이 말은 과거에는 대화를 하지 않고 선교를 했다는 의미가 아니라, 과거에는 종종 대화보다는 강압적인 힘에 의한 선교가 수행된 경우가 많았다는 것이다. 과거에는 서구 열강들의 힘의 우위로 이러한 힘에 의한 선교가 가능했을지 모르지만, 지금은 모든 나라가 나름대로의 주권을 지니고 있으므로 일방적인 선교는 자칫 갈등과 거부를 불러일으킬 것이다. 이제 참으로 선교를 수행하는 자와 받는 자가 동등한 위치에서 서로 섬기는 자세로 대화 가운데서 선교를 수행해야 하는 것이다.

---

32) 이상직, "한국 교회의 정통주의와 종교다원주의 사이의 갈등 요인의 분석과 종교간의 대화에 대한 새로운 대안의 모색", 『신학사상』, 101호, 1990년 여름, 197.
33) 세계교회협의회, "제7차 총회: 호주 캔베라(1991)" 『역대총회종합보고서』, 525.

2) 기독교의 대사회적 이미지 개선에 도움을 줄 수 있다.

지금은 시대 자체가 매우 다원적인 사회가 되었기 때문에 어느 하나의 주장을 강하게 내세우는 것이 잘 수용되지 않고 자칫 외면을 당하기 쉽다. 그런데 기독교는 예수 그리스도 외에는 구원이 없다는 것을 핵심교리로 가지고 있기 때문에 본래부터 매우 독선적인 경향을 지니는 것이 사실이다. 그러나 이것이 비신앙인들에게 너무 강하게 비쳐질 때 자칫 기독교가 너무 독선적이고 배타적인 종교라는 인상을 심어주어 선교에 부정적인 영향을 주기 쉽다. 특별히 과거에 나타났던 것과 같은 소위 일부 열심 있다는 교인들에 의해 단군상이 훼파되거나 불상이 손상되는 등의 행동은 자칫 기독교가 폐쇄적이고 배타적인 종교라는 부정적인 인상을 더 심어줌으로써 교회성장에 걸림돌로 작용할 수 있다.

이와 같은 행동은 전도에 전혀 도움이 되지 않고 오히려 전도의 길을 막는 결과를 가져오게 된다. 과격한 행동은 다원사회에서 한국 기독교의 입지를 더욱 축소시킬 수밖에 없다. 다원사회에서 효과적으로 복음을 전하기 위해서는 배타적인 이미지보다는 관용하고 이해하려는 이미지를 관리해야 할 필요가 있는 것이다.[34] 이와 같은 이미지 개선의 한 방법 중의 하나가 종교간 대화라고 볼 수 있다. 즉 어느 정도 갈등을 피하고 기독교의 이미지를 좋게 하기 위해 총회나 교회 연합 기구의 차원에서 공동선의 추구를 위하여 어느 정도의 대화를 시도하는 것은 기본적으로 기독교에 대하여 좋은 이미지를 갖게 하고 종국적으로 선교에 도움을 줄 수 있을 것이다.

---

34) 이문장, "한국의 종교다원적 상황과 교회의 역할", 『목회와 신학』, 116호 1999, 2월호, 52.

3) 대화는 이미 주어진 진리에 대한 확신을 약화시킬 수 있다.

대화를 통하여 진리를 알아간다고 하는 것은 매우 겸손하며 합리적인 것으로 보인다. 그러나 우리가 믿는 성경은 그렇게 말하지 않는다. 성경은 이미 우리에게 진리가 주어진 것으로 말하고 있다. 적어도 구원의 도리에 관한 한 그렇다. 물론 기독교가 완전한 진리를 모두 소유하고 있다는 것은 아니다. 우리가 어찌 하나님의 무한한 진리를 다 알겠는가? 그러나 적어도 구원에 관한 한 명백한 진리가 우리에게 계시되었으며, 그것이 바로 그리스도를 믿음으로 얻는 구원의 길인 것이다. 그리스도를 믿는 우리 모두는 이 길을 널리 알리고 전파하라는 책임을 부여받았다. 성경은 우리가 다른 종교와의 대화를 통하여 진리를 찾는 것이 아니라 이미 주어진 진리를 다른 사람들에게 전하는데 우리의 힘을 쓸 것을 말씀하고 있다. 따라서 우리가 하는 대화에 목적이 있다면 그것은 진리를 알아내기 위한 것이기 보다는 진리를 타인에게 효과적으로 전하기 위한 것이 되어야 할 것이다.

그럼에도 불구하고 에큐메니칼 진영에서는 대화를 복음전도의 수단으로보다는 진리 획득의 수단으로 더 많이 강조하는 경향이 있다. 벤쿠버는 대화를 '궁극적 실재에 대해 다른 주장을 가지고 있는 사람들이 서로 만나 상호 존중하는 마음으로 그 주장들을 탐구할 수 있는 만남'[35]으로 진술하고 있다. 아울러 이러한 대화를 통해서 이 세상 안에서 일하시는 하나님의 활동에 대하여 보다 많은 것을 얻을 수 있고 또한 타종교인들의 궁극적 실재에 대한 통찰과 경험을 많이 이해하게 될 것이라고 기술한다. 대화는 우리 존재의 바닥을 터치하면서 대화하는 양자가 상호 변혁의 은혜에로 열리게 된다고 말한다. 대화를 통해서 그리스도 안에서 신앙하는 하나님이 다른 종교인들의 삶 속에서 말씀하시는 가능성에 대하여 개방적 태도를 가지고 귀를 기울이도록 초대받는 것이라고 말한다.[36]

---

35) WCC, "제 6차 총회: 캐나다 벤쿠버(1983)", 역대총회종합보고서, 430.
36) Ibid.

오늘과 같은 다원사회 속에서 상대방을 좀 더 잘 이해하기 위하여 이상과 같은 대화의 자세가 필요한 때가 있다. 그러나 우리는 이와 같은 대화가 기독교 신앙을 왜곡하거나 종교 혼합주의로 잘못 인도될 가능성이 없는지 잘 따져 보아야 한다. 대화를 통해서 기독교와 타종교간 상호 배움의 과정에서 우리 자체의 복음 전달 능력이 약화될 수 있는 가능성은 없는지를 잘 파악해야 한다.[37] 대화를 통해 서로 진리를 배울 수 있다는 것과 그럼에도 불구하고 우리의 신앙의 정체성은 약화되어지지 않는다는 주장 사이에는 현실적으로 납득하기 어려운 긴장이 있다.

대화를 위해서는 다른 사람의 말을 기꺼이 청취해야 하며, 그 속에 담긴 진리를 인정할 수 있는 분명한 준비가 되어 있어야 한다고 말한다. 그러면서도 기독교의 혼합주의나 상대주의는 반드시 피해야 한다고 주장하는데 과연 상대를 참으로 인정하면서 절대적인 배타성을 지닌 기독교의 진리를 변함없이 간직하는 것이 현실적으로 가능한지 의문이 들지 않을 수 없다. 예를 들어 나이로비는 "우리는 담대하게 그리스도만을 구세주와 주로 고백한다"[38]고 선언하였고, 샌 안토니오는 "우리는 예수 그리스도 외에 다른 구원의 방식을 지시할 수 없다"[39]고 말하였다. 이처럼 강한 기독론을 주장하면서 어떻게 타종교인과의 진정한 대화가 가능한 것인지 의아스럽다.[40] 상대를 참으로 인정하려 하면 서로를 동일하게 여기는 자세가 기본적으로 필요하다. 그리고 이처럼 모든 것이 동등하게 타당성을 가지게 될 경우 더 이상 정통과 같은 없으며 모든 것이 중요성을 상실하게 될 수 있다.[41] 결국 대화는 기독교 자체를 심각하게 약화시키는 방향으로 나아갈 가능성이 큰 것이다.

---

[37] 한국일, 『세계를 품는 선교』, 233.
[38] WCC, *Breaking Barriers: The Official Report of the Fifth Assembly of the World Council of Churches*, Nairobi 1975 (London, SPCK, 1976), 43.
[39] WCC, *The San Antonio Report* (Geneva: WCC, 1990), 32.
[40] 김은수, 『현대선교의 흐름과 주제』, 263.
[41] 데이비드 J. 보쉬, 『변화하고 있는 선교』, 716.

대화를 강조하는 진영이 이처럼 대화를 통하여 진리를 찾아나가야 한다는 자세를 가지고 진리에 대한 확신을 약화시키고 있는 동안 이슬람 근본(원리)주의자들은 갈수록 강력한 신앙을 천명한다. 그들은 이슬람 종교의 전통을 고수하고 전 세계를 이슬람화 하려는 선교적 열정을 지니고 있다. 특히 20세기에 들어와 아랍 국가들의 현대화 과정에서 유럽의 문물을 수용하면서 이슬람이 세속화되는 경향에 대해 예민하게 반응하면서 강한 비판적 세력을 형성하고 있다. 이들은 이슬람 고유의 신학과 사상에 바탕을 둔 정치, 사회, 체제로 돌아가야 된다고 주장한다.42) 이슬람은 철저하게 보수주의화 되어 가는데, 기독교만 대화를 강조하면서 이미 주어진 진리에 대해서조차 확신이 흔들리고 있는 것은 기독교의 장래를 어둡게 하는 것이다.

4) 대화는 다원주의에로의 길로 이어질 수 있다.

타종교와의 대화를 통해서 진리를 발견해 나가야 한다는 자세는 자연히 종교다원주의에로의 길로 나아갈 가능성을 크게 만든다. 실제로 세계교회협의회는 타종교들과 이념들 및 불신자들에게 대해서도 종말론적 구원의 가능성을 열어놓고 있으며,43) "타종교들 속에서 발견되는 성령의 열매들과 삼위일체 하나님의 발자취들을 언급하고, 구원의 한계를 열어놓아야 한다"44)고 말한다. 복음의 선포가 그리스도인으로 더 좋은 그리스도인이 되게 하고 불교인으로 더 좋은 불교인이 되게 할 때에 선교의 목적이 성취된다고 폴 니터(Paul Knitter)가 말할 때,45) 그는 대화의 목적 중 하나를 말한 것이었고, 여기에서 대화는 자연스럽게

---
42) 김정위, "이슬람 원리주의", 『이슬람의 이상과 현실』, 이슬람 연구소 엮음 (서울: 예영 케뮤니케이션, 1999), 51.
43) 이형기, "21세기와 기독교 신학", 장신논단, 19집(2003), 127.
44) Ibid., 125.

다원주의로 나아갈 수 있는 가능성이 매우 높음을 잘 보여주고 있다. 보쉬는 대화와 그로 인해 나타나는 다원주의의 모습을 다음과 같이 그리고 있다.

> … 경쟁적인 진리 주장들이 간단하게 모자이크의 일부분이며, 더 이상 정통과 같은 것은 없으며, 우리가 그 단어 원 의미에서 볼 때 모두 이단들이 되는 다원주의의 길을 선택할 수 있다. … 그러나 모든 것이 동등하게 타당성을 가지는 경우에 참으로 어떤 것도 더 이상 중요하지 않다. 이것이 일어나는 경우에 우리는 더 이상 진지하게 합법적인 패러다임의 변화에 관해 말할 수 없다. 전통과의 창조적인 긴장은 사라졌다. 진리의 문제는 완전히 사소한 것이 되었으며 생명 그 자체는 그의 궁극적인 진지성을 상실 당했다.[46]

보쉬가 말한 것처럼 종교적 신념이 단순히 모자이크의 일부분이 되며 사소한 것이 되어버릴 때 복음전파에의 동력은 현저하게 약화될 수밖에 없을 것이다. 모든 종교에 진리가 있다면 더 이상 복음 전파를 위해 헌신해야 할 이유는 사라지는 것이다.

벤쿠버 총회는 다음과 같이 말한다. "대화는 기독교 증거의 한 수단도 아니며 그 증거에 대한 부정도 아니다. 그것은 오히려 궁극적 실재에 대한 지난한 인식과 관련하여 서로에게 대해서 또 세상에 대해서 증거하는 상호 모험이다."[47] 과연 이런 모험이 우리에게 주어진 사명을 감당하는 데 도움이 될지, 오히려 기독교를 무력화시키는 다원주의로 연결되어지는 데 일조를 할지 잘 생각해 보아야 할 것이다.

---

45) Paul F. Knitter, *No Other Name? A Critical Survey of Christian Attitudes Toward the World Religions* (Maryknoll, New York: Orbis Books, 1985), 222.
46) 데이비드 J. 보쉬, 『변화하고 있는 선교』, 716.
47) 세계교회협의회, "제6차 총회: 캐나다 벤쿠버 (1983)", 『역대총회종합보고서』, 525.

5) 현실적 가능성이 약한 경향이 있다.

종교간 대화를 통해 어느 정도 갈등과 분규 해결에 도움을 받을 수 있다고 하지만 그것이 어느 정도일지는 회의적이다. 인류 사회에 불화를 일으키는 원인이 단지 종교에만 있는 것은 아니다. 오히려 경제적, 정치적, 혹은 사회적 이유 등 다양한 이유들이 있다. 역사적 경험에 의하면 대부분의 전쟁은 민족, 국가 또는 부족 간에 이해관계에 연유한 것이며 그 외적으로 드러나는 형태가 종교 또는 문명 간의 갈등의 양상을 보일 뿐인 경우가 많다.[48] 서재만은 문명 간의 갈등과 충돌은 역사적으로 새로운 현상이 아니라 인류 역사 이래 발생했던 문명 충돌의 연속이라고 이해하며 "이슬람과 기독교 문명 간의 충돌은 이슬람과 기독교 사이의 순수한 종교적 목적만의 충돌이라기보다는 오히려 인간의 비종교적 세속적 욕구에 의한 왜곡에 불과하다"[49]는 점을 강조한다.

계속해서 그는 세계에서 발생하고 있는 기독교와 이슬람 간의 분쟁 요인을 이스라엘과 팔레스타인과의 관계에서 분석하면서, 두 나라간의 갈등은 근본적으로 '종교적 이질감보다는 문화적 이질감'에 더 크게 기인하고 있다고 주장한다. 그리고 "갈등의 실제적 원인으로는 정치, 경제, 군사 등 비종교적인 세속적 요인이 더욱 크게 작용하고 있음을 간과해서는 안 된다"[50]라고 역설한다.[51] 물론 민

---

48) Michael Amaladoss, "Identity and Harmony", in *Mission in the Third Millennium*, Robert J. Schreiter, ed. (New York, Orbis Books, 2002), 25.
49) 서재만, "아랍-이스라엘의 분쟁은 종교전쟁이 아니다", 『이슬람의 현실과 이상』, 73.
50) Ibid., 74.
51) 세계 분쟁 상황이 종교의 차이에서 오는 것이라기보다는 강대국 간의 패권다툼으로 보는 시각이 있다. 이 시각에 의하면 냉전시대에는 미국과 소련의 패권 다툼이 세계 여러 지역에서, 특히 중동지역에서 "대리전쟁"의 형태로 나타났으며 냉전 이후에는 더 이상의 대적이 부재한 상황에서 미국은 막강한 군사력과 정보망을 수단화하여 세계 패권과 경제이익 추구 등을 목적으로 하는 세계 경찰 형태의 지배의도를 가지고 있다고 볼 수 있다. 물론 이러한 미국의 일방적 패권주의적 태도는 이슬람 국가편에서는 기독교 세력의 확장으로 오인할 여지가 있는 것이다. 그러나 사실은 경제적인 욕구가 더 강하게 작용한 것이 사실이다. 한국일, 『세계를 품는 선교』, 253.

족간의 갈등과 충돌에는 자국의 이해관계와 정치적 요인 외에 종교적 신념이 함께 영향을 미치고 있는 것은 사실이다. 그러나 종교가 하나로 된다고 해서 모든 분쟁이 종식되고 평화가 오리라는 생각은 너무 순진한 생각임에 틀림이 없다. 또한 종교가 갈등의 직접적인 원인이 된 경우라도 본래 배타적인 성격을 갖는 종교의 특성상 대화를 통해서 현실적으로 종교간 갈등이 어느 정도나 해소될지는 회의적이다.

종교 간의 대화가 보다 깊은 진리를 찾는 데 도움이 될 것이라는 견해도 현실성이 약하다. 물론 어느 정도는 가능할 것이다. 그러나 사실 종교에 있어서는 어떤 타협이나 의견일치라는 것을 보기가 어렵다. 왜냐하면 "종교에서는 사람들이 각각 자기가 추구하고 신봉하는 가치에 절대적 의미를 부여하기 때문이다."[52] 또한 "종교적 진리는 객관적 진리로 제시되는 것이 아니라 신앙적 진술로 표현"[53] 되는 것이며 "절대 신념체계로서의 종교는 자기의 정당성과 진리에 대하여 스스로의 가치를 증명하는 자기 정당화의 능력을 지닌다."[54] 즉 종교적 진리는 객관적으로 비교되거나 평가될 수 있는 진리가 아니며, 기본적으로 양보하거나 타협할 수 있는 성격의 것이 아니다. 우리의 진리와 상대편의 진리를 서로 적당히 조합해서 더 좋은 진리를 만들어 낼 수 있는 성격의 것이 아니다. 서로 협력해서 어떤 공동의 선을 수행할 수는 있을지는 모르지만, 서로 협력해서 더 좋은 진리를 만들어 낸다고 하는 것은 현실성이 약하다. 진리를 찾고자 하는 종교 간의 대화는 그럴듯하게 들릴 뿐 실제적으로 오히려 종교의 절대성이 상실되면서 자칫 그 종교 자체의 약화 혹은 붕괴로 이어질 가능성이 크다. 실제로 사마르타 (S.J.Samartha)는 기독교와 힌두교 간의 대화가 어느 정도 진행된 후 힌두교 쪽으로부터 대화를 통하여 열등감을 느끼게 되고, 자신들의 정체성을 상실하게

---

52) 이원규, 『한국 교회의 사회학적 이해』 (서울: 성서연구사, 1996), 43.
53) 한국일, 『세계를 품는 선교』, 235.
54) Ibid., 48.

될 두려움 때문에 대화를 그만하자고 하는 제안이 들어왔다는 보고를 하고 있다.[55] 결국 종교 간의 대화는 실제적으로 얻는 것은 그리 많지 않고, 오히려 종교 자체의 약화로 이어질 가능성이 있으므로 이 같은 사실을 잘 고려할 필요가 있다. 한때 세계의 정신을 지배했던 막시즘이 이론상으로는 아주 정교하고 그럴 듯한 이론이지만 실제적으로 그것을 실천해본 결과 현실성이 약하여 결국 대부분의 나라들이 그것을 포기하였는데, 종교간 대화도 이론적으로 매우 합리적이지만 실제적으로 현실성이 약하고, 얻는 것보다는 잃는 것이 많음을 냉정하게 고려하면서 대화의 방향을 잡아 나가야 하는 것이다.

4. 종교간 대화의 방향성

앞장에서 살펴본 대로 종교간 대화에는 양과 음의 측면이 있다. 즉 대화를 통해서 얻는 것이 분명히 있는 반면 결정적으로 잃게 되는 것도 있다는 말이다. 그렇다면 우리가 추구해야 하는 대화의 방향은 음의 측면을 최소화하고 양의 측면을 극대화하는 방향으로 대화를 전개해 나가는 것이 될 것이다.

1) 공동의 선을 추구하는 방향

인류는 지금 다양한 문제들을 접하고 있으며, 이런 문제들을 해결하는데 기독교도 적극적으로 기여해야 할 상황에 놓여 있다. 이런 점에서 캐나다 밴쿠버는 "우리는 기독교인들과 타종교인들 간의 공동 활동과 협력의 경험을, 또 특별히 가난한 자들, 기본적인 인간의 존엄성, 정의와 평화, 경제재건, 기아와 질병

---

55) S.J. Samartha, "Dialogue as a Contiuning Christian Concern", in *Mission Trends No. 1*, ed. by Gerald H. Anderson and Thomas F. Stransky (Grand Rapids: Eerdmans, 1974), 255-256.

의 제거에 관한 분야에 있어서 협력의 절박성을 인정한다"56)라고 말한다. 참으로 온 인류는 종교적 차이를 넘어서 세계 속에서 인류가 직면한 여러 가지 문제들을 해결하는데 힘을 집결시켜야 할 때가 되었다. 즉 세계 평화와 정의로운 사회를 구현하고, 오해로 인한 종교간 갈등과 투쟁을 줄이고, 인류의 생존을 위협하는 환경오염과 생태계 파괴로부터 지구를 보전하는 등의 공동의 선을 실현하기 위하여 열린 마음을 가지고 적극 협력하여야 하며,57) 이를 위하여 종교간 대화의 장이 필요할 것이다. 즉 대화에서 우리는 서로 다른 신앙을 지닌 사람들과도 힘을 합하여 정의, 평화, 창조의 보전에 함께 기여하도록 경험을 나누어야 한다.58)

이와 같은 공동선 실천을 위한 종교간 협력의 예는 한국교회사에서도 많이 찾아볼 수 있다. 예를 들면, 3.1 운동 사건에서 불교, 천도교, 기독교는 종교적 이념을 초월하여 민족의 독립을 추구하였다. 또한 1970년대 반독재와 민주화를 위한 운동에서 여러 종교들의 역할이 참으로 컸다. 아울러 최근에 환경 보호와 생태계 보전을 위한 종교 간의 모임을 갖는 것 등은 공동선 추구를 위한 종교간 대화와 협력의 좋은 예라 할 수 있겠다.59) 이 같은 일을 지혜롭게 잘 추진해 나가는 것은 기독교의 대외 이미지의 개선에도 도움을 줄 수 있다. 현재 불교와 천주교의 경우는 여러 가지 면에서 서로 열린 마음을 가지고 협력을 잘 하는 반면, 기독교의 경우는 이와 같은 협력이 잘 이루어지지 않고 있다. 그런데 이와 같은 협력은 이웃 종교와 더불어 살아갈 수밖에 없는 다원적 종교 사회에서 때로 필요한 경우가 있다.60) 기독교가 지나치게 배타적 종교라는 이미지를 강하게 인식

---

56) 세계교회협의회, "제6차 총회: 캐나다 벤쿠버 (1983)", 『역대총회종합보고서』, 430.
57) 한국일, 『세계를 품는 선교』, 230.
58) Ibid., 227.
59) Ibid., 269-270.
60) 이홍정, "한국교회의 선교적 정체성과 전망," 『선교학개론』, 한국선교신학회 편 (서울: 대한 기독교서회, 2004), 335.

시킬 경우 전도에도 장애가 되므로 기독교는 최대한 독선적인 종교라는 이미지를 개선할 필요가 있다. 이것은 결코 타종교의 교리를 수용하거나 종교다원적인 사고를 수용하라는 것이 아니며, 단지 다원적인 사회 속에서 기독교가 지나치게 배타적인 종교라는 인식을 불식시키고 공동의 선을 함께 추구해 나가야 한다는 것을 의미하는 것이다.

2) 상호 배움보다는 복음 전달에 강조점을 두는 방향

'종교 간의 대화'라는 주제를 다룰 때 핵심 사항 중의 하나는 대화의 목적을 무엇으로 삼는가 하는 것이다. 똑같은 대화를 나누더라도 그 대화를 통하여 최종적으로 얻고자 하는 것이 다를 수 있다. 조금 단순화시켜서 말하자면, 에큐메니칼 진영에서는 대화를 통하여 세상에 대한 책임을 효과적으로 감당하는 것을 목적을 생각한다면, 에반젤리칼 진영에서는 대화를 통하여 세상에 복음을 효과적으로 전달하는 것을 생각할 것이다. 또한 앞의 진영에서 타종교를 더 잘 알아서 상호간의 오해와 편견을 불식하여 평화를 가져오는 것에 주된 관심을 둔다면, 후자의 진영에서는 타종교를 더 잘아서 효과적으로 복음을 전달하게 되는 것에 더 많은 관심을 기울일 것이다. 또한 전자에서는 대화를 통하여 상호 배움을 얻고자 한다면, 후자에서는 그와 같은 상호 배움을 통하여 좀 더 효율적으로 전도를 하고자 하는 일에 주된 관심을 가질 것이다. 물론 이와 같은 차이는 강조점의 차이를 말하는 것이지, 어느 한쪽만을 목적으로 둔다는 의미는 아니다. 그러나 강조점의 차이가 실재하는 것은 분명하다. 대화의 필요성을 강조한 존 맥쿼리(John Macquarrie)가 선교는 하나님의 구원의 은혜가 이미 인식할 수 있을 정도로 활동하고 있는 소위 고등 종교들의 신자들을 개종하는 것을 목표로 해서는 안 된다고 주장할 때 그는 확실히 복음 전달에는 거의 관심이 없음을 볼

수 있다.[61]

종교간 대화의 목적을 상호 배움으로 둘 때 얻어지는 유익들은 물론 많다. 대화를 통하여 새로운 지식을 얻게 되고, 우리 자신의 왜곡된 모습을 발견하게 된다. 즉 대화를 통해 우리 자신의 잘못을 수정하는 좋은 계기를 삼을 수 있다.[62] 또한 그러한 앎을 통해 복음증거의 좋은 발판을 마련할 수 있다. 그럼에도 불구하고 우리의 대화가 단순히 상호 배움 정도에 머문다면 우리의 대화는 자칫 인류학자, 각종 국제기구, 자선 단체, 환경단체 등이 추구하는 대화의 목적과 크게 다르지 않은 대화의 수준에 머무르고 말 것이다. 즉 우리의 대화가 상호 배움을 통하여 단순히 좀 더 폭넓은 진리를 터득하고, 세상에 대한 책임을 더 잘 감당하고, 세상에 평화를 가져오는 것으로만 그친다면 그것은 기독교 선교가 추구하는 대화의 목적에는 못 미치는 것이다. 또한 우리의 대화가 상호 배움의 측면에 초점이 맞추어질 경우 대화를 통하여 어느 정도 새로운 진리를 얻는 측면도 있겠지만, 우리에게 이미 주어진 진리에 대한 확신의 감소라는 부작용을 가져올 수 있는 것이다. 참된 상호 배움의 자세는 기본적으로 나에게 주어진 진리를 배움에 의거하여 언제라도 그것을 바꿀 수 있는 자세를 전제로 하기 때문이다.

이런 점에서 우리의 대화는 상호 배움의 차원을 넘어서서 그리스도의 주되심을 알리고 모든 이들이 그 주되심에 복종하게 됨으로 말미암아 세상에 참된 평화가 오도록 하는 것에 목적을 두어야 하는 것이다. 한국일도 이런 점에서 종교간 대화의 방향을 다음과 같이 강조하고 있다.

> 또한 기독교와 타종교와의 대화에 관한 논의는 모든 인류를 그리스도에게로 인도해야 하는 선교적 위임의 관점에서 다루어야 한다. 그렇게 때문에 대화는 필요하지만 그 자체만으로 선교에 충분한 것은 아니다. 대화는 하나님의 사랑을 전하는 선교적 관점에서 이해하고 수용되어야 한다는

---

61) John Macquarrie, *Principles of Christian Theology* (New York: Charles Scribner's Sons, 1977), 445.
62) 한국일, 『세계를 품는 선교』, 218-219.

사실에 초점을 맞추어야 한다.[63]

대화에서 정체성을 상실하지 않으면서도 상대주의에 빠지지 않는 길은 해결하기 어려운 긴장을 지닌다. WCC의 보고서도 이러한 긴장을 공적으로 인정하면서 "우리는 이 긴장을 인정한다. 그러나 그것을 해소하려고 시도하지 않는다"[64] 라고 말한다. 종교간 대화란 이처럼 미묘하고 어려운 작업이다. 바람직한 선교는 이처럼 미묘한 긴장 가운데 있는 일에 힘을 쏟는 것이 아니라, 분명하게 주어진 복음을 전하는 일에 더 많은 힘을 쏟는 것이 마땅한 것이라고 여겨진다.

3) 상황에 따른 대화 전략 추구의 방향

종교간 대화는 그것이 진행되어지는 장의 상황에 따라 대화의 성격도 달라져야 한다. 예를 들어 WCC, KNCC, 교단 총회 등에서 추진하는 대화의 성격과, 지역 교회, 혹은 성도 개인이 추진할 수 있는 대화의 성격은 분명히 다르다. 이러한 상황에 대한 배려 없이 천편일률적인 대화 이론을 제시하는 것은 자칫 종교간 대화에 대한 거부감을 갖게 만들고 대화의 부작용을 확대시켜 결국 대화를 현실적으로 불가능하게 만드는 요인이 될 수 있다.

상황에 따른 종교간 대화의 방향성은 계속 연구하여야 할 과제이지만, 현재로서 생각할 수 있는 기본적인 방향을 제안한다면 다음과 같다. 먼저 각 교단 총회 혹은 연합사역 등(WCC 혹은 NCC 등)에서의 대화의 기본적인 목표는 타종교와의 협력을 통한 '사회 공동선의 실현'과 '긍정적 기독교 이미지 심기'라고 말할 수 있겠다. 에큐메니칼에서 말하는 대화 프로그램은 대부분 이 차원에서 많이

---

[63] Ibid., 228-229.
[64] WCC, *The San Antonio Report*, 33.

실천될 수 있으리라고 본다.

두 번째로 지역 교회 차원에서는 대화의 방향을 '종교 간의 불필요한 갈등 방지'와 '참된 증인 양육하기'로 정할 수 있을 것이다. 앞서 언급한 바 있는 기독교인에 의한 훼불 사건과 같은 것들은 기독교의 절대성을 반증하는 사회적인 충격이 되기보다는 타종교와의 긴장과 물리적인 마찰로 이어질 소지가 많아진다. 따라서 개 교회는 성도들에게 타종교에 대한 무조건적인 배타적 태도나 공격적인 태도가 결코 선교에 도움이 되지 못함을 잘 이해시킬 필요가 있다. 또한 목회자들의 설교에서 지역 내에 있는 타종교들을 비방하거나 공격하는 모습은 자제하는 것이 좋다. 그런 언급은 공연히 반감만 불러일으킬 뿐 복음전도에 별 도움을 주지 못한다. 그리고 지역교회는 성도들로 하여금 다원사회 속에서 인격적인 대화를 추구하면서 증인이 될 수 있도록 훈련하여야 할 것이다.

그렇다면 다원사회 속에서 어떻게 인격적인 대화를 추구하면서 증인이 될 수 있을까? 이것은 대화의 세 번째 차원인 성도 개개인 차원에서의 대화 목표와 연관되어 있는데 그것은 '인격적 관계 형성을 통한 복음증거'라고 할 수 있다. 즉 성도 개개인 차원에서의 대화는 종교간 협력을 통한 공동선의 추구나 타종교와의 대화를 통한 진리의 발견 등의 목표보다는 대화를 통한 관계 형성, 섬김과 희생을 통한 신뢰 구축, 그리고 이와 같은 기초 위에서 종국적으로 이루어지는 복음 증거 등으로 방향을 잡는 것이 좋을 것이다. 한국 정서에서는 타종교에 대한 섣부른 언급이나 타종교인과의 논쟁은 결코 좋은 결과를 얻을 수 없다. 오히려 묵묵히 자신의 신앙에 충실하고 신앙을 삶으로 실천하면서 복음의 능력을 실제적으로 보여주는 것이 중요하며, 기회가 있을 때마다 인격적으로 대화를 나눔으로써 복음을 전하는 것이 중요하다. 포스트모던 시대의 사람들은 한 사람이 무엇을 믿는가보다 그가 어떻게 사는가에 더 깊은 관심을 가지게 되며, 참 신앙의 능력을 삶으로 살아낼 때에 그 신앙으로 이끌리게 된다. 또한 전도의 방법도 회유나 설득 등의 방법이 아니라 섬김과 희생 등이 더 설득력이 있다. 결국 성도 개개인 차원에서의 대화는 관계형성, 신뢰 구축, 그리고 복음 나눔 등의 방향으로 추진되는 것이 바람직할 것이다.

요약 및 전망

종교간 대화에 있어서 가장 핵심적인 사항은 대화를 추구하면서 기독교의 정체성이 약화될 수 있는 부작용의 가능성과 현실적인 문제들의 해결을 위하여 대화를 추구하지 않을 수 없는 필요성 사이에 적절한 균형을 잡는 일일 것이다. 지금까지 대화에 관한 논의들은 주로 한쪽의 입장만을 강조하는 경향을 지녔다. 즉 대화의 필요성을 주장하면서 부작용에 대해서는 거의 언급조차 하지 않는 경우와, 대화는 기독교 정체성에 심각한 타격을 줄 수 있고 실제적으로 얻을 수 있는 것도 별로 없다는 사고에서 대화 자체를 거부하는 경우이다. 종교간 대화는 이 두 가지 극단을 넘어서서 기독교 선교와 교회에 도움이 되는 방향으로 지혜롭게 추진되어져야 할 것이다.

이와 같은 방향을 생각할 때 잊지 말아야 할 것은 종교간 대화는 분명히 필요한 부분이 있지만, 동시에 기독교 자체에 큰 해를 주는 면이 없지 않다는 사실이다. 나이로비도 대화가 지니는 이와 같은 위험성을 염두에 두면서, "그러나 그 대화가 선교에 대한 대안으로서 여겨질 수는 없고 또 우리의 신앙에 저해가 되어서는 안 된다"[65]라고 강조하였다. 어떤 경우에라도 종교 간의 대화가 복음에 대한 이해를 모호하게 만들거나 교회에 주어진 선교적 위임을 약화시키는 결과로 이어져서는 안 될 것이다.[66] 종교간 대화는 인류의 공동선 추구와 상호 이해

---

65) WCC, "제5차 총회: 케냐 나이로비 (1975년)", 역대총회종합보고서, 357.
66) 한국일, 세계를 품는 선교, 228.

등을 위하여 적절히 수용되어지되, 종교간 대화로 인해 기독교의 정체성의 약화를 가져오지 않도록 늘 주의를 기울여야 할 것이다. 또한 종교간 대화가 단순히 공동선 추구와 상호 배움을 넘어서 효과적 복음 증거에 기여하는 방향으로 나아가야 할 것이다. 아울러 종교간 대화가 이런 다양한 역할을 효율적으로 감당하는데 기여하도록 하기 위하여 전체 교회 협의회 차원, 교단 차원, 개 교회 차원, 그리고 신자 개개인의 차원에서 각각의 상황에 맞는 적절한 대화의 방향을 설정하고 추진하는 것이 필요할 것이다.

주제 VIII. 종교다원주의 RELIGIOUS PLURALISM

기독교 외의 다른 종교에도 구원이 있는가? 종교다원주의는 이 질문에 대하여 긍정적인 방향의 대답을 내어놓고 있다. 이 대답이 사실이라면 선교는 그 중요한 근거를 상실하거나 선교의 방향을 완전히 달리해야 한다는 점에서 종교다원주의는 선교에 있어서 가장 핵심적인 주제 중 하나이다. 종교다원주의가 주는 선교에의 도전과 조언은 과연 무엇인가?

왈터 카스퍼(Walter Kasper)는 "기독교외의 다른 종교에도 구원이 있는가? 이 질문에 대한 대답 여하에 따라 역사 속에서 교회의 의미와 위치가 좌우된다"[1]라고 설파하였다. 과연 이 문제는 참으로 중요한 문제이고 그런 이유에서 이 문제에 대한 흥미나 토론이 참으로 무성한 상황이다. 그러나 그럼에도 불구하고 이 문제에 대하여 어떤 명쾌한 결론이 나기보다는 오히려 논의만 더 무성해지는 양상을 보이고 있다. 그래서 빅터 헤이워드(Victor E. W. Hayward)의 말처럼, "크리스천들이 위대한 비기독교적 종교를 어떻게 보아야 하는가에 관한 논의는 일치점에 도달했다기보다는 오히려 막다른 골목에 봉착하고 있다."[2] 특별히 종교다원주의의 문제는 선교에 가장 핵심적인 이슈가 아닐 수 없다. 종교다원주의가 사실이라면 선교는 그 근거를 상실하게 되고 선교를 수행한다 해도 그 방향

---

1) Walter Kasper, "Are Non-Christian Religious Salvific?" in *Evangelization, Doalogue and Development*, ed. Mariasusai Phavamony(Rome: Gregouiar Documenta Missionale 5, 1972), 157.
2) Victor Hayward, "Long Term Missionary studies of the I.M.C." *International Review of Missions*, XLIV (July, 1960), 316.

이 달라져야 할 것이기 때문이다. 이런 점에서 본 장은 종교다원주의를 과연 어떻게 보아야 하며, 종교다원주의가 점차로 퍼져나가는 이 시대에 어떤 자세로 선교를 감당해야 할지를 고찰하고자 한다.

1. 종교다원주의의 태동 및 흐름

종교다원주의의 형성에 가장 결정적인 영향을 준 철학사조는 아마도 19세기의 역사적 상대주의일 것이다. 역사적 상대주의란 인간이 이룩한 모든 정신적 물질적 산물은 역사적 산물로서 역사 속에서 만들어지고 역사적 맥락과 상황에 의해 제한되며, 역사 발전 법칙에 예속된다는 사고이다. 그런데 역사적 맥락과 상황은 고정불변의 실체가 아니므로 역사과정 중에서 출현하는 모든 것은 상대적이며 종교도 여기에서 예외가 될 수 없다는 사상이다. 이러한 역사적 상대주의 입장을 신학에서 가장 처음 구체화한 사람은 에른스트 트뢸치(E. Trosltsch 1865-1923)일 것이다. 그는 기독교가 독특성을 가진 것은 사실이지만 다른 종교들도 나름대로 독특성을 지니고 있기 때문에 기독교와 다른 종교들 사이에 본질적으로 차이가 없으며, 기독교 역시 역사적 현상이라는 제한성에 얽매여 있기에 기독교를 유일한 종교로 일반화시킬 수 없다고 보았다.[3]

트뢸취의 이 같은 주장에 이어 현대 기독교 선교운동과정에서 타종교의 문제를 본격적으로 제기한 사람들은 윌리엄 호킹(William Hocking)을 중심으로 하는 일단의 평신도지도자들이었다.[4] 이들은 미국과 캐나다의 일곱 교단에서 각

---

3) E. Troeltsch, "The Place of Christianity Among the World Religions", in *Christianity and Other Relisions*, John Hick and Brian Hebblethwaite, eds. (Philadelphia: Fortress Press, 1980), 31. Ernst Troeltsch, *The Absoluteness of Christianity* (Richmond: John Knox Press, 1971), 98-106.
4) 1910년 에든버러 대회나 1928년 예루살렘 대회에서 타종교의 문제가 거론되지 않은 것은 아니었지만 그 목적은 어디까지나 타종교의 사람들에게 전도하기 위한 목적이었다. 예루살렘대회에서 기독교와 타종교

각 다섯 명씩의 평신도 지도자들로 구성되었으며, 1931년 9월부터 1932년 6월 사이에 인도, 미얀마, 중국 및 일본의 선교실정을 조사 연구하였다. 선교 시찰 후에 그들의 소견을 '선교의 재고: 100년 후의 평신도들의 연구'(Rethinking Missions: A Layman's Inquiry after 100Years)라는 제목으로 1932년에 발표하였는데, 여기에서 그들은 노골적으로 타종교의 사람을 기독교로 개종시키는 회심의 선교를 거부하였다.

윌리엄 호킹은 주장하기를, 여러 종교 간의 관계는 앞으로는 점진적으로 함께 진리를 탐구한다는 형태를 취해야 마땅할 것이고, 선교사는 이들 비기독교적인 여러 종교의 멸망을 기대할 것이 아니라, 기독교와 계속 공존하면서 궁극의 목표를 향해 성장하기 위하여 서로 자극하며, 가장 완전한 종교적 진리에 있어서의 일치를 기대해야 하는 것으로 가르쳐야 한다고 했다.[5] 그리고 "만약 선교의 목적을 아시아의 사람들을 신자로 완전히 회심시키는 것으로 생각한다면 이것을 완전히 달성하기는 요원할 것이다. 우리가 믿기로는 이러한 목적은 어떤 외국인 사람들에게도 적당하지 않다"[6]고 경고하였다. 그는 '하나의 길, 곧 그리스도의 길'을 따르는 낡은 선교방법과 '진리의 공동모색'에 있어서 다른 종교들과 협력을 지향하는 새로운 선교방법의 차이점을 명백하게 지적하면서 후자의 방법을 선택할 것을 주장하였다.[7]

이러한 다원주의의 물결은 크래머에 의하여 일단 저지되었다. 크래머는 세계교회협의회의 요청으로 1938년 탐바람 세계선교회의에 대비하여 '비기독교 세계에 있어서의 기독교의 메시지'(The Christian Message in a Non-

---

의 관계를 진리와 거짓으로보다는 우월과 열등의 비교 종교학적 방법을 채택하였으나 기독교의 최후성과 절대성을 양보하지 않았으며 타종교의 사람들과 자리를 함께 하는 것을 제안했다. 그러나 그 초청의 목적은 어디까지나 전도를 위한 것이었다. 전호진, 『한국 교회와 선교 II』(서울: 도서출판 엠마오, 1985), 45.

5) William Hocking, *Rethinking Mission: A Layman's Inquiry after One Hundred Years* (New York: Harper & Brothers, 1932), 44-47.
6) Ibid., 24.
7) Ibid., 47.

Christian World)라는 저술을 내었는데, 여기에서 그는 기독교의 계시는 절대적으로 독자적인 것이며 비기독교적 종교체험 일반과는 근본적으로 비연속성을 지니고 있음을 강조하면서, 비기독교적 여러 종교와의 유일한 기본적 접촉점은 선교에 종사하는 자라고 말하였다.[8] 그러나 크레머 이후에 종교다원주의에 대한 논의는 끊임없이 되살아나 교회와 선교회들과 다른 종교인들 및 일반 무신론자들의 신학적 종교적 논란거리가 되어 왔다.

1961년 WCC 뉴델리 대회시, 인도의 신학자 데바난단(Devanandan)이 종교다원주의를 주장하면서 타종교의 사람들과의 대화 문제가 강하게 부각되었으며, 그 결과 뉴델리 대회는 더 이상 기독교와 타종교를 비교하지 않고 오히려 타종교 속의 빛을 찾는데 관심을 기울였으며 타종교 속에 역사하는 그리스도에 초점을 두었기 때문에 기독교의 절대성을 언급하지 않았다.[9] 1968년 웁살라 대회에서는 "대화에서 그리스도가 말씀하시고 그리스도를 모르는 자들에게도 자신을 계시한다고 말하므로 교회 밖의 계시의 가능성을 인정하였다."[10] 1973년에는 WCC의 세계선교 및 전도위원회(Commission on World Mission and Evangelism)가 주최한 방콕 대회가 열렸는데, 이 대회는 대화 문제에 중점을 두고 태국의 불교 승려들을 회의에 초청하였으며 또한 불교 사원을 방문하기도 하였다. 이 대회는 다음과 같은 내용의 보고서를 내기도 하였다.

> 백성들과 국가 간의 상호 의존이 증대됨에 따라 세계 공동체에 대한 필요가 더욱 분명해진다. 다른 여러 종류의 산 신앙과 이데올로기를 믿는 우리는 이러한 필요성에 직면한다. 이러한 상황에서 우리는 그들 신앙의 세계적 의미를 다시 이해하도록 도전을 받고 있다. 기독교 신자들은 인간의 필요를 충족시키며 인간의 고통을 덜어주며 사회 정의를 세우며 폭넓은 공동체를 위하여 일하

---

8) Hendrik Kraemer, *The Christian Message in a Non-Christian World* (New York and London: Harper & Brothers, 1938), 140.
9) 전호진, 『한국 교회와 선교 II』, 47.
10) Norman Good All, ed., *The Uppsala Report 1968* (Geneva: World Council of Churches, 1968), 29.

며 평화를 위한 투쟁을 위해 이들과 기쁘게 일할 수 있다. 이러한 관점에서 주제가 다시 등장한 것은 주목할 가치가 있다. 이 공동의 연구는 계속 추구되어야 한다.[11]

WCC는 1975년까지 크고 작은 대화의 모임을 13회 가졌으며, 1975년 나이로비 대회에서는 전도의 대안으로서의 대화를 거부하고 인류의 생존과 복지를 위해 대화가 필요하다고 주장하였다. 물론 이러한 제안에 대하여 종교 혼합주의로 떨어지는 것에 대한 우려로 난색을 표하는 서구 선교학자들도 있었지만,[12] WCC는 로마 가톨릭교회의 보편 계시론과 보편 구원론을 수용하는 경향이 강하다. 즉 구원의 효과는 기독교 공동체에 제한되지 않으며 그리스도는 성령을 통하여 우주적으로 모든 사람을 비추고 모든 사람의 마음속에 활동한다는 주장을 받아들이며, 이로 인해 다원주의 논쟁은 계속되고 있는 것이다.

2. 종교다원주의의 내용

1) 포용주의

포용주의란 타종교에도 구원의 가능성이 배제되지는 않고 잠재적으로 존재하고 있는데, 이러한 가능성이 기독교 복음과의 만남을 통해서 현실화된다고 보는 견해이다. 이러한 견해는 천주교 학자인 칼 라너가 말하는 '익명의 신자(anonymous Christian)'라는 개념에 잘 나타나는데, 제2바티칸 회의 이후 로마 가톨릭교회에서 수용하고 있는 견해이다. 이 개념에 의하면 비기독교 종교도

---

11) CWME, *Bangkok Assembly 1973: Minutes and Report of the Commission on World Mission and Evangelism for the World Council of Churches* (Geneva: World Council of Churches, 1973), 79.
12) S. J. Samartha, *Courage for Dialogue* (Maryknoll: Orbis Books, 1981), 57.

하나님에 관한 지식이 있으며, 하나님의 은혜가 나타났기 때문에 타종교의 사람들을 단순히 불신자로 볼 것이 아니라, 익명의 크리스천으로 간주해야 한다고 본다. 이러한 견해 위에서 그는 "복음 선포는 하나님과 그리스도를 완전히 버린 어떤 사람을 신자로 만드는 것이 아니라 익명의 신자를 객관적 성찰에 의해 하나님이 주신 깊은 은혜에 대한 기독교적 신앙을 알고, 또 교회 안에서 사회적 형태로 나타나는 신앙고백에 대한 신앙을 아는 사람으로 바꾸는 것이다"[13]라고 하였다. 타문화권 속에 태어나서 복음을 접할 기회가 없이 사는 사람들은 그 문화권 속에서 신앙할 수 있는 종교를 믿음으로 기독교 문화권의 기독교인과 동일한 의미를 갖게 된다는 것이다. 가령, 불교 문화권 속의 불교도는 불교도로 불리우는 기독교인이며 회교권의 회교도는 회교도라 불리우는 기독교인으로 볼 수 있다는 견해이다. 따라서 라너는 타신앙인들도 이미 신앙 속에 있으나 그것을 깨닫지 못하므로 그들 속에 계신 그리스도를 소개하고 그들이 이미 다른 이름을 가진 그리스도인임을 깨닫게 하는 것이 중요하다고 주장한다.[14]

이 같은 포용적인 견해는 하나님의 보편적 구원의지를 그 출발점으로 잡고 있다. 즉 하나님은 모든 인류를 구원하시고자 하는 의지를 가지고 계시므로, 구원에 필요한 은혜는 모든 인간에게 제공되어야 한다는 구원낙관주의(Heilsoptimismus)와 맥을 같이 하는 것이다.[15] 이 견해를 주장하는 사람들은 다음과 같은 몇 가지 성경적 증거를 주장한다. 즉 요한복음은 예수가 모든 사람들에게 빛을 비추었다(요 1:1-9)는 것을 지적한다. 바울은 예수의 탄생 천년 전에 '그리스도'는 이스라엘 백성들이 시나이에서 방황 중에 있을 때 그들과 함께

---

[13] Karl Rahner, "Christianity and the Non-Christian Religions", Christianity and Other Religions, J. Hich and B. Hebblethwaite, ed.(Philadelphia: Fortress Press, 1985), 75.
[14] Karl Rahner, "Anonymous Christians", Theological Investigations VI(London: Longman and Todd, 1968), 390-398.
[15] 김영한, "기독교와 타종교, 종교대화", 『21세기의 기독교와 타종교』, 한국 기독교 문화 연구소 편(서울: 숭실대학교 출판부, 1999), 28.

있었다(고전 10:4)고 말하고, 사도행전 14:17은 성경계시를 전혀 모르는 사람들 가운데에서도 하나님이 "자기를 증거하지 아니하신 것이 아니니"라고 확증하는 사실을 지적한다.16) 즉 예수 그리스도는 결정적이고 규범적이며 최종적이지만 배타적이지는 않다는 것이다.

그러나 이 견해는 다원주의적인 입장에서조차도 환영을 받지 못하고 있는데, 그 이유는 이 견해가 어디까지나 기독교 중심의 포괄론이며 다른 종교를 무시하거나 열등하게 보는 종교 제국주의 혹은 기독교 우월주의적 시각을 근본적으로 탈피하지 못하기 때문이다. 즉 이것은 기독교 복음도 손상시키고17) 다른 종교로부터도 환영받지 못하는 모호한 자리에 서있는 셈이다. 이 견해는 회심자체를 완전히 거부한 것은 아니지만 회심의 필요성을 많이 약화시켰고, 진리를 상대화하는 종교다원주의자들의 길을 열어놓는 징검다리로 사용되었다고 할 수 있다.18)

2) 다원주의

포괄적 견해와 달리 다원적 견해는 하나의 절대적인 종교가 존재하는 것이 아니라, 여러 개의 종교가 존재한다는 견해를 지지한다. 종교다원주의의 대표적 인물인 존 힉(John Hick)은 모든 종교는 하나의 진리이신 신(God)이 각기 다른 문화적인 배경을 따라서 다르게 표현된 현상에 불과하다고 주장한다. 즉 모든 종교적 신념과 실천의 중심에는 '하나의 신적 실재'(one divine reality)가 있으며 역사적으로 나타난 모든 종교들은 이 실재에 대해 역사적으로 문화적으로 제

---

16) 도널드 G. 도오 & 죤 B. 카먼 편저, 『종교다원주의와 기독교 신앙』, 한숭홍 역(서울: 나눔사, 1993), 121-122.
17) 이 견해는 그리스도의 은총의 독특성을 하나님의 초자연적 보편은총행위 속으로 용해시켜 버리고, 성경적 역사적 그리스도를 익명적 우주적 그리스도로 변질시키는 문제를 만들고 있다. 라너는 하나님의 특별은총을 일반화시킴으로써 구속은총과 일반은총의 경계를 무너뜨리고 있는 것이다. 김영한, "기독교와 타종교, 종교대화", 31-32.
18) 한국일, "선교와 회심", 「장신논단」, 2001, 415.

약된 인간의 반응이라고 말하면서 아무리 종교가 많아도 결국 하나의 신이 여러 개로 재현(representaion)된 것뿐이라는 주장을 하면서, 전통적인 예수 중심적 모델로부터 신 중심적 모델로의 패러다임 전환을 선언하였다.[19]

그의 주장에 따르면 인류는 처음에 각 사람의 내적 종교성(Innate Righteousness)으로 신앙생활을 했고 주전 900년 또는 800년경부터 세계의 주요 문명 발상지인 그리스, 근동, 인도 및 중국에 위대한 종교적 각성이 일어나 고등 종교가 형성되었다. 이 때가 인류 문화와 종교의 기본적인 축이 형성된 시기인데 이즈음에 히브리 예언자들이 살았고 페르시아에는 조로아스터, 중국에는 공자를 위시한 사상가들, 인도에는 부처와 우파니샤드의 기자들이 살았었고 그리스에는 피타고라스, 소크라테스 및 플라톤 등이 존재하였다. 히브리 예언자들의 전통을 받아 예수와 기독교가 출현했고 후에 모하멧과 회교의 형성을 보게 되었는데, 수천 년 전에는 대륙 간의 통신수단이나 문명의 발달 속도가 느렸기 때문에 사람들은 각기 다른 자신들의 문화권속에 살 수밖에 없었다.

이런 상황 속에서 인간들의 횡적 교류를 통해 하나님의 계시가 주어질 수 없었고 수직적으로 각각 분리되어 계시가 주어졌다. 이러한 계시는 영적 감수성이 뛰어났던 사람들에게 주어졌으며 자연스럽게 시간, 공간, 역사, 문화, 언어, 기후 등에 의하여 영향을 받았다. 따라서 계시자는 동일했어도 계시의 문화적 형태는 다를 수밖에 없게 되었다는 것이다.[20] 이런 점에서 기독교도 우주적이며 초시간적인 것이 아니라 역사 속에서 항상 다른 종교와 마찬가지로 역사적 현상에 불과했기 때문에 그 절대성을 구가할 수 없다는 것이다.[21] 따라서 종교들 간

---

19) John Hick, *God and the Universe of Faiths* (N.Y. : St. Martin's Press, 1973), 131. John Hick, "Whatever Path Men Choose Is Mine", in *Christianity and Other Religions*, ed., John Hick and Brian Hebblethwaite (Glasgow: Fount, 1980), 182.
20) John Hick, "Whatever Path Men Choose in Mine", in *Christianity and Other Religions* (Philadelphia: Fortress Press, 1985), 182-183.
21) Paul F. Knitter, *No Other Name?* (New York: Orbis, 1986), Chap. 2.

의 차이는 진리와 거짓의 문제가 아니라, 진리에 대한 다른 인식의 문제라고 여긴다. 즉 종교적인 믿음에서 어떤 것은 옳고 어떤 것은 그르다고 이야기하는 것을 인정할 수 없다는 것이다. 종교적인 믿음은 개인적인 문제이고, 각 사람은 자신의 믿음을 가질 권리가 있음을 말한다.[22] 이 같은 종교다원주의 안에는 다양한 주장들이 있는데, 다음의 두 가지가 가장 중심적인 내용이라 할 수 있다.

(1) 신 중심적 다원주의

신 중심적 다원주의는 여러 명의 종교 창시자들이 있지만 그 창시자들이 지시하는 신은 동일하다는 것이다. 즉 종교가 여럿 있다는 것은 하나의 정상을 향한 여러 개의 길이 있는 것과 같다는 것이다. 비록 여러 개의 길, 즉 여러 개의 다양한 종교를 통해서 정상에 올라갈 수 있지만, 도달할 수 있는 진리는 단지 하나뿐이라는 것이다. 모든 종교는 여러 개이지만 하나를 지향하고 있다는 것이다. 또 종교가 여러 개 있다는 것은 부모와 자식의 관계처럼 한 부모 밑에 여러 형제들이 있는 것과 같다는 것이다. 그러므로 비록 이 지구상에는 다양한 종교가 있지만, 이런 종교들이 서로 이질적이라는 것을 뜻하지 않는다는 얘기이다. 왜냐하면 그들이 서로 다르더라도, 그 모두는 단지 한 궁극적 실재, 혹은 하나의 신으로부터 파생된 여러 형제들이라고 할 수 있기 때문이다. 따라서 이제 모든 종교는 그런 종교의 창시자를 믿게 만드는 것이 아니라, 그런 창시자들이 공통적으로 가리키고 있는 궁극적 절대자, 즉 신을 믿도록 해야 한다는 것이다. 존 힉은 종교인들이 이렇게 신 중심적인 태도를 가지고 사유하는 것을 신학의 코페르니쿠스적 혁명(Copernican revolution)으로 불렀는데, 이것은 마치 지구를 중심으로 태양이 돌고 있다는 천동설이 태양을 중심으로 지구와 그 밖의 행성이 돌고 있다는 지동설에 의해서 뒤집힌 것처럼, 예수나 마호메트나 불타를 중심으로

---

22) 레슬리 뉴비긴, 『다원주의 사회에서의 복음』, 허성식 역(서울: IVP, 1998), 36.

신이 돌고 있는 것이 아니라, 오히려 신을 중심으로 그들이 돌고 있다는 것을 알아야 한다고 확신했기 때문이다. 이 같은 이해 위에서 힉은 다른 종교와의 관계를 바로 이해하기 위하여 우리의 관점을 예수 그리스도(그리스도 중심)로부터 하나님에게로 바꾸어야 한다고 주장한다(하나님 중심). 그리스도 중심의 관점은 마치 천동설과 같은 잘못된 견해이며 하나님 중심 사상은 지동설이라 할 수 있기 때문에 우리 생각을 하나님 중심으로 전환하지 않으면 안 된다고 주장하는 것이다.[23]

(2) 우주적 그리스도의 사상

신 중심적 다원주의가 신 즉 구원의 종착점을 가지고 문제를 풀어나가려고 시도하는 것이라면 우주적 그리스도의 사상은 구원의 길 즉 구원의 중재자를 중심으로 문제를 풀어가려고 시도하는 것이라 할 수 있다. 이 주장에 의하면 그리스도는 기독교에만 존재하는 것이 아니라 타종교에도 나타난다는 사상으로서 로고스론 이라고도 한다. 이 주장에 의하면, 예수는 그리스도일 수 있지만 역으로 그리스도가 반드시 예수만을 가리키는 것은 아니라는 분리된 기독론을 주장하면서 보편적 그리스도와 역사적 예수를 분리하고 있다. 타종교의 종교적 창시자와 동등한 비중으로 예수를 이해하고 있기 때문에 예수는 인류의 구원자로서의 보편성을 가지고 있지 못하며 다만 기독교라는 특수한 종교적 범주에서 받아들이고자 하는 기독교인들의 구원자로 인식되고 있다. 그리스도는 예수 한 사람에게 역사적으로 고정되어 있는 것이 아니라, 예수 이외에도 여러 종교가 주장하고 있는 역사적 인물들이 그리스도가 될 수 있다는 것이다.[24]

---

23) John Hick, "Whatever Path Men Choose is Mine", in *Christianity and Other Religions*, 182.
24) Knitter, 『오직 예수이름으로만』 변선환 역(서울: 한국신학연구소, 1995), 237-258. Stanley J. Samartha, "Mission in a Religiously Plural World: Looking beyond Tambaram 1938", *International Review of Mission*, Vol 78:307, 315.

이러한 견해의 대표적인 주창자 중의 하나인 파니카는 보편적 그리스도를 말하면서 신의 영감을 우리에게 속삭이고 하나님처럼 말하는 자는 누구든지 그리스도라는 주장을 펼친다. 즉 그리스도는 나사렛 예수 안에만 유일하게, 궁극적으로, 최종적으로, 규범적으로 계시될 수 없고, 오히려 라마(Rama), 크리슈나(Krishna), 이스바라(Isbara), 푸루샤(Purusha), 타타가타(Tathagata)등의 역사적 인물의 이름으로 나타날 수 있다고 본다. 즉 예수는 신의 배타적 계시가 아니며, 예수 밖에서도 얼마든지 신을 만날 수 있다는 것이다. 따라서 기독교에 있어서 그리스도는 힌두교가 참 종교인 한 이미 힌두교 안에도 있다. 또 기도가 참 기도인 한 어떠한 힌두교의 기도에도 그리스도는 이미 역사한다. 그리고 예배가 하나님을 찬양하는 한 어떠한 형태의 예배에도 그리스도는 임재한다는 것이다.[25] 이처럼 우주적 로고스가 기독교에서는 그리스도로 성육한 것같이 다른 종교에도 우주적 로고스가 다른 형태로 나타나므로 기독교와 타종교는 얼마든지 대화가 가능하다고 주장하는 것이다.

3. 종교다원주의의 지지 배경

1) 압도적인 다원화 분위기

현대 사회의 특징은 한 마디로 다원화(pluralization)라는 말로 표현될 수 있을 것이다. 사회의 가치와 규범뿐만 아니라 사회 조직과 구조에서도 다원화가 지배적인 현상으로 나타나고 있는 것이다. 이러한 다원화 현상으로 인해 다원주의는 지난 30여 년간 사회의 여러 분야에서, 특히 문화와 종교 분야에서 거대한

---

25) Raymond Panikkar, *The Unknown Christ and Hinduism* (London: Darton, Longman and Todd, 1968), 6.

논의의 물결을 이루어왔다.26) 다원화의 상황에서는 절대성이 거부되고 상대성이 환영받는 경향이 강해진다. 즉 한 사회 안에 있는 여러 다양한 문화들과 생활방식들을 환영하고 이런 것이 인간의 삶을 풍요하게 해준다고 믿는 반면에27) 절대화는 불공평하고 교만한 편견이라고 여겨진다. 어떤 특정한 역사적 사건을 과거, 미래, 현대의 모든 인종과 국경과 문화를 초월하여 절대적인 진리로 주장한다는 것은 소박한 사람들의 넌센스로 취급되는 상황이 되었다.28) 이처럼 현대 문화 속에 압도적인 우위를 차지하는 상대주의는 어떤 확고한 믿음의 고백도 의심할만한 것으로 만드는 경향이 있다. 특별히 시대적으로 문화가 종교에 의하여 통제되던 근대와는 반대로 현대는 문화에 의하여 종교가 지배를 받고 있는 시대이므로 다원화된 문화가 종교에 막대한 영향을 미치게 되며 이런 상황 속에서 다원주의는 갈수록 더 현대인들에게 매력적인 것이 되고 있다.29)

2) 지구촌의 갈등과 전쟁 위협

현재 우리가 살고 있는 지구는 심각한 위기에 처하여 있다. 인종간의 갈등, 종교 간의 갈등, 환경오염, 그리고 핵전쟁의 가능성 등으로 생태위기와 인류 존망의 위기에 직면해 있다. 그런데 현재 지구상에서 벌어지는 전쟁과 민족들 간의 분쟁의 원인 중에는 종교적 문제로 인한 것도 상당수 있다. 예를 들어 인도와 파키스탄간의 갈등30), 스리랑카의 종교전쟁과 인종 갈등, 중동사태와 아일랜드의 사태는 종교와 인종 갈등이 복합적으로 작용하는 대표적인 실례들이다. 특히

---

26) 김영동, 『교회를 살리는 선교학』(서울: 장로회신학대학교 출판부, 2003), 440.
27) 레슬리 뉴비긴, 『다원주의 사회에서의 복음』, 허성식 역 (서울: IVP, 1998), 35-36.
28) 서정운, "종교다원주의와 기독교 선교", 246.
29) 최인식, 『다원주의 시대의 교회와 신학』(서울: 한국신학연구소, 1995), 264-265.
30) 현재 인도와 파키스탄의 갈등은 급기야 핵무기 발전으로 이어졌다. 파키스탄은 핵무기 발사 미사일의 이름을 이슬람폭탄으로 명명하였는데, 이들의 갈등이 종교적인 것에 그 뿌리를 두고 있음을 알 수 있다. 전호진, "종교 갈등과 핍박의 시대," 42.

중동에서의 이스라엘과 아랍간의 갈등과 대립 그리고 인도에서의 힌두교와 회교간의 갈등에는 원리주의자들 혹은 극단주의자들의 종교관이 그 주된 원인이다. 이들 종교의 과격파들은 특정사원이나 교회당 혹은 지역을 자기 종교의 신이 허락한 거룩한 곳이기 때문에 다른 종교의 사람들이 점령하거나 이미 차지한 것을 기어이 탈환해야 한다는 것이며, 이러한 자세가 종교 및 국제 정치적으로 전쟁의 씨앗이 될 가능성이 높다.[31] 이러한 상황 속에서 현대인들은 온 인류의 평화적 공존과 연합 즉 '하나됨'(unity)의 필요성과 타당성을 더더욱 강하게 느낀다. 그리고 이런 분위기 속에서 세계 종교들 중 어느 한 종교가 자신들이 이 모든 문제를 해결할 수 있는 진리를 소유하고 있는 것처럼 배타적인 주장을 펴는 것은 아주 터무니없는 것이며 나아가서는 인류에 대한 반역으로 간주되는 경향이 강하며,[32] 이런 상황에서 자연스럽게 다원주의는 많은 이들의 관심과 인기를 끌게 된 것이다.

특별히 식민지들이 정치적 독립을 한 후에 전통문화와 종교의 부흥운동이 강하게 일어났는데, 대부분의 경우 그들 자신들의 종교는 애국적이라고 생각하는 분위기 속에서 종교가 민족주의적인 사상 및 감정과 혼합되어 강렬한 민족정신으로 응결되는 양상을 보이고 있다. 가령, "참된 아랍인이 되려면 회교도라야 한다든가 진정한 미얀마인은 불교도 이다" 라는 식의 주장이 그런 것이다.[33] 이처럼 종교와 민족이 하나로 결합되는 경향을 보이면서 종교간 갈등이 더 심화될 것으로 전망된다. 이러한 상황을 보면서 다원주의자들은 모든 종교는 비록 여럿이지만 사실은 하나의 어버이 밑에 있는 형제자매라는 사실을 받아들이게 되면, 종교가 서로 분쟁하고 적대시할 이유가 없게 될 것으로 생각한다. 즉 많은 분쟁과

---

[31] 전호진, "종교 갈등과 핍박의 시대", 『선교신학과 선교 이슈』, 고신대학교 기독교 사상연구소 편 (서울: 쿰란출판사, 2000), 42-43.
[32] Stanley J. Samartha, "Mission in a Religiously Plural World: Looking beyond Tambaram 1938", in International Review of Mission, 1988, 78:307, 305.
[33] 서정운, "종교다원주의와 기독교 선교", 「교회와 신학」, 23집, 1991, 246.

갈등이 종교 간의 다툼이 원인으로 작용하고 있는 것이 사실이라면, 신 중심주의적인 다원주의는 이런 문제를 해결하는데 매우 효율적일 수 있다고 생각하는 경향이 짙어지면서 다원주의가 관심을 끌고 있다.[34]

3) 구원문제에 대한 의문

다원주의를 주장하는 사람들은 하나님의 보편적인 구원의지를 강조하면서, 공평하시고 위대한 사랑의 하나님이 어떻게 한 특정한 지역에 살았던 예수를 통해서만 전 인류의 구원을 도모할 수 있는가 라는 질문을 제기한다. 이런 질문과 함께 "교회 밖에는 구원이 없다"는 기독교의 전통적인 명제를 부정하는 경향이 있다. 특별히 지구촌 시대가 열리면서 구원의 문제는 더 심각하게 논의되게 되었다. 즉 교통과 통신수단 그리고 매스미디어 시대가 열리면서 복음과 타종교와의 관계에 대한 새로운 국면이 열리게 되었다. 과거에는 세계의 중요한 종교들이 일정한 지대에 구분되어 분포하고 있었기 때문에 각 종교의 예배처나 신봉자들도 서로 분리되어 존재해 왔다. 그러나 이제는 세계 도처에 교회, 성당, 유대교 사원, 회교 사원, 불교 사원, 힌두교 사원 등이 공존하게 되면서 서로를 더 가까이 대할 수 있게 되었다. 그리하여 전 세계의 다른 종교들의 존재를 확인할 수 있게 되었을 뿐 아니라, 교훈이나 생활 그리고 특징들을 서로가 쉽게 보고 들을 수 있게 되었다.[35] 이런 상황에서 사람들은 타종교인들의 구원의 문제를 더 생각하게 되었다.

사람들은 "다른 종교를 믿지만 아주 선하게 산 타종교인들이 단지 예수를 몰랐다는 이유로 지옥에 떨어지며 따라서 구원에서 제외되었다고 말해야만 하는

---

34) 장왕식, 『종교다원주의를 넘어서』 (서울: 대한기독교서회, 2002), 41.
35) 서정운, "종교다원주의와 기독교 선교", 245.

가?", "예수 이전에 살았기 때문에 예수의 복음을 듣지 못하고 세상을 타계한 매우 선한 사람들의 구원 문제는 어떻게 되는가?" 등에 대한 질문을 하게 된다. 이러한 질문에 대하여 다원주의자들은 모든 종교는 구원을 가져오는데 있어서 동등한 가치를 지닌다는 말로 구원의 문제를 쉽게 대답하고자 하며, 이러한 손쉬운 처방이 현대인들에게 매력을 끌고 있는 것이다.[36]

4. 종교다원주의의 기여점 및 문제점

1) 다원화 시대에 맞는 선교 전략 형성을 자극함

앞서 언급하였듯이 종교 다원주의 개념이 출현한 중요한 배경 중의 하나는 현대의 다원화 사회이다. 사회의 모든 분야가 다원화의 특성을 나타내고 있다. 이런 상황에서 효과적으로 선교하기 위하여서는 타종교에 있는 긍정적인 측면에 대하여 객관적인 이해를 가질 필요가 있다. 타종교를 무조건 마귀와 동일시하거나 타문화를 박멸시키는 것이 선교의 목표가 되어서는 결코 효과적인 선교를 수행하기 어렵다.[37] 오늘과 같은 다원화 시대 속에서 타종교를 무조건 반대할 경우 오히려 불신자들로부터 비웃음을 사거나 따돌림을 당할 수 있다. 갈등과 투쟁을 불사하고라도 무조건 복음을 전하려하거나 타종교를 무조건 척결해야 하는 대상으로만 생각할 경우 심각한 종교간 갈등이 발생할 수 있다. 한 때 열심이 있다는 기독교인들 가운데 불상을 때려 부수거나 단군상을 파괴하는 등의 극단적인 자세를 보인 경우가 있었는데, 다원화된 시대 속에서 이것은 선교를 위해서 전혀

---

36) 장왕식, 『종교 다원주의를 넘어서』, 42.
37) 김명용, 『현대의 도전과 오늘의 조직신학』 (서울: 장로회신학대학교출판부, 1997), 97.

도움이 되지 않고 오히려 기독교에 대한 반감만 형성하도록 만들 수 있다.

물론 종교들 가운데 마귀적인 종교도 현실적으로 상당수 존재하고 있는 것이 사실이다. 그러나 그럼에도 불구하고 많은 고등종교들 속에는 이웃사랑이나 거룩한 삶이나 정의와 자비 같은 요소들이 담겨져 있는 것도 사실이다. 다원주의적 입장들은 이와 같은 타종교 속에 존재하는 선한 요소들을 발견하도록 도전한 점이 있다. 또한 종교간 투쟁과 갈등을 불사하고 무조건 복음을 전하는 것만이 만능의 해결책은 아니라는 것을 깨닫는 데 어느 정도 일익을 감당했다고 할 수 있다.[38] 결국 상황에 대한 고려 없이 무조건으로 복음만을 전하려는 자세보다는 최대한 평화적인 방법을 추구하고, 또한 타종교에 있는 장점과 단점 등도 분명히 이해하고 이에 대처할 수 있는 합리적인 선교 전략을 구성하는 것이 필요한데 종교 다원주의가 이런 것을 생각할 수 있는 계기를 제공하였다고 볼 수 있으며, 이런 점이 종교 다원주의 하나의 기여점이라 할 수 있겠다.

2) 구원 개념의 혼란 가능성

종교다원주의는 다원화 시대에 적절한 우리가 고려해야 할 많은 것들을 생각하도록 도전한 점에서 기여점이 있는 것은 분명하지만 기여점에 비하여 많은 문제점을 안고 있다. 먼저 종교다원주의는 모든 종교가 말하는 구원의 개념과 본질의 차이를 전혀 도외시하고 있다. 힌두교의 구원은 인간이 물질의 세계에서 해탈하여 무형, 무색, 무취의 브라만에게로 합일하는 것이며, 불교는 업을 잘 쌓은 후에 해탈하여 니르바나에 들어가는 것이며, 유교는 사후의 영생과 구원을 말하지 않는 윤리적 종교이며, 회교는 알라신을 잘 믿고 그 뜻을 순종한 사람들이 들어가는 천당을 믿는데, 그곳은 남자들이 인생을 즐기는 쾌락의 장소이다.

---

[38] Ibid.

다원주의자들은 이 모든 종교들이 지향하는 구원이 다 동일하다고 규정하면서 정작 그 구원이 어떤 것인지 정의를 내리지 않는 모순을 범하고 있다.[39]

이 세상에 구원이라고 말해지는 것은 너무나도 많다. 구원이 신과의 합일이라면 힌두교에도 구원이 가능하다. 구원이 죽은 조상에게 진실한 것이라면 신도에도 구원이 가능하며, 구원이 독재에 대한 혁명으로 인민들의 평등을 이루는 것이라면 모택동주의에도 구원이 가능하다. 구원이 단지 가난과 억압에서의 해방이라면 마르크스주의에도 구원이 있다. 구원이 인간화, 개발, 건강한 삶, 정의, 평화, 자유를 위한 투쟁이라면 틸리히가 말하는 유사 종교(quasi religions: 종교로 출발한 것은 아닌데 결과가 종교성을 띄는 민족주의, 파쇼주의, 공산주의 등을 의미함)와 이데올로기에도 구원이 가능하다.[40] 이 모든 구원을 다 동일한 구원이라고 말할 수 있을 것인가? 그리고 모든 종교의 구원이 다 동일한 것이라고 가정한다면 과연 우리는 사이비와 정통을 어떻게 구분할 수 있으며, 무슨 기준을 가지고 사이비 성격이 짙은 신흥종교 등의 문제를 해결할 수 있겠는가?[41]

3) 인간 이성에 기초를 둠

앞에서 살펴보았듯이 종교다원주의는 역사적 상대주의에 그 뿌리를 두고 있다. 이 외에도 최근에 유행한 문화인류학의 발달에 근거해서 생성된 문화상대주의나 현대 과학철학에서 발달된 인식론적 상대주의 등의 영향을 강하게 받으면서 형성되었다.[42] 즉 하나님의 말씀보다는 철학 즉 인간의 이성에 더 신뢰를 두고 형성된 것이다. 이처럼 인간의 이성을 말씀보다 더 신뢰하는 다원주의는 성

---

39) 전호진, 『종교다원주의와 타종교 선교 전략』(서울: 개혁주의 신행협회, 1992), 74.
40) Carl E. Braaten, "The Uniqueness and Universality of Jesus Christ", *Mission Trends No. 5: Faith Meets Faith*, eds. Gerald Anderson and Thomas Stransky (Grand Rapids, Eerdmans, 1981), pp. 82-83.
41) 장왕식, 『종교 다원주의를 넘어서』(서울: 대한 기독교서회, 2002), 46.
42) Ibid., 39.

경의 가르침을 신화로 해석함으로 성경이 신학과 행위의 규범이 됨을 거부한다. 결국 다원주의는 성경의 영감과 권위를 문자주의로 무시함으로 우리들의 신앙의 근거가 되는 기초를 제거하면서 기독교의 특징을 백지화 하게 된다.[43]

성경이 일관되게 강조하는 가장 핵심적인 가르침은 무엇인가? 여호와 하나님 외에 다른 하나님은 없다는 것이다.[44] 또한 예수 그리스도께서 그 하나님을 보여주셨고, 그 예수를 통해서만 구원이 주어진다는 사실이다. 즉 하나님의 모든 피조물에 대한 의와 통치 목적이 예수 그리스도 안에서 궁극적으로 승리하고 완성될 것을 거듭 강조하고 있다. 성경을 다시 쓰거나 제거하지 않는 한 여호와 이외의 다른 하나님을 말하거나, 예수 그리스도를 통한 구원의 절대성을 포기하는 것은 결코 가능하지 않다.[45] 그리스도의 유일성은 복음의 각주(footnote)가 아니라 복음 자체이다. 이 핵심 사항을 거부한다는 것은 곧 성경 전체를 부인하는 것과 마찬가지이다.

성경은 하나님의 계시에 의해서 이루어진 것이며, 이 계시는 모든 존재를 이해하려는 많은 인간의 노력을 대치하여 하나님이 자기 자신을 나타내는 기록이며 예수 그리스도 안에 재창조된 진리이고 마귀적이며 죄적인 부조화를 이룬 인간과 세계에 대한 하나님의 해답으로 다른 종교적인 교훈과는 근본적으로 상이한 것이다.[46] 이런 점에서 크레머는 "하나님의 계시는 종교의 폐지(the revelation of God is the abolition of religion)이며 참된 계시와 종교는 상반된 것"

---

[43] 전호진, 『종교다원주의와 타종교 선교전략』, 68.
[44] "나는 너를 애굽 땅 종되었던 집에서 인도하여 낸 너의 하나님 여호와로라. 너는 나 외에는 다른 신들을 네게 있게 말지니라"(출 20:2-3).
[45] 제럴드 앤더슨, "종교와 기독교 선교," 도널드 G. 도오 & 죤 B. 카먼 편저, 『종교다원주의와 기독교 신앙』, 128. "60년대 서구의 사신신학은 니체처럼 신을 죽였는데, 종교다원주의는 반면 신론의 복귀라는 점에서는 신학적으로 공헌하였으나 대신 기독론을 희생한다. 즉 예수그리스도의 유일성과 절대성을 거부한다. 전호진, "종교 갈등과 핍박의 시대", 41.
[46] H. Kraemer, *The Christian Message in a Non-Christian World* (New York: Harper and Brothers, 1983), 113-114.

이라고 주장하였다.47) 즉 다른 종교는 신과 구원을 촉구하는 인간의 시도인 반면에 계시는 하나님의 자기 현시이며, 하나님의 구원의 제시라고 보았다. 이러한 계시를 거부하고, 인간의 이성에 의거하여 구원의 문제를 다루는 다원주의는 하나의 철학이지 기독교 신학은 아니다.

구원에 관한 진리는 계시의 문제이지 인간 이성에 근거한 논의나 합의로 얻어질 수 있는 성질의 것이 아니다. 대화는 단지 문화 창조를 위한 하나의 '형식'일 뿐이다. 대화의 성공여부에 따라 종교적 실체의 경험이 좌우될 수 있는 것은 아니다. 대화로써 가능한 것은 종교적 실체의 다양성과 그 독특성을 인식하는 것이지, 다양성을 하나로 통합시키는 것은 아니다.48) 세상은 거짓 사상으로 뒤덮여 있고 인간은 어둠 속에 헤매므로 생명의 빛인 예수께서 세상에 오셨을 때도 세상은 그를 알지 못했다(요 1:10-11). 어둠속에 방황하는 자들이 협력하여 진리를 찾는다고 하는 다원주의자들의 주장은 자칫 소경이 소경을 인도하는 오류를 낳고 말 것이다.

4) 상황에 따라 진리가 조작될 수 있는 가능성

아울러 다원주의는 극단적인 상황화의 한 전형적인 예라고 할 수 있다. 다원주의자들은 상황을 진리보다 앞세운다. 그들은 진리에 대한 관심보다는 상황에 대한 관심이 더 많다. 모든 사람의 구원이나 종교 간의 갈등 해소와 같은 것을 희망하면서 이 같은 희망의 성취를 위하여 진리를 변형시킨다. 이것은 필요에 의하여 진리를 조작하는 오류를 범하는 것이며, 변하는 상황을 불변하는 말씀보다 우위에 두는 과도한 상황화를 시도한 것이다.49) 인류의 갈등 문제 해결, 평화

---

47) K. Barth, "The Doctrine of the Word of God", *Church Dogmatics*, vol. I/II, G.T.Thomas and H. Knight, trans.(New York: Charles Seribners, 1956), 299ff.
48) 최인식, 『다원주의시대의 교회와 신학』, 274.
49) H. 카워드, 『종교다원주의와 세계 종교』, 한국 종교연구회 역(서울: 서광사, 1990), 7.

적 공존, 인류의 공통적인 문제 해결 등의 문제 해결을 위하여 다원주의적 견해를 가져야 하고 진리의 공동추구를 위하여 대화를 추구할 필요가 있다고 하는 것은 해결의 길이 될 수 없다. 진리는 대화를 통해서 합의해 나갈 수 있는 성질의 것이 아니다. 인간들의 논의와 관계없이 진리는 이미 주어져 있다. 또한 진리는 인간의 필요나 상황에 관계없이 언제나 진리이다. 따라서 인간의 상황과 필요 때문에 진리를 바꾸려하는 시도는 잘못된 것이다.

인류의 평화와 번영을 위하여 범 종교 간의 공동대처가 필요하다면 그것은 윤리의 차원에서 다루어야 할 문제이다. 신앙이 다른 사람들끼리도 공동의 선을 추구하기 위하여 윤리적인 차원에서 함께 협력할 것을 논의할 수는 있겠지만, 그것을 쉽게 이루기 위하여 진리를 무시하고 모두가 같은 구원을 지향한다는 주장을 내세우는 것은 바른 접근이 아니다. 다원주의 모델이 제시하는 것은 모든 종교의 초월자 표상보다 앞선 말할 수 없는 근원적인 초월적 실재를 강조하는데 이것은 인격적 신 표상을 거부하는 것으로서 사변적 일원론이며 상황 해결을 위해 진리를 왜곡하는 것이다.[50] 또한 전투적인 선교를 행하고 있는 유대교, 회교, 힌두교, 시크교 등의 종교들은 다원주의적인 견해를 받아들이지 않을 것이며, 이런 상황에서 다원주의는 하나의 이상으로 끝날 가능성이 높다.[51] 타종교들은 독점과 배타를 절대로 버리지 않는 상황에서 기독교의 신학자들이 기독교의 절대성을 스스로 포기하면서 다원주의를 하자고 하는 것은 연목구어와 같은 오류를 범하는 것일 수 있다.[52] 뿐만 아니라 종교다원주의를 내세우는 사람들이 기독교 진영의 사람들이므로 기독교적 입장과 연결된 시각을 일반화함으로써 다

---

50) 라인홀드 베른하르트, "다원적 종교신학을 향한 출발", 「기독교사상」, 1995년 2월호, 117-118.
51) 사마르타는 종교다원주의를 주장하면서 결론적인 제언으로 보이는 종교적 경계를 넘어서 다종교적인 "새로운 공동체"를 시작해야 한다고 주장하는데, 실제로 이것은 하나의 이상에 불과할 뿐 실현가능성이 있다고 보기 어렵다. Stanley J. Samartha, "Mission in a Religiously Plural World: Looking beyond Tambaram 1938", 323.
52) 전호진, 『종교다원주의와 타종교 선교전략』(서울: 개혁주의신행협회, 1992), 66.

른 문화를 기독교적으로 채색한다는 인상을 줌으로써 '섬세하고 교활한 제국주의'라는 비판마저 받을 소지마저 있다.[53]

5) 종교의 안락사를 초래할 수 있는 가능성

다원주의자들은 다원주의적 이해가 인류의 번영과 행복을 가져다 줄 것으로 믿고 있다. 이것은 이론상으로는 그럴듯하지만 실제적으로는 그 반대의 결과를 가져다줄 수 있다. 마치 공산주의사상이 이론상으로는 그럴듯하지만 실제적으로 이루어지지 않았던 것과 같은 원리이다. 다원주의에서 주장하는 것처럼 모든 종교를 상대화시킬 경우 사람들은 굳이 하나의 종교, 하나의 진리에만 집착할 이유가 없게 될 것이다. 다른 곳에서도 진리를 찾을 수 있는 상황에서 오직 한 종교를 위해서 목숨을 걸 이유가 없기 때문이다. 예수에게서 발견되는 진리가 불타나 공자에게서도 발견된다면 굳이 기독교나 불교를 택할 이유가 없을 것이다.[54] 모든 종교가 동등한 진리라면 그것은 동시에 모든 종교가 허위라는 도전도 유발시킬 수 있다. 결국 장기적으로 보면 모든 종교를 상대화시킴으로써 모든 종교의 안락사를 초래할 수 있는 위험이 있는 것이다.[55]

신앙이란 인간에게 있어서 절대적인 근본을 형성하는 것이며 신앙대상에 대한 절대적인 신뢰를 기초로 하는 것이다. 그런데 다원주의자들은 각 종교의 궁극적 실재를 신화론적 표상으로 간주해서 종교적 불가지론(religious agnosticism)에 빠지고 있다. 즉 각 종교의 신자들은 궁극적 실재를 사실적 실재로 보는데 다원주의자들은 그것을 신화 같은 것으로 여김으로 신앙을 허구화시켜 버리는 오류를 범하고 있다.[56] 이렇게 될 때 절대적인 근본을 형성하는 신앙의 진

---

53) 라인홀드 베른하르트, "다원적 종교 신학을 향한 출발", 121.
54) 장왕식, 『종교 다원주의를 넘어서』, 123.
55) 서정운, "종교다원주의와 기독교 선교", 259.
56) 김영한, "기독교와 타종교, 종교대화", 23.

리가 상대화되고 허구화되어지면서 자연히 인류가 따르고 복종하며 충성할 진리나 신은 없어지게 될 것이다. 기독교의 경우를 보더라도 분명한 역사적 사실을 이미 지니고 있음에도 불구하고 대화를 통하여 진리를 추구해 나가야 한다고 주장하면서 자신들이 지닌 진리를 스스로 포기하는 행위는 기독교의 신학을 '연골신학'으로 만들게 되며 결국 신앙공동체 문화의 종교적 '실체'까지 근본적으로 해체시키는 결과가 되고 말 것이다.[57] 이렇게 될 때 인간세계는 어떠한 방향으로 나아갈 것인가? 인류는 절대성을 상실하고 희망의 근거를 상실하면서 커다란 혼란에 빠질 것이다. 결국 제 종교가 다원주의적 견해를 받아들일 리도 없지만,[58] 설사 받아들인다 해도 그것은 그들이 바라는 인류의 번영과 평화가 아니라 혼란과 무질서 그리고 극도의 타락으로 인한 인류의 불행이 될 것이다. 종교다원주의는 종교적 경험과는 거리가 먼 하나의 종교철학적 가설에 불과한 것이다.

5. 다원주의 시대의 선교 자세

1) 불필요하게 독선적인 모습은 자제하라.

다원주의 사고가 널리 퍼진 현시대에서 불필요하게 독선적인 모습을 보이는 것은 반감을 주기 쉽고 전도의 문을 막는 결과를 가져오기 쉽다. 예를 들어 공공연하게 불교도나 다른 종교인들을 사탄이라고 규정한다든지 단군신상을 파괴한다든지 하는 자세는 기독교를 낡고 시대착오적인 종교로 보게 만들며 나아가 타

---

[57] 최인식, 『다원주의 시대의 교회와 신학』, 269.
[58] 기독교 학자 가운데는 다원주의를 주장하는 자가 많으나, 힌두교인, 불교인, 이슬람 학자 가운데 다원주의적 견해를 주장하는 자는 거의 없다. 김영한, "기독교와 타종교, 종교대화", 33.

종교인들이나 비종교인들이 기독교에 대하여 혐오감을 느끼도록 만든다. 이러한 것을 경험하면서 사람들은 기독교를 폐쇄적이고 아집이 가득한 문화적 낙오자로 생각하게 되고 이것이 결국 사회 내에서 기독교의 목소리가 설 자리를 잃게 만드는 결과를 가져올 수도 있다.[59] 타종교인을 비난하거나 단군신상 등을 파괴하는 것이 복음의 진보에 꼭 필요한 것이라면 모르거니와 오히려 사람들로 하여금 기독교의 메시지에 대하여 귀를 막게 하는 것이라면 굳이 긁어 부스럼을 만드는 일을 할 이유가 없을 것이다. 우리는 타종교를 배척하는 적대적 태도를 지양하고 어떤 사람이든지 그리스도 안에서 사랑하시고 용납하시는 하나님의 사랑의 마음을 가지고 보아야 한다.

한 걸음 더 나아가서 우리는 적극적으로 포용적이고 화해적이며 사랑이 풍성한 우리의 모습을 보일 필요가 있다. 아울러 종교 간의 편견과 불신 증오와 갈등을 불식시키기 위하여 상호간의 이해를 증진시키기 위하여 필요하면 대화를 할 수 있다. 또한 인류와 사회의 평화와 복지를 위하여 필요하다면 힘을 합할 수도 있다. 그러나 이 모든 대화와 협력은 선교적인 동기를 내포하는 것이어야 한다. 폭발적인 성장을 이룬 초대교회 역시 종교다원화 상황과 핍박의 상황에 처하여 있었지만 신자들은 매우 배타적 교리와 구원관을 파수하였고 이것이 오히려 놀라운 선교적 결실을 가지고 왔다. 오늘날 기독교가 비난을 받는 것은 교리적 배타성보다는 인간관계나 사회생활에서 폐쇄적이고도 배타적인 태도 때문일 수 있다. 따라서 예수 그리스도에 대한 신앙의 확신을 가지면서도 독선적이 아닌 겸허한 태도로서 구원의 증인이 되어야 한다. 반틸이 지적한대로 방법은 부드럽고 사상은 강하게 할 필요가 있다(fortiter in res, suaviter in modo).[60]

---

59) 장왕식, 『종교다원주의를 넘어서』, 33.
60) 전호진, "종교 갈등과 핍박의 시대", 48.

2) 선명한 복음을 소유하라.

사회가 다원화 되어가는 것은 분명한 사실이다. 그러나 사회가 다원화되어가니까 복음도 다원화로 가야 될 것이라고 생각하는 것은 넌센스이다.[61] 복음의 표현을 현장화 할 수는 있어도 복음의 내용 자체를 현장화 하는 것은 결코 바른 접근이 아니다. 시대의 세속적인 정신적 형태와 문화의 형식에 맞추기 위해 성경에서 명확히 설명하는 진리로부터 떠나 버리는 것은 복음의 현장화가 아니라 복음의 세속화라 할 것이다. 복음을 지나치게 현장화시킬 경우 기독교는 자체의 고유성을 지키지 못하고, 이교정신이나 다른 이데올로기와 혼합되어 버리며, 이런 기독교는 자체적으로 무너져 버리게 된다.[62]

종교의 절대성에 대한 확신은 종교의 특성이다. 이와 같은 확신에서 종교적 확신이 오고, 종교적 확신이 있을 때 종교는 생명을 가지며, 종교적 생명은 사회적 활력으로, 그리고 선교와 봉사로 이어지는 것이다. 종교가 선교, 포교, 혹은 전도를 중단할 때는 그 종교는 자기 확신과 생명이 없다는 것을 의미한다. 이런 점에서 브루너(Emil Brunner)는 피력하기를 "불은 타므로 존재하는 것과 같이 교회는 선교하므로 존재한다. 선교가 없는 곳에 교회는 없다. 따라서 교회도 선교도 없는 곳에는 신앙도 없다"[63]라고 하였다. 복음은 본질상 보편적인 역사적 선교를 수반하는 메시아적 운동을 만든다. 이러한 운동이 약화될 때 교회는 약화되는 것이고, 이런 교회는 결코 인류의 구원과 평화를 위해 아무런 기여도 할 수 없게 되는 것이다. 초대교회가 그러하였듯이 다원화 시대일수록 오히려 복음은 더 선명해야 한다. 그 복음이야말로 모든 종교가 선택과 경쟁이 되는 다원사

---

61) 타종교에 대한 입장을 흔히 배타주의, 포괄주의, 다원주의로 정리하는데, 여기에서 배타주의라는 용어 자체가 다원주의를 수용하지 않는 견해는 비학문적이며 전근대적인 견해인 듯한 인상을 풍기면서, 복음주의적인 입장을 매도하는 경향이 강하다.
62) 이광순 이용원, 『선교학 개론』(서울: 한국장로교 출판사, 1993), 230.
63) Emil Brunner, *The Word and the World*(London: SCM, 1931), 108.

회에서 사람들을 끌 수 있는 창조적 능력을 지닌 힘이 되는 것이다.

3) 분량 이상의 생각을 품지 말라.

종교다원주의적인 접근이 인기를 끌고 있는 이유 중의 하나가 구원문제에 대한 간편한 답안제시에 있는 것을 보았다. WCC의 샌 안토니오 회의는 구원의 문제에 대하여 "우리는 예수 그리스도 외의 다른 구원의 길을 지시할 수 없다. 동시에 우리는 하나님의 구원 능력에 한계를 둘 수 없다"[64]라는 말을 함으로써 그리스도 이외의 구원의 가능성에 대하여도 문을 열어놓고 있다. 뉴비긴도 "우리는 주제넘게 모든 백성의 궁극적인 구원을 위한 하나님의 전능하심과 자비하심을 제한하려고 해서는 안 된다"[65]라는 말을 함으로써 다른 구원의 가능성이 있음을 은근히 말하고 있다. 실제로 합리성의 측면에서만 생각하면 구원의 길을 하나로만 제한할 때 그리스도 이전의 사람들과 그리스도의 복음을 들을 수 있는 기회를 전혀 갖지 못한 사람들의 구원문제에 대하여 의문이 제기된다. 또한 모든 인류를 구원하시고자 하는 하나님의 사랑을 생각하면 포괄적 견해나 다원주의자들의 견해가 더 설득력이 있어 보이는 면도 있는 것이 사실이다.

그러나 구원의 문제에 관한한 성경은 분명한 진리를 제시하고 있다. 하나님은 값비싼 대가를 지불하시고, 계시와 화목케 하시는 역사를 통해서 우리에게 구원의 길을 열어주셨다. 이 분명한 진리 즉 그리스도를 통한 구원의 길을 접어둔 채 분명치 않은 것 즉 타종교의 구원의 가능성을 논의하는 것은 우리의 권한과 능력을 넘어서는 것임을 인식해야 한다. 성경은 "… 마땅히 생각할 그 이상의 생각을 품지 말고 오직 하나님이 각 사람에게 나눠주신 믿음의 분량대로 지혜롭게

---

[64] World Council of Churches, *The San Antonio Report*, F. R. Wilson, ed.(Geneva: World Council of Churches, 1990), 32.
[65] 뉴비긴, 『다원주의 상황에서의 복음』, 296.

생각하라"(롬 12:3)라고 말씀 하는데, 이 말씀은 다원주의의 유혹에 직면한 우리들에게도 적용될 수 있는 말씀이라 여겨진다. 구원의 문제는 참으로 크고 신비한 문제로서 우리의 적은 지혜로 결코 다 이해할 수 없는 문제이다. 그러므로 우리가 그 모든 것을 다 밝히려고 하는 것은 피조물이 창조주의 위치를 넘보는 것과 같다. 피조물로서 우리가 할 일은 우리에게 분명하게 주어진 구원의 진리만을 믿음으로 받아들이고, 그 진리를 열심히 전하면 된다. 복음을 맡은 우리들의 자세는 이미 분명하게 제시된 구원문제를 두고 불확실한 것에 시간과 정열을 낭비하기 보다는 우리에게 구원의 길로 분명히 주어진 예수 그리스도를 구원자로 인정하도록 다른 이들을 인도하는 일에 더 전념하는 것이 옳은 것이다.[66] 적어도 '그리스도인' 이라는 이름을 가지고 신앙생활을 하려고 하면 그렇다.

4) 철저한 겸손과 헌신으로 복음을 전하라.

선교는 인간이 만들었거나 성취한 것이 아닌 하나님의 선물을 전달하는 일이기 때문에 전달자는 항상 겸허하여야 한다. 우리 선교의 모범이 되신 예수께서는 이름을 날리며 당당하게 세상을 정복해 나간 분이 아니라 연약성(weakness)과 고난을 통해서 구원 사역을 이루어 가신 분이었다. 그 분이 남기시고 가신 지상 명령 즉 "가서 모든 족속으로 제자를 삼으라"라는 명령은 항상 십자가를 전제로 하는 것이다. 기독교 역사 속에서 사랑으로 자신을 주는 것 이상의 위대한 선교 방법은 없었다.[67]

그럼에도 불구하고 예수를 따르는 교회는 역사 속에서 자주 자기 스스로를 절대화하여 타종교위에 군림하는 역사적 우를 범해왔던 것이 사실이다.[68] 우리는

---

[66] D.T. Niles, *The Preacher's Task and the Stone of Stumbling* (London: Lutterworth, 1958), 32-33.
[67] 서정운, "종교다원주의와 기독교 선교", 267.
[68] 최인식, 『다원주의 시대의 교회와 신학』, 272.

이 사실을 늘 상기하면서 늘 겸손과 헌신 가운데 복음을 전해야 한다. 교회가 전하는 복음은 절대적인 것이지만 그 복음을 전하는 교회는 죄성과 연약성이 있다는 사실을 깨닫고 늘 겸손해야 하는 것이다. '복음'은 '말'로 전하는 것이 아니라 '성령의 나타남'과 '능력'으로 전달되는 것이다(고전 2:1-5). 그리고 여기에는 생명을 얻게 하려는 '사랑'의 헌신이 포함되어야 한다. 그렇지 않으면 '울리는 꽹과리'일 뿐이요 '변론과 논쟁' 이상 아무것도 얻는 것이 없게 된다.[69] 특별히 다원주의 상황에서는 변론과 논쟁으로 다른 사람을 설득하는 것은 거의 불가능하다. 모두가 다 그럴듯한 논리를 지니고 있기 때문이다. 참된 설득력은 타종교의 비 진리성을 반박함으로 주어지는 것이 아니라 우리의 삶을 통하여 그리스도를 드러낼 때 주어진다. 즉 복음은 삶으로 나타날 때 가장 강력해진다. 타종교인들과 논쟁하고 변론하기보다 말씀을 삶으로 보이면서 그들이 보고 결정하도록 해야 한다. 즉 성경적 가르침에 더욱더 충실하고 다른 종교인에게 적극적으로 바른 삶의 모범을 보임으로써 그들로 하여금 기독교가 과연 다르다는 것을 인식시켜 주는 것이 중요하다. 관념적인 종교가 아니라 생활의 종교로서 기독교의 참 모습을 보여주어야 한다. 보쉬가 말한 것처럼 우리는 이 모든 일에 "… 심판자와 변호인이 아닌 증인으로서 한다. 군인이 아닌 평화의 사절로서 한다. 부담 주는 판매원이 아닌 주님의 대사로서 한다"[70]는 자세를 늘 견지해야 한다.

요약 및 전망

상대주의적 인식 확산으로 인해 종교 다원주의적 사고가 확산되고 있다. 다종교 상황은 이제 피할 수 없는 것이 되었다. 유럽과 미국의 교회들은 엄청난 힘으

---

[69] Ibid., 278.
[70] 데이비드 J. 보쉬, 『변화하고 있는 선교』, 김병길, 장훈태 역(서울: 기독교문서선교회, 2000), 720.

로 밀려오는 여러 종교의 세력을 막는 것이 어렵게 되자 종교다원주의 라는 이론을 개발하여 이런 상황에서 어떻게 하면 기독교가 살아남을 수 있을까 그 방법을 모색하고 있다. 즉 다원주의는 나름대로 현대선교가 직면한 다양한 문제를 해결해보고자 하는 몸부림 가운데 나온 것이었다고 볼 수 있다. 마치 그것은 병을 낫게 하려고 처방된 약과 같은 것이다. 그런데 다원주의라는 약은 병을 치료하는 것이 아니라 오히려 더 큰 병을 안겨주고 있다. 일시적으로는 효과가 있는 것처럼 보이지만 오히려 돌이킬 수 없는 치명적인 부작용을 가져올 수 있는 약으로 보인다.

이와 같은 다원주의의 폐해를 염두에 두면서 우리는 더욱더 분명하게 복음을 무장해야 한다. 다원주의자들처럼 분명치도 않은 것에 힘과 정열을 낭비하지 말고 분명하게 맡겨진 증인의 사명에 최선을 다해야 한다. 그러나 다원주의 시대에 우리의 전략은 매우 지혜로워야 한다. 불필요하게 독선적인 모습이나 아집을 드러내는 일은 삼가야 한다. 또한 인류평화와 하나님 나라 시현을 위하여서라면 협력과 대화를 할 수도 있어야 한다. 무엇보다도 정죄와 군림의 자세를 버리고 철저한 겸손과 헌신의 자세를 가지고서 주어진 사명을 감당해야 할 것이다. 다원주의의 상황 속에 살았던 사도 바울도 복음에 대하여는 철기둥 같은 절대성을 고수한(갈 1:8) 모습을 지녔으나, 사람에 대하여는 철저하게 관용적인 모습을 보였던 모습은(고전 9:20-23) 종교 다원주의 시대를 살아가는 우리의 선교에 좋은 본을 보여주고 있다. 결국 다원주의 시대의 선교는 크레머가 지적한 대로 '두드러질 정도의 대담함과 함께 급진적인 겸손함이라는 복합양상'[71]을 띠면서 진행되어야 할 것이다.

---

71) H. Kraemer, *The Christian Message in a Non-Christian World* (London: Edinburgh House Press, 1947), 113, 129.

현대선교의 핵심 주제 8가지

부록 I. 다시 평가해보는 19세기 서구 선교사
RE-EVALUATING THE MISSIONARIES OF THE 19TH CENTURY

전통적인 선교 역사 이해에서 19세기는 '위대한 선교의 세기'로 불리웠고, 이 때의 선교사들은 가장 위대한 선교사들로 인정되었었다. 그러나 1950년대 이후로 19세기 선교 역사와 선교사에 대한 부정적 평가들이 쏟아져 나왔다. 과연 19세기 선교사들은 여전히 존경을 받기에 합당한 분들인가? 아니면 비판받아야 할 대상들인가? 이에 대한 대답은 오늘 우리의 선교 방향에 중요한 이정표를 제공할 것이다.

　　19세기는 18세기의 복음주의 각성운동과 선교열정을 이어받아 유례 없는 기독교의 확장을 경험한 시기였다. 19세기가 되면서 세계 대부분의 주요 기독교 국가가 세계 각국의 선교지에 선교사를 보내었으며 수적으로도 가장 많은 수의 선교사들이 파송되었다. 이런 점에서 기독교 역사 가운데 19세기만큼 복음을 땅 끝까지 전하기 위하여 집중적, 체계적, 모험적인 노력을 기울인 적이 일찍이 없었던 것이 사실이다.[1] 이런 점에서 저명한 교회사가 라투렛은 19세기를 가리켜 '선교의 위대한 세기'라 칭하고 그의 교회 확장사 7권 중 마지막 3권을 19세기에 할애할 정도로 19세기를 선교적으로 높이 평가하였다. 실제로 1815-1914년까지 100년 동안에 기독교는 남북미, 호주, 아프리카, 태평양 군도, 한국을 비롯한 아시아권에 확장되었으며, 이것은 1,800년 동안 기독교가 선교한 모든 것을 능가할 정도의 성과였다. 19세기가 이처럼 위대한 선교의 세기였던 만큼 19세기에 활동했던 선교사들도 또한 위대한 선교사들로 칭송을 받아왔다. 적어도

---

1) 이형기, 『복음주의와 에큐메니칼 운동의 세 흐름에 나타난 신학』 (서울: 한국장로교출판사, 1999), 24.

1945년 전까지 19세기 선교사들에 대한 존경심은 거의 의심받지 아니하였다.

그러나 1945년 제2차세계대전이 끝나고 과거 식민지였던 나라들이 독립되면서 19세기 서구 선교사들에 대한 이같은 긍정적 평가들은 빠르게 사라지기 시작하였다. 사라지는 정도가 아니라 19세기 선교사들에 대한 부정적인 평가들이 봇물처럼 터져 나오기 시작했다. 그 결과 서구 선교사역은 부패하고 불순한 사역으로 비치게 되었고, 선교사역 자체가 서구 식민지 지배 야심과 동일시되게 되었다. 이런 생각 때문에 기독교인들은 선교역사를 부끄러워하고 심지어 '선교사'와 '선교'라는 말이 기독교 용어에서 사라져야 한다고까지 주장하는 경우가 생겨나게 되었다.[2] 즉 선교의 위대한 세기라 불리우는 19세기 선교사들에 대한 평가는 점차로 부정적인 평가로 바뀌어지게 된 것이었다. 그렇다면 과연 19세기 서구 선교사들을 어떤 사람들이었는가?[3] 전통적인 견해대로 그들은 존경을 받기에 합당한 선교사들이었는가 아니면 제국주의자들과 동일시되어져야 하는 사람들이었나? 본 장에서는 보다 통전적이고 객관적인 시각을 가지고 그들을 평가해볼 것이며, 그 평가에 근거하여 그들로부터 오늘 우리의 선교수행을 위하여 어떤 선교적 교훈을 얻을 수 있을지를 찾아보고자 한다.

---

2) 프레만 닐스, "오늘날의 세계 선교," in 『신학의 전망: 21세기를 맞으며』, 영남신학연구소 편 (서울: 한국장로교출판사, 1999), 200-201.
3) 19세기 선교사가 한둘이 아니고, 이들의 사역형태 및 사역 태도 등이 워낙 천차만별이어서 이들의 특성을 일반화하는 것은 참으로 쉬운 일이 아니다. 잘못하면 지나친 일반화의 함정에 빠질 가능성도 없지 않다. 하지만 일반화될 수 없는 역사적 사실은 의미 없는 정보에 불과하다. 사실 일반화라는 것은 사실 모든 가치 있는 역사적 해석, 또 나아가 모든 학문의 본질 중 하나임에 틀림없다. 잘된 일반화는 건설적인 자극과 통찰력 있는 제안을 제공해 줄 수 있는 것이다. 류대영, 『초기 미국 선교사 연구 1884-1910』 (서울: 한국기독교역사연구소, 2001), 30.

I. 19세기 서구 선교사들에 대한 비판적 평가들

19세기 서구 선교사들에게 쏟아지는 비난은 여러 가지다. 이것들을 좀 간단히 요약해본다면 아마도 다음의 4가지로 크게 요약해볼 수 있을 것이다. 첫째는 이들의 사역이 제국주의적 선교였다는 것이고, 둘째는 이들은 서구 문화우월의식에 깊이 사로잡혀 있었다는 것이다. 아울러 이들은 현지인의 문화나 정서를 고려하지 않고 지나치게 일방적으로 강요하고 지시하는 선교를 하였으며, 마지막으로 교파주의를 심었다는 비난을 받고 있다. 이상의 4가지 비판은 서로 긴밀하게 연결되어 있어서 나누기 어려운 면이 있지만 이해를 위하여 4가지로 구분지어 그 내용을 살펴보고자 한다.

1) 제국주의적 선교

서구는 18세기 산업혁명 이후 저들의 부가 폭발적으로 증가하게 되고 그 활력의 분출구로서 제국주의적 침략의 불길이 분출되기 시작하면서 아시아와 아프리카는 하나님의 섭리에 따라, 그리고 서구문명의 혜택을 베풀기 위하여 정복되고 지배되어야 한다는 이론이 식민주의적 침략세력과 서구 선교세력의 만남과 유착을 이루게 되었다. 이런 이유로 서구 식민착취와 서구 선교세력은 두 얼굴을 가지고 있었다고 할 수 있다. 하나는 미화된 서구의 개척정신이요, 다른 하나는 탐욕스런 교세 확장주의이었다. 서구의 식민 정치세력과 선교세력은 서로가 서로를 적절히 이용하거나 교묘히 이용당했다. 이 둘은 마치 악어와 악어새 같이 공생의 관계였다. 즉 제국주의는 선교를 가능하게 하고 선교사들을 보호하였고, 선교사들은 제국주의의 근대 서구 선교사업의 제일차적인 목표는 서구의 세력 확장을 정당화시켜주는 일이었다. 새로운 영토를 탈취하고 해외에서 거대한 무역활동을 행하는데 자원, 인력, 에너지를 전력투구하는 일은 백인들의 의무 (White Man's Burden)라는 이데올로기가 없이는 불가능했기 때문이었고, 은연중에 이 이데올로기를 뒷받침해 주었던 것이 바로 선교사들이었던 것이다.

이런 이유 때문에 영국은 인도를 점령한 후 제일 먼저 기독교 세력을 통하여 식민지 지식층의 흡수정책을 폈다. 인도에 세워진 영국의 동인도 주식회사는 투자한 재산의 10배 이상을 해마다 거두어 갔지만 영국 선교사들은 저들의 불법성을 지적하기는커녕 저들을 정당화시켜 주면서 관료들의 보호아래 각종 특혜를 누렸던 것이다. 또한 미국 선교사들은 일반적으로 1840년부터 1900년까지 중국에 대한 서구의 침략을 하나님의 섭리로 생각하였다. 그러기에 아편전쟁마저도 중국의 개국을 위한 하나님의 섭리로 생각하였다.[4] 이런 점에서 키이스 브릿스턴 (Keith R. Bridston)은 '선교사업의 맹공' (missionary onslaught)이 성공했던 것은 다만 기독교 선교와 공격적인 제국주의의 결합 때문이라고 주장한다.[5] 인도출신의 신학자 다르마라지 (Jacob S. Dhamaraj)는 서구 제국주의와 서구 기독교 선교를 다음과 같이 비평했다.

> 식민주의적 선교는… 식민통치구조의 필요불가결한 (integral) 구성 요소이며 또한 서구의 문화적 관행의 축적된 결과다. 나는 인도에 있어서의 서구의 강압적 [식민]정치 구조와 식민주의적 선교신학을 단 하나의 몸체(a single constitutive reality)로 간주한다. 식민주의 이데올로기를 선교신학으로부터 분리하려는 시도는 무익하다. 식민주의와 선교의 이와 같은 기능적 관계는 19세기 내내 유지되었으므로, 선교와 제국주의는 실제에 있어서 상부상조를 했던 것이다.… 나는 식민주의적 선교는 근본적으로 유럽인들의 집단적 이념과 식민통치자들의 통치 관행을 표현하는 문화적, 정치적, 선교론적 현상에 불과하며, 18세기에 있었던 자연스럽고 자발적인 웨슬레주의 부흥운동의 순수하고 환상적인 반영은 아니라고 본다.… 유럽의 선교 각성운동은 [유럽에 식민주의적 팽창과

---

4) Arthur Schlesinger, Jr., "The Missionary Enterprise and Theories of Imperialism," in *The Missionary Enterprise*, J. K. Fairbank, ed. (Wheaton: Evangelical Teacher Training Association, 1968), 349.
5) Keith R. Bridston, *Mission Myth and Reality* (New York: Friendship Press, 1965), 51.

부정할 수 없는 연관을 가지고 있었다.[6]

이 같은 이유에서 서구의 외국 선교운동은 경제적이며 문화적인 성장에 따라 세계의 여러 곳으로 팽창하는 미국의 활력의 출구 역할을 하였다고 볼 수 있다는 것이다.[7] 미국에서 해외선교운동이 1880년대 말 이후 급격히 부흥기를 맞은 것도 선교와 제국주의와의 결탁이라는 측면에서 그 이유를 제시하는 의견도 있다. 즉 북미 대륙에서 더 이상 정복해야 할 땅이 사라진 이후, 미국인들 속에 있는 개척정신이 해외로 눈을 돌려 진출을 도모하기 시작한 현상과 해외선교 사이에 깊은 상관관계가 있다는 것이다. 1880년대는 미국이 산업혁명에 성공하여 산업자본주의가 완성된 시점으로 제국주의적 해외 진출을 모색하던 시점이었다. 미국의 해외선교는 이 같은 미국 제국주의화와 같은 시기에 일어났다.[8] 이 같은 이해 위에서 이향순은 미국 선교사들의 행태를 분석하면서 미국 선교사들은 제국주의자로서 행동한 일면이 있으며 제국주의적 확장에 기여한 측면이 있다고 보고 그들 역시 제국주의자였다는 평가를 내리고 있다.[9]

2) 서구 문화 우월주의

19세기 서구 선교사들에게 쏟아지는 두 번째의 비난은 그들이 서구 문화 우월주의를 지녔다는 것이다. 에드워드 사이드에 의하면 서양은 동양을 생각할 때 낯익은 '우리'와 구별되는 '그들' 곧 타자로 구분하여 인식했다. 서구는 비서구를 열등하고 기이하고 전근대적이고 후진적이고 쾌락적이고 더럽고 전제적이고

---

6) Jacob S. Dhamaraj, *Colonialism and Christian Mission: Postcolonial Reflections* (Delhi: ISPCK, 1993), xix-xx.
7) Arthur Schlesinger, Jr., "The Missionary Enterprise and Theories of Imperialism," 353-354.
8) 류대영, 『초기 미국 선교사 연구 1884-1910』, 38.
9) 이향순, "미국선교사들의 오리엔탈리즘과 제국주의적 확장," 「선교와 신학」, 12집 (2003). 253.

야만적이며 미개한 '그들' 곧 타자로 인식하는 이데올로기적 사고를 낳았다. 이러한 타자화를 통하여 서구는 우월하고 합리적이며 문명화되었다는 자기 정체성을 확립하고, 타자인 비서구를 제국주의적 침략과 확장의 대상으로 삼는 것을 정당화하기도 했다.[10] 19세기의 주류 사회과학과 역사인식은 이 같은 서구 중심적인 오리엔탈리즘에 의해 채색되고 왜곡되어 있었다. 이러한 상황에서 서구 선교사들은 서구 우월적인 문화에서 성장하고 교육받고 사회화되면서 자연히 서구 중심사고에 의해서 각색된 사회과학이론과 역사관을 배우고 그러한 사고를 가지고 있었다고 볼 수 있을 것이다.[11]

선교사들이 이처럼 오리엔탈리즘의 영향을 받을 때 나타나는 몇 가지 성향이 있었다. 그들은 자신들의 문화를 곧 기독교의 복음과 동일시하면서 선교지의 문화와 종교 등을 정면으로 논박하고 정죄하는 경향을 보였다. 즉 선교사들은 피선교지 사람들의 문화와 종교가 본질적으로 이교적이며 악한 것이라고 하는 전제를 가지고 있었다. 다른 한편으로 선교사들은 원주민들에게 서구의 문화와 종교를 적극적으로 이식하고자 했다. 이 과정에서 '서구 선진문화=복음=선', 그리고 '미개 동양문화=미신 종교=악'이라고 하는 이원론적 세계관이 성립했고 또한 널리 받아들여졌던 것이다. 그런데 이 이원론적 세계관이 비서구인들에게는 파괴적인 결과를 야기해 왔다는 것이 브릿스턴의 판단이다. 피선교지인들이 이 이원론적 세계관으로 인하여 한편으로는 자신의 고유문화를 경시하게 되고, 다른 한편으로는 서양문화를 피상적으로 모방하게 되는 비극적 결과를 낳게 되었다는 것이다.[12] 이런 태도는 타종교들과 전통문화나 사상들은 미개하고 마귀의 역사이고 잘못되었으며 일고의 가치도 없는 정복되어야 할 것으로 간주한다.

---

10) 에드워드 사이드, 『오리엔탈리즘』, 박홍규 역 (서울: 교보문고, 1991), 399-402.
11) 이향순, "미국 선교사들의 오리엔탈리즘과 제국주의적 확장," 213.
12) Keith R. Bridston, *Mission Myth and Reality*, 44-46.

따라서 거기에는 복음전파를 위한 어떤 문화적 수용의 접촉점이나 대화의 여지가 없다. 비기독교인들 중 어떤 이들은 이 방법을 문화 사상적인 '전쟁선포' 또는 '제국주의적 접근방법'이라고 부른다. 이는 용기있게 다가오는 고속열차의 엔진을 향하여 돌격하는 것과 같은 방법으로, 용기는 100%이지만 분별력은 영점이라고 평가한다.[13]

또한 문화우월의식을 가진 선교사들은 서구 문화를 선교지에 퍼뜨리는 것이 곧 자신들의 사명이라고 생각했으며 이것이 곧 그들의 선교 동기였다. 예를 들어 미국인들은 자신들이 정치적으로나 종교적으로 선택된 국민이라고 생각해왔으며, 미국식 생활방식이나 정치 체계에 의해 세계를 개혁하는 것이 '미국의 사명'(American Mission)이라고 생각해왔다. 이러한 문화적 팽창 천명사상은 미국 교회의 외국선교운동에 있어서 기독교의 전파와 미국 문화의 확산을 동일시하는 경향으로 나타났다. 이런 점에서 무어(R.C. Moore)는 주장하기를 "선교운동의 본질은 공격적인 문화제국주의, 즉 유럽적 이념과 이상을 전 지구상에 퍼뜨리기 위한 프로파간다였다"[14] 라고 했다. 계속해서 그는 "식민통치자들에게는 사실상 '서구 문화화와 기독교화'(civilizing and Christianizing)는 동의어이었다. 서구 문화화는 인도 국민이 우리 [영국 식민통치자들]와 쉽게 상거래를 하게 해주고, 기독교화는 그들을 영국에 충성하게 만들기 때문이다"[15]라고 하였다. 이와 연관하여 키이스 브릿스턴(Keith R. Bridston)은 주장하기를, 선교운동이 아직도 세계를 회개시키는 것보다 서구 문화화(Latinizing)에 열중하고 있으며 선교사들이 설교한 것은 사실에 있어서 '기독교문화'(Christian civilization)였다라고 주장한다.[16]

---

13) 존 시먼즈 저, 『타문화권 복음전달의 원리와 적용』, 홍성철 역(서울: 도서출판 세복, 1977), 107-108.
14) R.C. Moore, *Spread of Christianity* (Chicago: University of Chicago Press, 1919), 19.
15) Ibid., 68.
16) Keith R. Bridston, *Mission Myth and Reality*, 49.

3) 선교사 중심의 일방적인 선교수행

서구 선교사들에게 주어진 다른 비평은 그들이 지나치게 선교사 중심의 일방적인 선교를 행하였다는 것이다. 선교사들은 메시지의 의미들보다는 형태들을 제3세계의 교회로 이전하는 데 주된 관심을 가졌다. 이런 과정에서 선교의 내용과 형태의 모든 것을 선교사가 결정하게 되었다는 것이다. 선교사는 가르치는 사람이며 선교지의 교회는 단지 배우기만 하는 대상이었다. 이처럼 선교사로부터 선교지로 가기만 하는 일방통로의 선교를 수행하면서 19세기 선교는 선교사와 선교하는 교회중심의 선교 형태를 지니게 되었다.[17] 이 같은 일방성은 두 가지 문제를 양산하였는데, 첫째는 선교사는 언제나 가르치는 자로만 여기는 것이며 선교사 자신은 선교지로부터 배우는 것에는 닫혀 있었다는 점이다. 둘째로 선교지 교회는 자신의 정체성을 자율적으로 결정하거나 형성하지 못하고 선교사와 그의 교회 신앙 형태를 답습하여 고착화하는 현상을 낳게 되었던 것이다.[18]

이러한 선교의 결과로 선교지의 성도들은 하나님을 그들의 하나님으로서가 아니라 외국인의 하나님으로 느끼게 되는 경우가 많았다. 교회는 그들의 교회가 아니라 선교사의 교회로 느껴지게 되는 경우가 많았다. 교회는 예배, 건축, 리더쉽, 재정 그리고 전도의 측면에서 충분히 상황화되지 아니한 경우가 많았다. 나아가서 겉모양은 그럴듯한데 진정한 회심은 일어나지 않는 경우도 있었다.[19] 즉 자신들의 문화적, 신학적 창조성을 계발하지 못하는 비극적인 결과를 낳았다고 볼 수 있다.

제국주의 시대가 끝난 후 각 국가들이 공동체의 정체성을 지키기 위해 특정한

---

17) 한국일, 『세계를 품는 선교학』(서울: 장로회신학대학교출판부, 2004), 136.
18) Ibid., 138.
19) 홍기영, "비판적 상황화를 통한 효과적인 선교," 「신학사상」, 99집 (1997년 겨울), 287.

문화적, 종족적, 종교적 전통들을 강조하는 시대가 되면서 피선교지 교인들은 이제 그들이 당면한 여러 문제들을 어떻게 풀어가야 할지 몰라서 고통을 당하는 경우가 종종 발생하게 되었다. 이것은 선교사들의 하수인 역할을 해오면서 '참으로 기독교적이며 우애있는(fraternal) 대화의 주체'[20]가 되어 본 경험의 부족으로 인해 어떤 문제라도 주체적, 능동적, 창조적으로 풀어갈 수 있는 능력을 키워 오지 못했기 때문이었다.

4) 강한 교파주의적 색채

19세기 서구 선교사들에게 주어지는 또 하나의 비평은 그들이 지닌 강한 교파성일 것이다. 18세기와 19세기에 유럽과 미국 전역에서 발생한 1, 2차 각성운동은 국내 교회를 새롭게 갱신하였을 뿐 아니라 해외선교운동을 활성화하는 촉진제 역할을 하였다. 이때에 수 많은 선교회들이 설립되었고, 이 단체들로부터 많은 선교사들이 해외로 파송하였다. 즉 18, 19세기 선교운동은 확실히 부흥과 각성운동에 큰 빚을 지고 있다. 그런데 이같은 선교운동은 때로 무분별한 열심과 행동주의에 의해 이루어지면서 경쟁적인 선교 형태로 번져가기도 했다. 이러한 경쟁심은 주로 교파주의와 연관지어지면서 교파주의적 색채를 띤 기독교 확장이 되었다. 즉 선교를 교회의 설립과 확장 즉 교회중심적으로 이해하면서 어느 나라의 어떤 교회(교파)가 어느 지역에 교회를 세우는가에 깊은 관심을 갖게 되었던 것이다.[21] 자연히 선교사들은 자신이 속한 교단의 확장을 위한 일군으로서의 정체성을 강하게 지니게 되었다. 예를 들어 한국에 진출했던 선교사

---

20) Hendrick Kraemer, "The Missionary Implications of the End of Western Colonialism and the Collapse of Western Christendom," in Philippe Maury et. al. eds., *History's Lessons for Tomorrow's Mission* (Geneva: World's Student Christian Federation, 1960), 195-206.
21) 한국일, 『세계를 품는 선교』, 145-146.

들은 신학적, 교회 정치적 견해에서 미국에 있는 모교회의 대변자들의 역할을 하였다. 특정 교단 선교부에서 월급을 받고 일하는 피고용인으로서, 선교사들은 각 교단의 신학, 교회 정치, 선교정책 등을 선교지에 충실하게 전달할 의무를 지녔다. 이런 배경 하에서 그들은 모교회의 신학을 별다른 여과 과정 없이 그대로 선교지에 이식시키는 경우가 많았다.[22] 파니카(K.M. Panikkar)는 서구 기독교 선교가 끼친 과오를 몇 가지 지적하면서 "서구 기독교 제 교파들의 경쟁과 다른 교파에 대한 비난이 선교사역을 저해했다"[23]고 말하고 있다. 허버트 케인은 교단주의가 선교지의 현지인들에게 어떤 영향을 미치는지를 다음과 같이 설명하고 있다.

> 교단적 분리와 특성이 서구의 경우에 역사적 중요성이 많지만 사실상 제3세계의 새로 설립되고 있는 교회들에게는 실질적인 의미가 없었다. 힌두교나 불교 또는 이슬람교에서 예수 그리스도께로 돌아오는 데에는 엄청난 대가를 치러야 했다. 어떤 경우에는 아내와 가족 및 생계를 포기해야 하는 때도 있었다. … 그런데 단순히 그리스도인만이 되는 것이 아니라, 장로교인이나 루터교인이나 침례교인이 되어야 한다고 할 때 그들은 놀랍기도 하고 실망하게 된다. 그리고 회심자들을 놓고 선교기관들이 서로 다투게 되면 그 추문은 더 심각해지는 것이다.[24]

2. 19세기 서구 선교사들에 대한 종합적 평가

앞부분에서 우리는 19세기 서구 선교사들에게 주어진 비판들을 살펴보았다. 그들은 확실히 제국주의자적인 면을 지녔던 것은 사실이다. 그러나 그들이 제국주의자의 측면을 지고 있었지만 그들을 제국주의자로만 규정하는 것은 좀 생각

---

22) 류대영, 『초기 미국 선교사 연구 1884-1910』, 93.
23) K.M.Panikkar, *Asia and Western Dominance* (London: Allen and Union, 1959), 297.
24) 허버트 케인, 『기독교 세계 선교사』, 박광철 역 (서울: 생명의 말씀사, 1981), 229.

해 볼 필요가 있다. 그들이 제국주의 면모를 지닌 것이 사실이지만, 그들이 꼭 제국주의적 동기 때문에만 선교한 것은 아니었다. 또한 그들이 인종우월주의자, 독재자, 교파주의자 같은 모습을 지녔던 것이 사실이지만 동시에 그들은 이와 반대되는 모습도 지니고 있는 것이 사실이다. 여기에서는 이들의 모습을 좀 더 균형 있게 살펴보고자 한다.

1) 제국주의자 vs. 복음의 일군

시대적으로 볼 때 19세기는 강한 자가 약한 자를 사정없이 짓밟던 제국주의 시기였다. 19세기의 선교는 바로 이같은 시대적 상황을 배경으로 하고 있었고, 자연히 그 시대적 배경인 식민주의로부터 지대한 영향을 받게 되었다. 이런 상황에서 선교사들은 나름대로 순수한 목적을 가지고 사역을 했다 해도 그들의 사역은 많은 경우에 정치적 동기에 이용되고, 제국주의를 보강하는 데 쓰여지게 된 것도 사실일 것이다.[25] 그러나 그렇다고 해서 19세기의 선교사들을 모조리 제국주의자로 몰아붙이는 것은 좀 무리가 있다고 보여 진다. 데이빗 보쉬도 "… 선교는 제국주의의 영적인 측면이고 항상 그 제국주의의 신실한 종에 불과한 것이라고 주장하는 것은 충분하지 못하다. 실제로는 그 이상의 성격을 가지고 있다"[26]라고 설파한다.

선교사들이 제국주의자들에게 항상 협조했던 것은 아니었다. 때로 선교사들은 식민주의적이고 중상주의적인 이익과 그 해악에 대하여 강하게 저항하였다.[27] 예를 들어 캐리와 동료 선교사들은 그 당시 수치스러운 정도까지 이르렀던

---

25) J.M.Roberts, *The Triumph of the West* (London: The British Broadcasting Corporation, 1985), 314.
26) 데이빗 보쉬, 『변화하고 있는 선교』 (서울: CLC, 2000), 470-471.
27) 프레만 닐스, "오늘날의 세계 선교," in 영남신학연구소 편, 『신학의 전망, 21세기를 맞으며』 (서울: 한국장로교출판사, 1999), 203.

노예매매 제도에 대하여 가혹한 비판을 가했다. 또한 캐리는 노예매매 제도에 대하여 반대한다는 개인의 의사를 표시하는 방법으로 설탕을 먹지 않았다. 선교사들은 '노예매매 제도로 인해 그들에게 부과한 비극들'과 '서구 세계가 아프리카에 해를 끼쳤던 그러한 상해와 불법에 대해서 어느 정도 보상해야 할 의무'에 대해 의견을 표명하였고, 이러한 의견들의 영향으로 본국에 있던 복음주의자들이 아프리카에서의 영국의 역할이란 현지 국민들의 수호자 및 보호자의 역할이어야 된다고 주장하게 되기도 하였다.[28]

19세기 서구 선교사들을 제국주의자로 평가하는 견해의 이면에는 제국주의적 팽창과 기독교 선교를 동일시하거나, 기독교 선교를 제국주의적 팽창의 종속물로 보는 견해가 자리를 잡고 있다. 이러한 제국주의 이론들은 외국 선교운동에 있어서 교회의 내적이며 자율적인 동기들을 축소시키거나 은폐시키면서 제국주의적 팽창의 전위대로서의 선교역할만을 지나치게 부각시키는 경향이 있다. 그러나 팽창주의와 외국 선교운동은 각자의 독립적인 영역에서 발전하면서 서로에게 영향을 주었던 것이지, 종속적인 관계에 있었다고만 보는 것은 다소 무리가 있다. 물론 선교운동이 서구인들에게 외부 세계에 대한 관심을 제공해주었고, 이러한 관심이 증대되어 나타난 해외팽창주의는 다시 외국 선교에 영향을 줌으로써 각각의 운동이 증대되도록 상호작용을 한 것은 사실일 수 있을 것이다. 그러나 기본적으로 선교운동은 그리스도의 위임명령에 입각한 기독교인들의 소명의식과 미국 교회의 성장이라는 더 중요한 원인이 선교운동에 작용했다는 점을 결코 무시해서는 안 될 것이다. 기독교 선교가 제국주의 팽창의 종속물이라는 견해가 주장되려면 부흥 운동이나 선교적인 열정을 지닌 사람들의 뜨거운 헌신이 없었다 해도 선교는 이루어졌을 것이라는 것을 증명해 내어야 할 것이다. 로져 바삼은 제국주의와 선교사간의 관계가 종종 있어왔지만 "서구 식민

---

28) Ibid., 205.

세력이 관심을 갖지 않은 지역에서도 선교사들은 사역을 했으며 이로서 식민주의와 선교사들 간의 관계가 깨어지기도 했다"[29]고 평하고 있다.

19세기 선교의 가장 주요한 동력은 제국주의가 아니라 독일의 경건주의 운동과 영국과 미국을 중심으로 한 복음주의 각성운동이었다고 할 수 있다. 특별히 미국에서의 제 2차 대각성 운동(1787-1825) 속에서 발생한 폭발적인 에너지가 선교단체들의 조직으로 이어졌고, 이 선교회들이 지닌 해외선교에 대한 열정은 교회로 하여금 역사상 유래가 없었던 기독교의 확장을 경험하게 하였던 것이다.[30] 제국주의가 아무리 성행했다 해도 선교사들이 복음을 전하고자 하는 강한 열망이 없었다면 선교사역은 그토록 왕성하게 이루어지지 않았을 것이며, 이런 점에서 19세기의 선교가 제국주의에 의하여 동력을 얻었다 라고만 보는 것은 좀 단순한 평가라고 할 수 있다. 데이빗 보쉬는 당시 선교사들의 선교 동기를 다음과 같이 기록하고 있다.

> 1823년에 교회선교협회(The Church Missionary Society)는 12명의 선교사들을 시에라리온에 파송했다. 18개월이 지나는 동안 그들 중 10명이 열병으로 죽었다. 그러나 CMS는 시에라리온을 포기하지 않았다. 또 다른 선교 헌신자들이 그곳으로 가기 위해 항상 준비되어 있었다. 대부분의 선교사들의 주된 동기는 다른 사람들에 대한 진실한 관심인 것은 의심할 수 없다. 그들은 하나님의 사랑이 그들의 마음속에 부어졌다는 것을 알고, 그들을 위해 죽으신 그리스도를 위해 자신을 기꺼이 희생할 자세가 되어 있었다.[31]

이런 점에서 프레만 닐스는 "… 식민주의가 이방인을 착취하여 영국과 여타의 유럽 국가들로 보물들을 축재하는 데 관심을 가지고 있었던 때, 이 선교사들은

---

29) Rodger C. Bassham, *Mission Theology* (Eugene, Oregon: Wipf and Stock Publishers, 1979), 3.
30) 김동선, "새로운 천년을 향한 선교신학," in 영남신학연구소 편, 『신학의 전망, 21세기를 맞으며』 (서울: 한국장로교출판사, 1999), 125.
31) 데이빗 보쉬, 『변화하고 있는 선교』, 김병길 장훈태 공역 (서울: CLC, 2000), 439.

자기들에게 위탁되었다고 생각한 하늘의 보물을 이방인에게 건네 주는데 더욱 관심이 있었다는 것을 기억해야만 한다"[32]라고 강조한다. 19세기 서구 선교사들이 당시의 시대정신이요 이데올로기였던 식민주의의 영향을 받았고 이것을 강화하는데 일조를 했다는 것은 분명한 사실이고 우리가 잊어서는 아니 될 사항이다. 그러나 우리는 동시에 그들이 지녔던 그들의 뜨거운 선교에의 헌신도 잊어서는 안될 것이다.

2) 인종 우월주의자 vs. 인류애 실천자

19세기 서구 선교사들에게 주어지는 또 하나의 부정적 평가는 인종우월주의자라는 것이다. 이같은 전통적 서구 선교신학의 문제점을 황재범은 다음과 같이 요약한다. ①서구의 제국주의적 팽창과 기독교의 팽창을 동일시한다. ②서구의 문화와 종교 (기독교)는 고등한 것이기에 저등한 이방 문화권으로의 팽창은 당연한 것이며, 그러므로 윤리적 문제는 있을 수 없다. ③기독교는 이 서구 문화를 미개인들에게 전하는 통로 (vehicle)이기도 하다.[33] 황재범의 말은 분명히 일리가 있는 말이다. 실제로 19세기 선교사들이 선교를 수행하면서 자신들도 모르게 자신들이 비서구에 비해 우월하다는 생각을 가졌을 가능성은 충분히 있다.

그러나 19세기 서구 선교사들이 자신들의 문화를 우월하게 생각하면서 자신들의 문화가 우월하니까 이것을 시혜하기 위하여 선교를 하였다고만 보는 것은 조금 무리가 있다고 보여진다. 예를 들어 중국 내지 선교회를 창시했던 허드슨 테일러(Hudson Taylor, 1832- 1905)의 경우, 그는 '서구 문화화 = 복음화' 의 원

---

32) 프레만 닐스, "오늘날의 세계 선교," 205-206.
33) 황재범, "현대서구 개신교 선교에 있어서의 제국주의적 경향성에 대한 비판적 관점들," 『한국 기독교신학 논총』, Vol 31 (2004), 243.

리를 신랄하게 비판하면서 서구 문화화는 오히려 복음화를 방해한다고 보았다. 그는 말하기를, "복음을 전파하는 대신 의술을 베푸는 것은 중대한 실수입니다. 만약 우리가 마음을 변화시키는 영적인 능력 대신에 교육을 위한 학교를 제공한다면 이 또한 중대한 실수입니다"[34]라고 했다. 즉 테일러는 복음의 전파를 일차적 선교의 목표로 삼았다. 또한 우리 나라에서 사역했던 마펫도 "의료사역과 복음 전도 사역이 연합함으로써 얻게 되는 유익이 엄청납니다. 의료사역은 복음 전도 사역을 위한 수단이 되고 그 자체로서 목적이 되어서는 안 될 것입니다"[35]라고 말하면서 의료와 교육사역이 교회의 설립을 '뒤따라야' 하는 것이지 '앞서서는' 안 된다고 단호하게 우선순위를 매겼다.[36] 이러한 견해는 당시 19세기 선교사들에게 공통적으로 퍼져있는 사고였다. 19세기의 대부분 선교사들은 선교활동의 초점을 회심과 교회개척에 두었다. 그들은 학교나 병원의 설립 등을 통해 사회봉사를 하였지만, 이는 주로 복음 전도를 위한 보조수단으로 사용하였다.[37]

19세기 서구 선교사들이 서구의 문화를 전해주고자 한 차원이 있었다면 그것은 인도주의적인 차원에서 너무도 열악했던 선교지의 사람들의 삶의 질을 향상시키는 데 도움을 주고자 했거나, 선교지의 문화 중 도저히 기독교와 양립될 수 없는 문화를 청산하고자 하는 데 있었다고 보는 것이 맞을 것이다. 실제로 19세기 선교사들은 당시의 많은 사회 폐습을 교정하는 데 상당한 공헌을 하였다.[38] 예를 들면 소아 결혼(child marriage), 사티 관습(남편의 장례 화장시에 과부를 따라 죽게 하는 제도), 성전간음, 천민 학대 등의 인도 폐습, 전족(여자 아이들의 발을 자라지 못하도록 묶는 것), 아편 중독, 유아 포기 등의 중국 폐습, 일부다처

---

34) Dr. and Mrs. Howard Taylor, *Hudson Taylor in Early Years* (New York, 1912), 407.
35) 사무엘 마펫, *Moffett's Missionary Letters*, 김인수 역, 『마포삼열 목사의 선교편지 (1890-1904)』 (서울: 장신대출판부, 2000), 143.
36) Ibid., 612.
37) 김동선, "새로운 천년을 향한 선교신학," 126.
38) 프레만 닐스, "오늘날의 세계 선교," 205.

제, 노예 매매, 쌍둥이 살해 등의 아프리카 폐습을 고치는 데 크게 기여하였다.[39] 이같은 폐습들은 동서를 가릴 것 없이 모든 인류가 함께 폐기시켜야 할 악습이 아니었던가?

    19세기 서구 선교사들이 비서구 세계의 근대화에 기여한 점은 결코 부인될 수 없다. 예를 들어 아프리카만 보더라도 그들이 닦아 놓은 기초 가운데 특히 교육 분야의 공헌이 없었다면 암흑대륙의 단 하나라도 오늘날 독립되지 않았을 것이라고 해도 거의 과언이 아닐 것이다. 이런 점에서 나이지리아의 발레와(Balewa) 수상 은 1960년 1월에 의회에서 행한 독립 발기문에서 "우리들은 우리나라 독립에 많은 공을 세운 선교사들에게 깊이 감사하고 있습니다. … 선교부는 교육 방면에 현저한 성과를 올렸기 때문에 만족할 수 있으며, 사실 이것을 아는 살아있는 증인들이 아직도 이 의원들 가운데 많다고 확신 합니다"[40]라는 말을 할 정도였다. 우리나라의 경우를 보더라도 조선은 19세기에 수행된 서구 선교로 인해 서구 사회의 문화와 가치관을 동반한 근대화를 경험하기 시작했다. 서구의 선교는 우리에게 새로운 교육제도, 의료 체계, 생활 양식 등에 개혁을 가져오는데 많은 기여를 해왔다. 이런 점에서 이만열도 그의 저서 『한국 기독교 수용사』에서 "… 기독교는 단지 교회를 세우는 것으로 그 목적을 이루는 것이 아니라 복음을 통한 인간과 사회를 개혁하여 하나님 나라를 확장하는 운동으로 이해되었음"[41]라는 평가를 하고 있다. 19세기 서구 선교사들에게 인종적 우월감이 없었다고 말할 수는 없을 것이다. 하지만 그들은 하나님의 형상으로 지음 받은 인간의 존엄성을 지키기 위해 일하였고, 그런 점에서 인종우월주의자의 측면보다는 오히려 하나님의 사랑에 근거한 인류애 실천가의 측면이 더 강하게 나타났던 것이 아닌가 싶다.

---

39) 허버트 케인, 『기독교 세계 선교사』, 박광철 역 (서울: 생명의 말씀사, 1992), 143.
40) Ibid., 204.
41) 이만열, 『한국 기독교 수용사』 (서울: 두레시대, 1998), 404.

3) 독재자 vs. 후원자

19세기 서구 선교사들에 대한 근래의 평가를 보면 다소 독재자 같은 모습으로 묘사된다. 그들은 선교지의 그리스도인들을 달래고 야단치며 보호해주어야 할 어린 아이들로 생각했으며, 사무실을 운영하고 교육을 실시하며 교회 일을 운영할 수 있는 성숙한 장년으로 생각지 않았다는 점을 지적받는다. 19세기 서구 선교사들에게 이같은 독재자적 성향이 있었던 것은 분명하다. 그러나 서구 선교사들이 현지인들을 속한 시일 내에 자립시켜서 그들로 하여금 교회를 세워나갈 수 있도록 돕는 것을 사역의 목표로 삼았다는 사실도 기억할 필요가 있다. 바로 19세기의 대표적인 선교정책이 삼자원리였다는 사실이 이것을 증명하지 않는가? 물론 이러한 원리가 실제적으로 다 지켜진 것은 아니었다. 그러나 적어도 그러한 목표를 지니고 있었고 그렇게 되려고 애썼던 것은 사실이다.

캐나다 출신으로 한국에서 사역했던 말콤 팬윅(Malcom C. Fenwick) 선교사는 자신의 선교 사명을 두 가지로 말하였는데, 첫째, 그가 돌보는 양떼들의 복지와 생활개선을 도모해야 한다는 것, 그리고 둘째는 복음을 전하는 데는 서양인 선교사보다는 현지인을 양성하여 현지인으로 하여금 복음을 전하게 하는 것이 더욱 효과적이라고 주장하였다.[42] 중국에서 사역했던 로티 문의 경우도 1889년에 안수 받은 침례교 선교사를 모셔다 첫 번째 침례를 실시한 후 교회가 꾸준히 성장하였는데, 그녀가 가졌던 중요한 선교목표 중의 하나는 '20년 내에 외국 선교사의 간섭을 배제하는 것'이었다. 이러한 목표에 따라 리슈팅이라는 중국인 목사에 의해 1,000명 이상이 침례를 받았으며 그녀가 사역했던 지역인 핑투는 중국 전역에서 남침례교의 최대 선교중심지가 되었다. 윌리엄 캐리도 영국 정부

---

42) William Scott, *Canadians in Korea: Brief Historical Sketch of Canadian Mission Work in Korea* (Nashville: Board of World Mission, 1975), 21.

나 동인도회사 편에서보다는 인도 사람들의 편에 서서 그들의 사회를 개혁하려 하였고, 인도 사람들이 주체가 되어 이 일을 실현시켜 나가도록 노력하였다.[43] 즉 상당수의 선교사들은 현지인을 무시하고 혼자 모든 권한을 쥐고 모든 것을 하려는 독재자의 모습보다는 현지인을 최대한 속한 시일 내에 성장하도록 도우려는 후원자의 자세를 지니기도 하였다.

19세기는 시기적으로 많은 선교지가 개척 선교 단계에 해당하였다. 선교의 단계이론으로 보더라도 개척단계에서는 선교사가 어느 정도 일방적인 자세를 취할 수 밖에 없다. 현지 교회가 어느 정도 성장했다면 몰라도 교회가 개척되는 상태에서 선교사가 현지인과 협력적 선교를 실행하는 데는 분명 한계가 있다. 실제로 19세기 선교지 상황에서 생각하면 많은 사람들이 선교사의 지도를 받아야 할 상황에 있었다. 예를 들어 아프리카의 경우를 생각해보면, 대부분의 회심자들은 부족 사회에서 도망 나온 노예요 무지한 사람들이었다. 선교사들은 이들을 맡아서 음식과 의복은 물론 거처할 곳을 마련해주고, 생명을 보호해주었으며, 한편 글을 읽고 쓰는 법도 가르쳐 주었고, 토지와 씨와 연장을 주어 농사를 짓게 했으며, 그들에게 장사하는 법도 가르쳐주었다. 현지인들은 당분간 선교사들의 지침을 잘 따르는 것이 그들이 발전할 수 있는 최선의 길이었다.[44]

한국의 상황을 보아도 비슷한 여건이었다. 당시 조선의 환경은 참으로 열악했고, 사람들의 의식수준은 무지몽매하기 그지 없었다.[45] 당시 조선에 태어난 아이

---

43) 김동선, "새로운 천년을 향한 선교신학," 126.
44) 허버트 케인, 『기독교 세계 선교사』, 230.
45) 당시의 조선 사람들이 서양 사람에 대하여 얼마나 무지하였는지를 정연희의 다음 글에서 확인할 수 있다. "서양놈들 상판을 보라지. 그게 귀신이지 사람이오? 글쎄, 그 놈들이 조선 놈 중에 심보 고약한 놈을 돈으로 매수해서는 조선 아이들을 잡아들였다지 뭐야. 그놈들은 사람고기를 먹는다는군. 아이가 연하니까 연한 것을 고르느라고 아이들을 잡아들였다는 게야. 말도 말아요, 고기만 먹는 게 아니라 눈알을 빼서는 사진을 현상하는데 쓴다는구먼… 병원이라는 데는 아이를 잡아 죽이는 도살장이고, 서양놈들이 모여서 쑥덕거리는 공사관이라는 데는 아이고기를 요리해 먹는 자리랍니다" 정연희, 『양화진: 이야기 선교사』 (서울: 홍성사, 1992), 334.

들 특별히 여자아이들의 삶은 한마디로 비참하기 그지 없었다. 일곱 살만 되면 집안에 갇혀 있어야 했고 또 결혼을 하면 남편에게 묶여 갇힌 생활을 하여야 했다. 그들에게는 조선어를 배울만한 기회도 주어지지 않았다. 그들의 교육을 위한 선생도 책도 별로 없었다. 거기다가 먹을 것도 귀하고 기거하는 집마저도 굴속처럼 어두운 곳이었다. 선교사들이 이런 여자아이들을 데려다가 가르치려 하자 사람들은 "아니 계집을 가르쳐서 뭘 한다는 거여? 소처럼 일하고 아이나 뽑으면 됐지. 기집헌테 뭘 가르친다는 거여? 그걸 뭣에다 써먹어?"[46] 그리고 아이들을 데려다가 키우려고 하자 이상한 소문이 돌아다녔다. "서양 귀신들이 왜 애들을 저렇게 눈이 벌게서 찾아다니는지 알어? 데려다가 양국으로 끌고 가서 종으로 부리려는 거야"[47]라는 식으로 오해를 하고 여자아이들의 교육을 반대하였다. 그러나 선교사들은 이들에게 신앙을 심어주고, 점차적으로 인간으로서의 기본적인 권리를 찾아주는 작업을 서서히 해나갔다. 묵묵하게 일을 하다 보면 언젠가 하나님이 그 일을 이루어주실 것을 믿고 행하였다. 그들에게 독재자적인 면모가 있었던 것은 사실이지만, 현지인을 양육하여 함께 하나님 나라 사역에 동참시키고자 했던 협력자의 모습도 함께 지니고 있었다.

4) 교파주의자 vs. 에큐메니칼 운동가

앞에서 살펴 본대로 19세기 선교 속에 지나친 교파주의적 경쟁이 있었던 것이 사실이다. 그러나 동시에 교파적 연합을 위한 노력이 많이 있었다는 사실도 간과해서는 안된다. 윌리엄 캐리는 에딘버러 대회가 열리기 100년 전인 1810년 보편적 교회의 선교를 위해 10년에 한 번씩 세계선교대회를 개최할 것을 건의하였

---

46) Ibid., 268.
47) Ibid.

다. 또한 람베드 주교대회(1867), 세계 개혁교회 연맹(1875), 미국 감리교 가독교회 총회(1876), 제 1차 회중교회 연합회(1891), 제 1차 침례교 세계대회 (1905) 등의 대회 등이 열린 것으로 보아 19세기가 교회의 일치를 위해 그 이전까지 경험하지 못했던 새로운 시도를 많이 했던 시기였음도 짐작할 수 있다.[48]

또한 선교사들은 선교의 효과성을 높이기 위하여 상호 협력하는 선교를 수행하고자 많은 노력을 기울였다. 예를 들어 우리 나라에 온 선교사들의 경우만 보더라도 연합공의회 같은 것을 만들고 공의회의 결정에 따라서 선교지역을 분할하여 사역을 수행하였는데, 이같은 이유는 선교를 수행하는 과정에서 불필요한 경쟁과 힘의 낭비를 막기 위하여 다른 교파들과의 효과적인 협력 선교 즉 에큐메니칼 선교를 하기 위하여 선린 우호적인 합의 아래 이루어진 것이었다.[49] 이러한 상황들을 볼 때 19세기 서구 선교사들을 교파주의자로만 몰아붙이는 것은 조금 무리한 면이 있다. 개신교회는 처음부터 교파주의로부터 결코 자유롭지 못하였다. 교파주의의 문제는 개신교회의 근본적인 문제점 중의 하나이며, 이러한 문제를 19세기 서구 선교사들에게만 덮어씌우는 것은 공평하지 못한 평가일지 모른다.

3. 19세기 서구 선교사들로부터 얻을 수 있는 선교적 교훈

19세기 서구 선교사들에게는 확실히 양면성이 다 있었던 것으로 보이며, 그런 점에서 19세기 서구 선교사들에 대하여 양면성을 다 말하지 않는 평가는 편향된 시각의 평가라고 할 수 있다. 19세기 서구 선교사들에 대한 균형 잡힌 평가를 접

---

48) 이형기, 『복음주의와 에큐메니칼운동의 세 흐름에 나타난 신학』, 25.
49) George Thompson Brown, *Mission to Korea* (Presbyterian Church U.S.: Board of World Missions, 1962), 16.

할 때, 우리는 그들의 실수를 보면서 우리가 고쳐야 할 것들을 찾게 되고, 그들이 잘한 것으로부터 많은 도전을 받게 된다. 19세기 서구 선교사들로부터 어떤 것들을 배울 수 있는지 살펴보자.

1) 제국주의적 팽창주의 경계

19세기 서구 선교사들 가운데 자신이 제국주의를 돕는다거나 제국주의적인 이기심 충족을 위하여 선교지에 나가게 되었다고 인정할 사람은 거의 없었으리라고 생각한다. 약간의 예외는 있겠지만 적어도 그들 스스로는 제국주의적인 동기보다는 복음증거와 영혼구원을 위하여 선교전선에 들어간 것으로 생각하였을 것이다. 그럼에도 불구하고 19세기 서구 선교사들이 자신도 모르게 제국주의적인 사고를 가지고 때로 제국주의와 손을 잡고 도움을 서로 주고 받으며 제국주의 확장에 기여하였다는 사실을 부인하기 어렵다. 즉 우리는 아무리 선한 의도를 가지고 선교에 임한다 하더라도 무지한 죄인이기에 쉽게 악에 이용당할 수 있다는 사실을 기억하고 늘 경계해야 할 것이다.

오늘날은 일단 표면적으로는 제국주의가 거의 사라졌으므로 오늘의 선교가 제국주의와 직접 연관되어질 가능성은 일단 없다고 할 수 있다. 하지만 제국주의적 자세는 여전히 있을 수 있다. 즉 자신의 영역과 세력을 무한대로 확장시켜 나가고자 하는 욕심이 선교사를 보내는 교회와 선교단체 그리고 가는 선교사들에게 도사리고 있을 수 있다. 이것이 복음전파의 당위성과 연결되어질 때 자칫 우리의 제국주의적 욕망이 복음전파의 당위성 밑으로 감추어지기 쉽다. 물론 어떠한 상황에서든 복음전파는 계속 이루어져야 한다. 그러나 우리는 선교를 수행하면서 무의식적으로 가질 수 있는 제국주의적 팽창주의를 항상 경계해야 한다. 그리고 우리 자신 혹은 교회의 영역을 넓혀가는 방편으로서의 선교를 단호하게 거절해야 한다.

한 설문조사에 의하면 선교사의 잘못된 선교 동기 유형을 다음과 같이 보여주고 있다. ①국내사역 불가능(33.7%), ②해외 거주 계기 마련(32.6%), ③명예를 위하여(27.6%), ④물질혜택을 위하여(2.1%) 등의 순으로 나타나 있다.[50] 또한 선교사를 보내는 파송기관들도 다분히 자신들의 이름을 내걸고 위상을 높이려는 동기에서 선교사를 보내는 경우도 종종 있음이 사실이다. 이 같은 동기들은 다분히 이기적인 동기들이고 이것은 곧 제국주의 선교의 현대판이라 해도 과언이 아닐 것이다. 이처럼 이기주의적인 동기로 선교를 수행할 때 선교현장의 필요를 따라 선교하는 것이 아니라 선교사 혹은 파송단체의 필요를 따라 선교하는 선교 목적 도치 현상이 배태될 수 있다. 즉 현지에 필요 없는 선교사를 보낸다든지, 현지에 더 이상 필요 없는 선교사가 자신의 필요 때문에 계속 남아 있다든지 하는 문제를 낳을 수 있고, 이러한 현상은 선교에 오히려 장애 요인이 되는 경우도 있게 되는 것이다.

2) 문화 우월주의 경계

19세기 서구 선교사들이 당시 서구에 만연하였던 서구우월주의 사고의 영향으로 무의식적으로 서구우월의식을 가질 수 있었다고 이해하고, 그들이 실제로 자신들의 문화를 전파하기 보다는 복음을 전파하는데 더 관심을 기울였다고 양보 한다 해도, 어쨌든 그들이 낙후된 선교지의 상황을 보면서 자연스럽게 문화 우월적인 자세를 가지게 될 수 있었다는 것은 부인하기 어려울 것이다. 이러한 문화우월주의는 자연히 현지인과 그들의 문화를 무시하는 일방적 자세, 복음이 아닌 서구의 문화를 절대적인 것으로 여기는 자세, 온정적 간섭주의를 낳게 되

---

50) 박종구, 『세계선교, 그 도전과 갈등』 (서울: 신망애출판사, 1994), 125.

었다. 이러한 자세는 자연히 현지인들의 반발을 사기 쉬었고, 실제로 중국에서는 "기독교인이 한 사람 늘어나면 중국인이 한 사람 줄어든다"[51]는 속담이 생겨날 정도로 교회를 외국의 것으로 보면서 교회에 대한 반발을 가지기도 하였다.

 중요한 것은 우리의 선교 속에도 이같은 문화우월주의가 쉽사리 자리 잡을 수 있음을 미리 간파하고 늘 마음 자세를 가다듬는 일이다. 선교지에서 한국 선교사들에 대하여 들리는 평가를 이광호는 다음과 같이 정리하고 있다. ①가르치려고만 하지 말고 선교지의 성도들이 스스로 결정할 수 있는 기회를 많이 달라, ②선교지에서 자신의 직분을 내세우며 주장하려하고 대접받으려고만 하는 자세를 고치라, ③현지의 문화를 경시하며 자신의 문화를 우월하게 여기는 자세를 고치라, ④선교사가 자신의 신앙정도를 모든 신앙의 기준으로 삼아 모든 사람에게 요구하는 것을 지양하라 등이다.[52]

 기타 여러 가지 많은 평가들이 있지만 위의 내용과 유사한 요구들이고, 대부분이 선교사들의 문화우월주의에 기인한 일방적인 자세 등을 많이 질책하는 내용이다. 이러한 것들은 선교사 자신들도 알지 못하는 사이에 스며드는 것이므로 이러한 것이 우리들의 선교 속에서 나타나지 않도록 늘 세심한 주의를 기울여야 할 필요가 있다. 우리는 또한 주기만 하는 거만한 자세도 경계해야 한다. 우리는 주는 자이며 동시에 받는 자인 것이다. 우리는 다른 이들에게서부터 기꺼이 배우고자 해야 한다. 또한 효과적인 선교를 위하여 기꺼이 서로 존중하며 선교를 위해 서로가 가진 자원을 함께 나누어야 한다. 아무리 많은 은사를 받고 풍부한 경험을 쌓은 선교사라 할지라도 언어와 문화가 다른 상황에서는 훈련받은 토착민 그리스도인만큼 효과적으로 복음을 전하는 것이 어렵다는 것을 우리는 잘 인

---

51) 프레만 닐스, "오늘날의 세계 선교," 208.
52) 이광호, 『세계 선교의 새로운 과제들』 (서울: 예영커뮤니케이션, 1998), 29-31.

식해야 하는 것이다.[53] 이런 점에서 선교에는 거만이나 승리주의가 끼어들 수 있는 여지가 없어야 한다. 우리를 위하여 고난당하시고 죽임을 당하신 주님은 이런 일에 좋은 본을 보여주셨던 것이다.

3) 선교를 위한 헌신과 희생

19세기 선교사들의 생애를 보면서 가장 감동 깊게 다가오는 것은 선교를 위한 그들의 헌신과 희생이다. 물론 앞서 살펴본 대로 19세기의 선교사들이 제국주의적 팽창주의와 문화우월주의 등으로 얼룩진 면이 있지만 선교를 위한 그들의 희생과 헌신 앞에서 오늘 우리들은 할 말을 잃게 된다. 그들은 끝없이 계속되는 무관심, 의혹, 증오, 학대 및 투옥 등의 어려움을 겪었다. 가정이 약탈을 당하고, 가옥이 불타며, 교회가 폐허화되고 생명의 위협을 받는 일이 많았다. 또한 많은 선교사들과 그 가족들이 열대성 질병으로 목숨을 잃었고 핍박 가운데 순교를 당한 경우도 있었다. 특별히 아프리카의 경우 질병으로 인한 선교사의 사망자수가 많았는데, 말라리아, 황열병, 발진티푸스와 이질 같은 병들이 창궐하였다. 아프리카의 선교사였던 알렉산더 멕케이(Alexander Mackay)는 우간다를 향해 출발하기 전, 교회 선교회(Church Missionary Society)에서 행한 연설에서 다음과 같이 말했다. "앞으로 6개월 이내에 아마 우리 중의 한 사람이 죽었다는 소식을 들을지도 모릅니다. 그런 소식이 들려도 절대로 낙심하지 마십시요. 오히려 그 빈 자리를 채울 사람을 즉시 파송해주시기 바랍니다."[54] 그의 예언은 결코 과장이 아니었다. 정말 3개월 이내에 8명 가운데 한 명이 죽었다는 소식이 들려왔

---

53) 조종남 편저, 『복음과 문화: 복음과 문화에 관한 윌로우뱅크 신학협의회 보고서』 (서울: IVP, 1991), 39.
54) 허버트 케인, 『기독교 세계 선교사』, 138-140.

고, 1년이 지나면서 또 다섯 명이 세상을 떠났으며, 2년이 지날 때에는 멕케이만이 유일한 생존자가 되었다. 그 자신도 12년의 분투 끝에 열병으로 쓰러지고 말았다. 아프리카 선교는 그야말로 모험과 인내와 빈곤, 질병, 허약, 죽음의 연속이었으며, 서부아프리카는 '백인의 묘지'로 알려질 정도였다.[55]

이것은 아프리카에만 제한된 상황이 아니었다. 당시 대부분의 선교지는 모두 그 상황이 매우 열악하였다. 예를 들어 인도의 경우를 생각해본다면 인도까지 가는 데만 보통 3-4개월이 걸렸고, 700-800Km의 내지를 가기 위해서 말이나 수레를 이용해서 5-6주씩 걸려서 여행을 했다. 사역기간도 안식년 없이 7년 이상을 계속해서 사역하는 것이 보통이었다. 게다가 각가지 위험한 풍토병과 이에 대한 의약품의 부족으로 질병과 죽음의 위험성은 매우 높았다. 일례로, 1880년과 1891년 사이에 10쌍의 루터교 선교사들이 인도로 갔는데, 1891년 말경에는 무려 7명의 남자 선교사와 9명의 여자 선교사와 32명의 아이들이 죽었다. 인도에서 사역했던 한 루터교 선교사는 장례식에 지장이 없도록 관을 만들어 놓고 무덤을 자기 집 옆에 파놓았다고 한다. 그는 지붕에 물이 너무 심하게 샐 때에는 관속에 들어가 잠을 자기도 했다고 한다. 대부분의 선교사들은 선교지에서 30 혹은 50년씩을 보내었고, 그러는 가운데 자신들이 사역한 그 땅에 아내와 아이들을 묻어야만 하였다.[56] 이들의 희생적인 삶은 우리에게 선교가 어떻게 이루어졌으며, 어떻게 이루어져야 하는 것인가를 감동적으로 보여주고 있는 것이다.

---

55) Ibid., 139-140.
56) 폴 히버트, 『선교와 문화인류학』, 김동화 외 역 (서울: 죠이선교회출판부, 1985), 339-340.
　　한국의 경우도 외국인 선교사들의 묘지인 양화진에 약 4백기의 묘소가 있다. 4백기 중에는 미국이 2백 30, 영국 30, 프랑스 25, 덴마크 3, 호주 12, 벨기에 4, 백러시아 54, 캐나다 7, 일본 1, 스페인 4, 한국 17개소로 국적을 달리한 묘소들이 한 자리에 모여 있다. 정연희, 『양화진: 이야기 선교사』, 173.

4) 구령의 열정

19세기 선교사들이 이토록 험악한 상황 속에서도 굴하지 않고 선교사역을 감당하도록 만든 가장 중요한 원동력은 아마도 구령의 열정일 것이다. 19세기의 선교사들은 구령의 열정으로 가득 찬 사람들이었다. 예수 그리스도를 알지 못하면 영원히 멸망한다는 것을 의심 없이 믿고 있었다. 그렇기 때문에 더 늦기 전에 한시라도 더 빨리 멸망하고 죽어가는 영혼들에게 복음을 전해야 한다고 믿었고 이 일에 저들의 생명까지도 기꺼이 바쳤다.[57] 물론 그들은 교회와 사회를 구별하고 지나치게 개인 신앙 위주의 신앙형태를 지니고 이로 인해 교회의 사회 개혁적 기능이 약화된 것은 사실이다. 그러나 그들은 영혼 구령의 중요성을 알았고, 이 일이 그 어떤 다른 일보다 시급하고도 중대하며 근본적인 것이라고 믿었다. 그랬기에 그들은 선교 도중에 요구되는 그 모든 희생을 감내할 수 있었다. 그들이 하는 일이 단순히 사람들로 하여금 좀 더 인간다운 삶을 살고 좀 더 풍족한 삶을 사는 것을 돕는 일이었다면 그들은 자신의 자녀와 아내 그리고 자신의 목숨까지 바쳐가면서 그 일을 감당하지 않았을 것이다. 인간화를 이루기 위해 비인간적인 일을 감수하는 것은 논리적으로 맞지 않는 일이기 때문이다.[58] 당시의 선교사들이 얼마나 강한 구령의 열정을 지녔는지를 보여주는 한 예를 우리는 감리교 선교사로서 한국에 와서 무료 병원을 개설한 스크랜톤 선교사가 어머니 스크랜톤 여사에게 한 다음의 말에서 읽을 수 있다.

> 어머니, 어머니께서 누구보다도 잘 알고 계신 일이지만 저의 변함 없는 목표는 오직 전도 그 한 가지 뿐입니다. 그렇다고 의료 사업을 이용하려고 하는 것이 아니라는 것을 알고 계시겠지요. '너희는 온 천하에 다니며 만민에게 복음을 전파하라' 하신 그 말씀을 한 순간인들 잊을 수 있겠습니

---

57) 허버트 케인, 『기독교 세계 선교사』, 137.
58) 김동선, 『초기 개신교 선교사들』 (서울: 한들출판사, 2001), 152-153.

까. 의료 사업은 이들 가난한 사람들에게 우선 필요한 일이니까 어쩔 수 없어서 쫓기다시피 시작한 일입니다. 복음을 전할 길이 따로 있다면 저는 언제고 이 의료사업을 다른 사람에게 맡길 준비가 되어 있습니다.[59]

이같은 구령의 열정 때문에 19세기 선교사들은 그 엄청난 희생을 치르면서도 유감과 후회가 없이 모든 고난을 감수하면서 사역을 감당할 수 있었다. 그들은 얼어붙은 그린랜드에서부터 열기로 들끓는 아프리카 정글에까지 지구상에 인간이 살고 있는 곳이라면 어디든지 갔다. 그것은 바로 복음을 전하여 그들의 영혼을 구하고자 하는 열정 때문이었던 것이었다. 오늘날 WCC를 중심으로 교회의 역사 및 사회참여를 강조하는 방향은 매우 중요한 도전이고 실천해야 할 부분이지만, 이런 것들에 대한 강조가 자칫 구령 열정의 식어짐으로 이어진다면 그것은 매우 우려되는 사안이 아닐 수 없다. 신앙의 선배들의 목숨을 내건 구령의 열정이 없었다면 우리는 아직도 하나님을 알지 못했을 것이고, 기독교는 지구상에서 사라졌을지도 모른다. 이형기는 WCC의 세계대회들을 평가하면서 말하기를 1975년 나이로비 대회는 "…통전적 선교를 지향했다. 그러나 역시 19세기의 복음주의적 선교적 열의로부터는 멀어져만 갔다"[60]는 지적을 하고 있는데, 우리 모두가 경청해야 할 평가가 아닌가 싶다.

요약 및 전망

2차대전 이후로 19세기 서구 선교사들에 대한 평가들은 대부분 부정적인 평가가 많다. 그들에게 제국주의자들, 문화우월주의자들, 교파주의자들 등의 딱지를 붙이면서 그들에게서 배울 것보다는 오히려 배우지 말아야 할 것이 더 많은

---

59) 정연희, 『양화진: 이야기 선교사』, 250.
60) 이형기, "에큐메니즘의 역사적 고찰," in 말린 벧엘데렌, 『세계 교회 협의회 40년사』, 이형기 역 (서울: 한국 장로교 출판사, 1993), 231.

것으로 평가된다. 물론 그런 평가는 결코 틀린 것은 아니다. 그러나 그들에게 있었던 문제들은 예리하게 지적하면서 그들이 행했던 그 숱한 헌신과 희생들은 아무것도 아니었던 것처럼 그냥 지나가는 것은 결코 공정한 평가가 아니다. 그들을 무조건 존중하고 따르는 것도 문제지만, 그들을 전혀 고려의 가치도 없는 사람들로 평가절하 하는 것도 문제가 아닐 수 없다. 그들을 부정적인 시각으로만 보는 것은 정당하지 않으며 우리의 선교에도 도움이 되지 못한다. 세상 모든 사람들이 다 그렇듯이 19세기의 선교사들 역시 참으로 귀한 선교의 열정을 가지고 헌신한 사람들이었지만 자신들이 속한 시대와 상황을 벗어나지 못하였던 것이 사실이다. 허버트 케인의 "인간은 유한하여 타락한 존재이고, 가장 고상한 노력을 한다 해도 불완전성과 실패에 의해 상처를 받는 것이다"[61]라는 말이 19세기 서구 선교사들에게도 그대로 적용되는 것 같다.

  사실 우리는 그들이 살았던 세계를 잘 모르는 경우가 많으며, 특정한 상황들을 고려할 때 그들의 선교가 그렇게 된 것은 때로 피할 수 없는 일이었을 경우도 있다는 사실을 기억할 필요가 있다. 이런 점에서 보쉬는 "그러므로 신앙의 조상들을 가차 없이 비판할 때에 우리가 그들이 했던 것보다 더 잘하지 못할 수도 있었다는 것을 우리는 기억해야 한다"[62]고 말하면서 선배들에 대한 우리들의 가혹한 비판에 경종을 울린다. 그렇다. 시대의 한계 속에서 사역했던 선교사들을 무조건 오늘의 잣대를 들이대어 비판적으로 평가하고 말 것이 아니라, 그들에게서 배울 것이 무엇인지를 찾으려는 진지한 자세가 오늘의 선교를 위하여 더 필요할 것이라고 본다. 우리는 가장 왕성했던 선교 활동 시기를 되돌아보면서 우리 선배들이 실수로 범했던 것들을 되짚고 그런 실수들이 우리의 선교 속에서 반복되지 않도록 할 뿐 아니라, 그들이 지녔던 선교에의 헌신과 희생 그리고 구령에의 열정을 간직하도록 또한 힘써야 할 것이다.

---

61) 허버트 케인, 『기독교 세계 선교사』, 227.
62) 데이비드 보쉬, 『변화하고 있는 선교』, 369.

현대선교의 핵심 주제 8가지

부록 II. 다시 생각해보는 삼자원리
RE-THINKING THE THREE-SELF PRINCIPLE

1950년대까지는 '삼자 원리'(Three-self Principle)는 기독교 선교에 있어서 아주 기본적이고 핵심적인 선교 원리로 받아들여졌다. 그러나 1950년대 이후로 삼자원리는 거의 언급도 되지 않고 오히려 비판을 받는 원리가 되고 있다. 왜 이런 비판이 가해졌을까? 과연 삼자원리는 이제 더 이상 생각할 가치가 없는 원리인가 아니면 지금도 유용한 원리일까? 삼자원리가 여전히 유용하다면 어떤 면에서일까?

　전통적인 선교에 있어서 선교의 최대 목표는 개인구원과 자급(Self-supporting), 자치(Self-governing), 자전(Self-propagating)의 독립 교회 설립에 있었으며, 이런 이유에서 삼자원리는 가장 중요한 선교 방침중의 하나였다. 적어도 1950년대까지는 이 삼자 원리가 기독교 선교에 있어서 아주 기본적인 원리로 받아들여졌으며, 이 원리에 대하여 의심을 품거나 반대하는 사람은 거의 없었다.[1] 그러나 1950년대에 하나님의 선교(Missio Dei) 개념이 등장하면서 교회중심의 선교는 많은 비난을 받게 되었고, 자립교회 설립을 강조하는 삼자원리도 함께 많은 비난을 받게 되었다.[2] 요즘 들어서는 삼자원리는 거의 언급도 되지 않으며 전근대적이며 별 쓸모 없는 원리로 인식되어지는 경향이 강하다. 한마디로 현대에

---

1) 윌버트 쉥크, 『선교의 새로운 영역』, 장훈태 역 (서울: CLC, 2001), 85.
2) '하나님의 선교' (Missio Dei) 라는 용어를 가장 먼저 사용한 사람은 독일인 신학자 하르텐슈타인 (hartenstein)이었는데, 이 용어를 WCC의 주된 신학이 되도록 기여한 사람은 호켄다이크였다고 할 수 있다. 그는 주장하기를 선교는 철저히 하나님 중심으로 이해되어야 하며 교회 중심의 선교이해는 교회 부패의 징조라고 강조하였다. 전호진, 『한국 교회와 선교 II』 (서울: 도서출판엠마오, 1985), 93-94., 김은수, 『현대 선교의 흐름과 주제』(서울: 대한기독교서회, 2001), 125-126.

는 맞지 않는 선교원리로 치부되어지고 있다.[3] 삼자원리에 왜 그러한 비평이 가해졌는가? 그 비평은 정당한 것인가? 과연 삼자원리는 이제 더 이상 생각할 가치가 없는 원리인가 아니면 지금도 유용한 원리인가? 여기에서는 삼자원리에 대한 새로운 평가를 통해서 효과적인 선교를 위하여 삼자원리로부터 여전히 많은 지혜와 전략을 가져올 수 있다는 사실을 밝히고자 한다.

1. 삼자원리의 주된 강조점

미국해외선교연합 위원회(ABCFM)의 총무였던 루퍼스 앤더슨(Rufus Anderson, 1796-1880)과 영국교회선교회(Church Missionary Society) 총무였던 헨리 벤(Henry Venn), 그리고 중국에서 선교사역을 감당하고 있던 존 네비우스는 비슷한 시기에 선교사역에 종사하였는데, 이들의 공통된 관심은 신생 선교교회(Young Missionary Church)가 어떻게 스스로 서갈 수 있는 자립교회로 성장해갈 수 있을가에 관한 것이었다. 이들이 각각 상이한 이론들을 말하였지만[4] 이들의 주장은 공통된 관심사를 지니고 있으며 이러한 공통점은 "삼

---

[3] 채은수는 그의 글에서 네비우스 원리 (혹은 넓은 의미의 삼자원리) 가 농경시대의 한국사회에는 맞았지만, 오늘처럼 복잡 다양한 사회적 상황에는 맞지 않는 원리라고 주장한다. Eun-soo Chae, "Missiological Reflections on Nevius Methods," *Chongshin Theological Journal*, Vol. 6, 2001, 162. 그러나 한국사회가 복잡한 산업사회가 되었기 때문에 삼자원리가 안 맞는 것이 아니라, 한국사회는 이미 교회가 스스로 서갈 수 있는 상황이 되었기 때문에 안 맞는 것이라고 해야 바른 해석이 될 것이다. 어찌되었든 한국 교회는 아직도 선교에 있어서 교회개척 사역을 매우 중요한 것으로 여기면서 삼자원리를 중시한다는 점에서 매우 다행한 일이라 하겠다. 그런데 이처럼 삼자원리를 중시하는 많은 한국 교회 지도자들은 서구 선교학계에서 왜 삼자원리가 외면을 당하는지에 대하여 의아해하는 경향이 많은데 본 연구는 이에 대한 답을 제공하면서 삼자원리가 여전히 선교에 기여하는 원리임을 증명하고자 한다.
[4] 앤더슨은 현지교회의 자립에, 헨리 벤은 현지인 지도자 양성에 중점을 둔 반면, 네비우스는 자급에 중점을 두면서 선교 초창기부터 유급사역자를 쓰지 않아야 된다는 것을 강조하였다. 그는 처음에 어느 정도 유급사역자의 도움을 받으면서 사역을 하는 것은 옛 방법이라고 말하면서, 옛 방법 (Old Method) 의 문제를 극복하기 위한 대안으로 처음부터 유급현지 사역자를 사용하지 않는 방법을 제시하면서 자신의 방법을

자원리"⁵⁾라는 용어로 잘 표현될 수 있다. 삼자원리의 주된 강조점을 자세히 살펴보자.

1) 자치, 자급, 자전하는 교회 설립의 강조

삼자 원리(Three-Self Principle)의 가장 기본적인 단계는 자립 또는 자급(Self- Support)에서부터 시작된다. 힘들고 어렵지만 처음부터 선교사를 의존하지 않고 스스로 서갈 수 있는 강인한 교회를 만들어야 한다는 것이다. 이를 위하여 교회의 운영과 기구 조직은 교회가 감당할 수 있는 범위 내에서 기획되고 실천되어져야 한다. 또한 교회를 지을 때도 교인들이 감당할 수 있는 정도의 규모로 지어야 한다.

그리고 자전 (Self-Propagation)이 필요한데 이것은 모든 교인이 스스로 전도하는 자로서의 위치를 자각하고 노력하는 것이다. 교인들은 자신이 일하고 있는 직업에 계속 종사하면서 자신의 이웃이나 친구들을 전도하게 된다. 돈이나 대가를 받고 복음을 전하는 것이 아니라 복음 자체에 감격하여 복음을 전하는 자가 되어야 하는 것이다. 즉 모든 성도들이 교회 안에서는 헌신하고 교회 밖에서는 전도자로서의 역할을 감당하는 것이다. 이상의 두 단계 즉 자급과 자전이 잘 이루어질 때 교회는 든든하게 서가게 되고 이로써 교회는 자치(Self-Government) 하는 교회가 될 수 있는 것이다. 삼자원리는 바로 이같이 자립하

옛방법과 대비되는 새 방법 (New Method) 이라고 일컬었다. John L. Nevius, *Planting and Development of Missionary Churches*, 4th ed. (Philadelphia, Pennsylvania: The Presbyterian and Reformed Publishing Co., 1958), 8; 목만수, 『선교 신학 문화』 (Pasadena, CA: 아시아 신학 연구소 출판부, 2002), 212; 곽안련, 『한국 교회와 네비우스 선교 정책』, 박용규 김춘섭 역 (서울: 대한기독교서회, 1994), 25-28.

5) 엄밀히 말하면 네비우스 자신은 삼자이론 (Three-self theory) 라는 용어를 사용하지는 않았다. Horace G. Underwood, "자립의 객관적 교훈," 「한국 기독교와 역사」, 제 8호 (1998), 271. 그러나 네비우스 이론은 기본적으로 삼자이론과 많은 내용을 공유하고 목적이 같기에 아시아판 삼자이론이라 할 수 있으며, 이런 점에서 두 용어를 함께 사용하는 것이 큰 무리는 없을 것으로 본다.

는 교회를 세우는 것을 가장 중요하고도 최종적인 목적으로 삼고 있다. 그래서 성경번역, 문서, 학교, 출판물, 기타 모든 사역들은 바로 이 최종적인 목적을 이루는데 도움이 되어야 한다고 생각되어졌다. 삼자원리의 주창자 중 하나인 루푸스 앤더슨(Rufus Anderson)은 "항상 추구해야 하는 경영 목적은 자립적이고 효율적인 (적당히 토착화된) 교회들입니다"[6]라고 말하면서 자치 자립 자전하는 교회의 중요성을 강조하였다. 결국 삼자원리의 핵심은 바로 자립교회를 세우는 일이 선교의 가장 주된 강조점이 되어야 한다는 것이다.[7]

2) 복음전도의 중요성

삼자원리는 사회봉사나 문명화보다는 순수한 복음선교를 많이 강조하였고, 이로서 삼자원리는 복음전도의 열매를 많이 맺는데 도움을 주었다. 삼자원리의 주창자들은 바울의 선교에서 많은 것을 배워왔는데 바울은 선교지 사람들의 복지나 인권 향상과 같은 측면보다는 복음을 전하고 그 복음을 받아들인 사람들로 이루어지는 교회설립에 깊은 관심을 가졌다. 그리고 이러한 복음사역이 종국적으로 사회의 변화를 가져오리라고 보았다. 이런 점에서 앤더슨은 문명화나 사회 변혁은 제도 추구로 오는 것이 아니라 복음 전도의 접촉 결과로 오는 것으로 보았으며, 구령을 위한 복음의 전파와 구원된 이들을 교회로 모아서 그들을 또한 구령을 위한 일군으로 삼는 것을 선교의 가장 핵심적인 사역으로 강조하였다.[8]

그러나 삼자원리를 따라 사역한 사람들이 사회봉사의 차원을 경시하였다고 생각해서는 안 된다. 그들은 사회봉사를 매우 중시하였고, 거기에 최선의 노력

---

6) Rufus Anderson, *Foreign Missions: Their Relations and Claims* (New York: Scribners, 1869), 5.
7) 재럴드 앤더슨 외, 『지도자 중심으로 본 선교 역사와 신학』, 박영환 홍용표 역 (서울: 한국왜그너교회 성장연구소, 1998), 299.
8) Beaver R. Pierce, *To Advance the Gospel: Selections from the Writings of Rufus Anderson* (Grand Rapids, MI: Eerdmans, 1967), 13-14.

을 기울였다. 그러나 그들은 자선단체들에서 행해지는 봉사와 달리 자신들의 사회 봉사가 복음전파를 위한 기반이 될 수 있도록 하였다. 예를 들어 네비우스의 이론을 기초로 하여 1893년에 제정된 한국의 선교정책에 보면 10개의 지침 중에 다음과 같이 지침이 나타난다. "9. 의료 봉사는 환자들을 병원이나 환자의 가정에서 치료해주는 것이 효과적이다. 왜냐하면 그렇게 하는 중에 그들에게 복음을 전하고 깊은 인상을 줄 수 있기 때문이다. 10. 치료 받을 기회를 놓친 시골 환자는 환자의 집을 찾아가서 치료해 줌으로써 그들에게 전도할 기회를 많게 한다."9) 그러니까 삼자원리에서는 복음전도를 중시하기 때문에, 사회봉사를 하면서도 그것이 봉사로만 끝나는 것이 아니라 복음전도와 연결되도록 힘을 썼다. 이런 점에서 앤더슨은 "복음전파와 분리하여 적극적인 선교를 해도 개 교회 설립에 효과적으로 기여한다면, 모든 방법은 동원 가능할 것입니다."10)라고 말하였다.

3) 현지인 지도자 육성의 중요성

자치, 자립, 자전하는 교회를 세우기 위하여 가장 중요한 일 중의 하나는 현지인 지도자의 양성이다. 사도 바울의 사역을 보아도 그가 그토록 신속하게 교회들을 세울 수 있었던 중요한 비결은 바로 각 교회에 헌신되고 재능있는 그 지방 출신 장로들을 두고, 그들에게 전적으로 모든 목회적 책임을 부여하였다는 사실이다 (행14: 21-23).11) 이런 점에서 네비우스도 "중국에서의 복음전파의 중심적 사역을 결국에 가서 원주민들이 하여야 한다"12)고 강조하였다. 사실 선교사가

---

9) C.C. Vinton, "Presbyterian Mission Work in Korea," *The Missionary Review of the World*, VI (1892년 9월), 671.
10) 재럴드 앤더슨, 『지도자 중심으로 본 선교 역사와 신학』, 292.
11) Beaver R. Pierce, *To Advance the Gospel: Selections from the Writings of Rufus Anderson*, 97.
12) Helen S.C. Nevius, *The Life of John Livingston Nevius* (New York: Fleming H. Revell Co., 1895), 231.

외국어를 완전히 습득하고, 선교지의 풍속과 사고습관을 완전히 이해하는 데는 많은 장애가 있다. 그러므로 헌신된 지도자를 양육하여 그들에게 속히 교회사역을 넘겨주는 것이 효과적인 선교를 위한 길이 되는 것이다. 이런 점에서 당시 한국 주재 선교사들은 네비우스의 원리에 기초하여 지도자 양성을 위한 원칙을 다음과 같이 세웠다.

① 깊은 영적 체험을 가지게 할 것, 무엇보다도 "성령 받은 사람"(A Man filled with the Spirit)이 되게 할 것,
② 성경말씀과 기독교회의 중심 역사와 진리를 철저히 가르칠 것,
③ 예수 그리스도의 좋은 군인으로 곤란을 잘 참을 수 있는 젊은 목사가 되게 할 것,
④ 한국 교인들의 문화와 현대 문명의 정도가 높아짐에 따라서 본국 목사의 교육 수준도 높이고 본국의 일반인의 교육 수준이 높아짐에 따라 존경과 위신을 유지하도록 목사 교육을 적당히 향상시킬 것이나 지나치게 부러움의 대상이 되거나 서로 어울리지 아니할 정도로 높은 교육은 시키지 말 것.[13]

즉 배운 것을 자랑하고 거들먹거리며, 선교사를 등에 업고 안락함을 추구하는 일군이 아니라 철저히 복음을 위하여 헌신되고 자립하는 교회를 세워나갈 수 있는 일군을 신속하게 양육하는 것을 선교의 성패를 결정하는 중요한 관건으로 여겼다.

4) 고용제도 지양

고용제도란 파송된 선교사가 선교지의 언어를 습득하고 그곳의 문화와 생활

---

13) W. D. Reynolds, "The Native Ministry," *The Korean Repository* (May, 1896), 200-201.

환경에 적응할 때까지 보수 받은 대리인을 고용하여 선교사업을 함께 감당하는 것을 말한다. 선교사들과 그들을 파송한 모국 선교부들은 조속한 결실을 갈망하고, 선교사 자신들도 전도 사역에 종사하기에는 언어의 장벽이 있었으므로 현지인 사역자를 고용하여 보수를 지불하고 복음을 전하게 하는 방법이 자연스럽게 받아들여졌었다. 그러나 이러한 고용제도는 현지인들로 하여금 복음 때문에 움직이는 것이 아니라, 돈을 위해 고용된 용병처럼 돈 때문에 복음을 전하고, 돈을 따라 이 선교사 저 선교사에로 옮겨다니는 기회주의적 그리스도인들(Rice Christians)을 만들어 내었다. 이런 사람들은 돈을 받을 때에는 열심히 일을 하지만 고용이 해지되는 날 교회 일을 하지 않을 뿐 아니라 아예 신앙까지 저버리는 경우가 많았다.[14]

또한 모두가 돈을 받으면서 일을 하고 싶어하므로 자원하여 무보수로 일하고자 하는 신앙적 헌신을 막을 우려가 있었다. 무엇보다도 제국주의 시대에 선교사에게 고용된 대리인들은 본토인들에게 국가에 해로운 정치적 운동을 위해 포섭된 지지자로 오해받기 쉬웠다.[15] 결국 고용제도는 우선 당장에 뭔가 열매를 맺는 것처럼 보이지만, 결과적으로는 현지 교회로 하여금 선교사만을 의지하는 무능한 교회를 만들게 되는 것이다. 이런 점을 보면서 네비우스는[16] 고용선교를 정당화하는 기존의 선교사역 유형을 '옛 방법'이라고 말하면서 자신이 제시하는

---

14) J. Nevius, *Planting and Development of Missionary Churches*, 14.
15) John L. Nevius, *The Planting and Development of Missionary Churches*, 17.
16) 네비우스가 이렇게 강조하게 된 데는 그 당시의 시대적 배경이 자리 잡고 있다. 네비우스가 선교하던 당시 중국인들은 선교사들을 제국주의 앞잡이로 그리고 기독교를 제국주의적 속임수로 개종자들은 제국주의자들의 돈에 고용된 사람들로 보았다. 이런 상황에서 네비우스는 기독교 복음이 제국주의와 연관되어지는 인상을 불식시키기 위해 돈을 주고 일군을 사는 듯한 선교 행태를 없애야 한다는 생각을 하였고, 실제로 이것은 매우 중요한 선교원리였다. 김성철, "네비우스 선교 방법론에 대한 재해석: 곽안련(C.A.Clark)의 삼자원리(three-self theory)를 비판하면서," 미간행 석사 학위논문, 호남신학대학교, 2002, 19-20. 이러한 원리는 그 당시뿐 아니라 지금도 여전히 필요한 원리인데, 돈을 주고 사역자를 고용하는 방식으로는 효과적인 교회성장을 기대하기가 어렵다.

'새 방법'과 비교하면서 다음과 같이 말했다.

> 전자는 주로 본국 선교부의 급여를 받는 '현지인 사역자'(native agency)에 의존한 반면, 후자는 이러한 도움을 극소화 하였다. 양자 모두 독립적이고 자급 교회들의 설립을 추구하였다. 그러나 전자는 자기 발전을 위한 첫 단계로 교회 성장을 격려하려고 외국 자금을 사용하다가 점차적으로 그 자금 사용을 줄여 나갔다. 반면 후자는 처음부터 자급적이고 독립적인 원칙들을 적용하였다.[17]

선교사들 가운데는 이러한 방법이 과연 가능할 것인가에 관한 회의를 품는 경우가 종종 있었다. 즉 현지인들의 경제 상황이나 도덕적 책임 능력 등으로 볼 때 고용제도를 사용치 않고 선교사역을 할 경우 선교의 열매를 전혀 얻지 못하지 않을까 하는 불안한 마음을 지닌 선교사들이 많았다. 그러나 처음에는 시간이 좀 더 걸리고 효과가 없는 것처럼 보이지만 결국 든든히 서가는 교회가 세워짐으로 말미암아 장기적으로는 새 방법이 훨씬 더 풍성한 가져올 수 있다. 앤더슨은 하와이와 인도의 여러 선교 현지에서 이같은 원리가 성공적으로 결실 맺는 것을 많이 보면서, 성령의 능력을 신뢰하고 토착민 개종자들의 가치를 높이 평가한다면 선교지 교회의 물질적 빈곤과 도덕적 부족함이 결코 자급을 막는 걸림돌이 될 수 없다는 확신을 갖게 되었다.[18]

5) 속한 시간내의 지도력 위임

삼자원리의 또 하나의 강조점은 속한 시간 내에 지도력을 현지인에게 이양하라는 것이다. 앤더슨은 선교지 교회와의 관계에서 선교사는 '세례요한'과 같은 입

---

17) John L. Nevius, *The Planting and Development of Missionary Churches*, 8.
18) Rufus Anderson, *Foreign Missions : Their Relation and Claims*, 121.
19) 선교지 교회의 성장단계를 잘 그린 이론 중의 하나가 랄프 윈터(Ralph Winter)의 소위 말하는 4P 이론이다. 그는 선교지 교회의 발전 정도에 따라 교회와 선교사와의 관계를 4단계로 나누었다. 즉 개척자

장에 서야 한다고 가르친다. 즉 선교사는 현지 교회가 스스로 설 수 있는 단계[19]로 성장했을 때에 더 이상 그곳의 지배자가 되지 말고, 현지인 목회자 밑에 개 교회를 맡겨두고, 가능한 빨리 교회의 발전을 위하여 사라져야 한다고 주장하면서 이것을 선교사의 안락사(enthanasia) 라고 말했다. [20]. 앤더슨의 이같은 생각은 미국 해외선교협의회(ABCFM)가 1865년에 채택한 "교회의 조직과 선교사들의 의무"에 관한 결의문에도 나타나는데, 거기에는 선교사의 위치를 다음과 같이 기록하고 있다.

> 첫째, 선교사는 외국인이다. 그가 어떤 소명을 가졌든지 간에 현지인들에게 그는 이방인일 뿐이다. 둘째, 그의 사역은 임시적이다. 교회들이 어떤 지점에 이르렀을 때에 그는 다른 곳으로 나아가야 한다. 셋째, 그의 임무는 독특하다. 그는 목회자가 아니라 전도자이므로 사람들을 모으는 일에 관심을 갖고, 목회는 현지인에게 맡겨야 한다.[21]

한국 선교사들로 구성된 선교 공의회에서도 네비우스의 영향으로 1906년에 "선교사들의 영향력은 감소시키고, 한국 형제들의 영향력은 증대시킨다"[22]라는 결의를 하였다. 즉 선교사는 속한 시일 내에 지도력을 위임하고 동역자나 참여자로서 돕다가 일정 시기에 교회의 발전을 위하여 그곳을 떠나 새로운 선교의 개척 전선으로 옮기라는 것이다. 결국 핵심은 현지인 사역이 든든하게 섰을 때에 선교사가 자신을 위하여 안일한 자세로 계속 머무르지 말고 새로운 사역을

(Pioneer), 부모 (Parents), 동역자 (Partners), 참여자 (Participant)로 나누고 현지 교회가 성장하여 선교사가 참여자의 단계에 이르렀을 때에 선교사는 새로운 사역지에서 제 1단계 즉 개척자의 사역을 다시 시작해야 한다고 주장하였다. Ralph Winter, "Four Men, Three Eras, Two Transitions: Modern Missions," in *Perspectives on the World Christian Movement*, ed. by Ralph Winter & Steven C. Hawthorne (Pasadena, CA: William Carey Library, 1992), B-37.

20) Rufus Anderson, *Foreign Missions: Their Relation and Claims* (New York: Charles Scribner and Co., 1869), 208-209.
21) Report of the ABCFM, 1856, 전호진, 『한국 교회와 선교 II집』, 재인용, 25.
22) Nam Sik Kim, "The Growth and the Mission Methods of the Early Korean Presbyterian Church," Unpublished M.A.M. Thesis, Reformed Theological Seminary (Jackson, Mississippi, 1984), 37-38.

위하여 떠나야 한다는 것이다.

2. 삼자원리에 대한 비판들

앞에서도 언급하였듯이 삼자원리는 많은 비판을 받으면서 지금은 별로 주목을 받지 못하는 선교원리가 되어가고 있다. 그 비판의 내용은 무엇이며, 그러한 비판은 과연 정당한 것인지를 살펴보자.

1) 제국주의적 선교의 잔재가 아닌가?

1950년대 이후로 식민주의가 붕괴되면서 서구선교는 많은 비난을 받게 되었다. 전통적인 서구 선교는 제국주의나 식민주의와 연결되었고, 가부장적인 태도, 비관용 혹은 오만함 속에서 진행되었으며, 이러한 선교는 문화 파괴, 사회구조 와해, 전통 종교 억압, 낯선 이방 교회 설립, 정체성 손상 및 정체성 형성의 저해 등을 가져온 것으로 평가되어졌다.[24] 이러한 비평과 함께 선발된 선교사를 해외에 파송하여 교회를 세우는 전통적인 선교활동은 "종교적 제국주의"로 인식되는 경향이 강해졌으며, 이러한 경향 속에서 자립교회 개척을 강조하는 삼자원리도 비판을 받게 되었다.

또한 삼자원리는 "스스로 서는 것"을 강조하기에 너무 자기중심(위주)적 정신자세를 강하게 고취시킴으로써, 교회 일치를 이루는 데 장애물이 되고, 선교와

---

23) 김영동, 『교회를 살리는 선교학』 (서울: 장로회 신학대학교 출판부, 2003), 259-260.
24) 제럴드 앤더슨 외, 지도자 중심으로 본 선교 역사와 신학, p. 29; 김남식, "네비우스 선교 방법 연구," 「신학지남」, 1985. 9월호, p. 170. Charles Van Engen, God's Missionary People: Rethinking the Purpose of the Local Church (Grand Rapids, MI: Baker Book House, 1991), 116.

사회에 무관심하게 한다는 비평을 받기도 하였다. 교회는 본래 다른 이들을 위하여 존재해야 하는데 교회 자립만을 강조하므로 타자를 위한 교회가 되는 데 방해가 될 수 있다는 지적이다.[24] 즉 삼자원리가 강조될 경우 교회가 세상을 향한 책임을 망각한 채 하나의 게토로 전락되어질 수 있다는 것이다. 결국 삼자원리는 "이기적인 교회 팽창적 선교"와 "제국주의적 선교"를 부추기는 것으로 비판받게 되었다.

이러한 비평은 일견 일리가 있는 것으로 보인다. 서구의 선교는 원했든 원치 않았든 제국주의와 연결이 되었던 것은 사실이며, 제국주의적인 선교는 분명히 사라져야 할 선교의 모습이다. 그러나 이것은 선교의 자세가 달라져야 한다는 것을 의미하지 건강하게 서가는 교회를 세우는 것 자체를 거부하는 쪽으로 이어져서는 안 된다고 본다. 지배자적인 자세로 군림하면서 자신들의 교파를 이식하는 교회를 세우는 것을 지양해야 한다는 것이 건강한 교회 설립자체를 부정하는 것으로 연결되어져서는 안 된다. 선교는 결코 교회를 배제하고 생각되어질 수 없다. 이 세상 어디에도 공동체의 보호나 지원 없이 독자적으로 자기의 길을 가며 하나님께 도달하는 순수한 개인들만의 기독교란 없기 때문이다.[25] 즉 선교에서는 여전히 건강하게 서가는 교회의 설립이 중요하며 이런 점에서 삼자원리는 지금도 여전히 고려되어야 할 중요한 이론이다.

2) 지나치게 복음화에만 강조점이 주어진 것 아닌가?

삼자원리에 대한 또 하나의 비평은 삼자원리가 너무 복음화에만 비중을 두고 있다는 것이다. 앤더슨에 관한 한 평가 가운데, "앤더슨의 선교의 개념은 아주 단

---

[25] 칼 뮬러, 김영동 외 역, 『현대선교신학』 (서울: 한들, 1997), 66.
[26] 재럴드 앤더슨 외, 『지도자 중심으로 본 선교 역사와 신학』, 296.

순하다. 그는 초기에 문명과 복음화라는 쌍둥이와 같은 피조물에 과도하게 반응하였다. 그의 선교의 중심 목적이 '복음화'라는 통찰은 옳지만, 그의 선교정의는 너무 협소하다"26)라는 평이 적혀져있다. 통전적인 선교를 지향하는 현대의 선교적 관점에서 보면 삼자원리가 지향하고 있는 선교목표가 확실히 너무 협소하다는 비평을 받는 것이 당연할 것이다. 그러나 삼자원리가 실제로 사회봉사를 등한시하였는가? 그렇지 않다. 삼자원리에서 복음화에 강조점을 둔 것은 사실이지만, 그렇다고해서 삼자원리가 사회봉사를 등한시했다는 평가를 쉽게 내릴 수는 없을 것이다. 예를 들어 삼자원리의 주요한 주창자 중의 한 사람으로서 중국에서 선교를 한 네비우스의 사역 모습에 대하여 곽안련은 다음과 같이 묘사한다.

> 중국인들의 영적 상태는 물론 현세적 삶의 수준을 향상시키는 것도 네비우스 박사가 결코 소홀히 하지 않은 목표였다. 그가 소개하여 수입하고자 했던 씨앗, 곡물, 나무 (특히 포도나무) 등이 많았다. 그는 또한 외국의 곡식 수확 기계와 기타 장비들을 도입하였다. 그의 많은 노력이 실패하였으나 그 때문에 그의 기상과 노력이 꺾이지는 않았다.27)

삼자원리는 확실히 복음화에 우선적인 강조점을 둔 것은 사실이다. 그러나 사회봉사를 결코 게을리하지 않았던 것도 사실이다. 이에 비하여 소위 인간화를 강조하는 진보적인 그룹들은 과연 복음화에 얼마나 노력을 기울이는가? 이형기는 WCC 대회들을 개괄하는 가운데 1948년 암스테르담 총회에 대한 평가를 내리면서, "이같은 WCC가 교회의 사회참여를 점차 강조하기 시작하여 교회사에

---

27) 곽안련, 『한국 교회와 네비우스 선교정책』, 박용규 김춘섭 역 (서울: 대한 기독교서회, 1994), 42.
28) 계속해서 이형기는 각 대회의 결론적 평가를 다음과 같이 내리고 있다. 1954년 에반스톤, "에반스톤의 WCC 역시 교회의 사회참여에는 지대한 발전을 보였으나, 19세기적 복음주의적 선교열정을 상당히 상실하였다." 1968웁살라 대회, "'1968년 웁살라대회는 '교회의 보편성'을 사도성, 연속성, 다양성 일치 및 인류의 일치에 관련시켜 강조하고 있다. 그러나 역시 19세기의 복음주의적 선교적 열의로부터는 거리가 멀다." 1975년 나이로비에 대하여, "이런 의미에서 바샴 (Bassham)의 말대로 1975년의 나이로비 WCC는 '통

서 그 유래를 찾아볼 수 없는 교회의 역사와 사회 참여를 실천하기에 이른 것은 크나큰 교회사적 공헌이라 하겠다. 그러나 WCC가 1910년 에딘버러의 WMC 이전의 복음주의적 선교열의로부터 점점 거리를 멀리하고 있는 것도 사실이다"[28] 라고 언급하고 있다. 또한 협의회의 구조적 성격을 말하면서, 이형기는 협의회에 대한 결론적인 평가를 "19세기의 활활 타오르던 복음주의적 선교의 불길은 비록 에큐메니칼 운동과 WCC의 역사를 통하여 싸늘하게 식은 것이 사실이지만, 결국 교회들의 연합과 협조를 가져왔고,…"[29] 로 제시한다. 인간화를 포함한 넓고 방대한 선교의 목표를 말하지만 실제로 가장 핵심적인 복음전파의 사역은 거의 무시하다시피하는 에큐메니칼 진영이 복음화를 강조하면서도 실제로는 사회봉사를 함께 실천한 삼자원리를 향해 비평만 하는 것을 정당하다고 보기 어려운 점이 있다.

3) 너무 편협된 신학 교육을 강조하지 않았나?

삼자원리는 너무 편협한 신학 교육을 시킨다는 비평을 또한 듣고 있다. 미국 북장로교 선교 본부 극동 총무로 있던 스미스 (J. S. Smith) 목사는 삼자원리실천의 가장 대표적 사례 중의 하나인 한국에서의 네비우스 정책을 평가하면서 다음과 같이 말했다.

① 오직 한 가지 신학만 가르쳐 자유주의 신학이나 극단적인 정통 신학에 대

전적 선교 (Holistic Mission)를 지향했다. 그러나 역시 19세기의 복음주의적 선교적 열의로부터는 멀어져만 갔다." 이형기, "에큐메니즘의 역사적 고찰," in 말린 벤엘데렌, 『세계 교회 협의회 40년사』. 이형기 역 (서울: 한국장로교출판사, 1993), 231-236.
29) 이형기, "에큐메니즘의 역사적 고찰," 237.

한 적응 능력을 키우지 못해 한국교회가 분열되었으며,

② 일반 문화, 교양 지식을 폭 넓게 지도하지 않고 성경만 가르쳐 성경해석을 잘 못하게 했으며,

③ 교회의 영적 성장만 강조하여 일반 사회와 격리된 공동체가 되었고,

④ 신학 교육의 결핍으로 유능한 지도자를 양성하지 못했다는 점을 지적하였다.[30]

이 모든 비평을 한마디로 종합해 본다면, 한국에서 사역한 선교사들은 네비우스 원리에 따라 너무 편협된 신학교육을 베풀었고, 이것으로 인해 교회분열이 일어났고 사회와 격리된 교회가 생성되었다는 것이다. 이러한 비평은 어느 정도 일리는 있지만 모두 동감하기는 어렵다고 보인다. 스미스의 지적대로 한국교회가 영적 성장을 강조한 것은 사실이지만, 그렇다고 사회와 격리된 공동체는 아니었다. 한국교회는 삼일운동이나 기타 여러 애국 운동에 매우 적극적으로 동참할 정도로 사회 참여적이었다. 교회 분열은 신학적인 요인 뿐 아니라 교회 정치적 사회적 요인 등 다양한 요인들이 복합적으로 작용하여 발생하므로, 분열의 원인을 편협한 신학으로만 돌리는 것은 바르지 못한 것으로 보인다.

일반적으로 복음의 씨가 뿌려진지 얼마 안 된 선교지에서는 높은 학문적 신학적 자격을 갖춘 지도자보다는 성경적, 영적 열심과 경건을 갖춘 헌신된 지도자들과 성도들이 더 필요하다. 선교지가 학적인 수준만 자랑하고 있는 목회자들로 가득할 때 건강한 교회성장은 기대하기 어려울 것이다. 이런 점에서 당시 선교사들은 약간 편협할 정도의 보수적인 신학 교육을 실시하였다고 보여지며,[31] 이러한 정책은 교회의 뿌리를 내려야 할 당시의 상황에서는 비교적 적절한 정책이었다고

---

30) J. S. Smith, International Mission," 1961년 7월호, 김의환, 『복음주의 선교신학의 동향』 (서울: 생명의 말씀사, 1990), 48. 재인용.
31) 윤철호, "네비우스 정책에 대한 고찰을 통해 본 한국 교회 선교 정책의 방향," 『하나님 나라와 선교』, 서정운 명예총장 은퇴 기념 출판위원회 (서울: 대한기독교서회, 2001), 130.

보는 것이 타당하리라고 생각된다. 삼자원리는 기본적으로 복음이 전해지는 초기 단계를 설정하므로 복음적인 목회자 양성 중심의 신학을 중시하는 경향이 강한데, 이러한 상황에 대한 고려 없이 삼자원리가 무조건 편협한 신학을 강조하였다고 몰아붙이는 것은 선교지의 상황에 대한 이해가 부족한 평가가 아닌가 싶다.

4) 지역 문화와의 관련성이 약하지 않은가?

삼자원리는 지역문화에 대한 고려가 약했다는 비평을 자주 받아왔다. 즉 자치, 자립, 자전만으로는 불충분하며, 현지 문화에 대한 보다 충분한 고려가 있어야 하며, 한 걸음 더 나아가 현지 교회 자체가 스스로 자신의 신학을 형성하는 신학화 과정(self-theologizing) 까지 이루어져야 온전한 선교가 이루어진다고 보았던 것이다.[32] 이런 이유로 삼자원리는 1970년대에 상황화 원리가 대두되면서 더더욱 뒤안길로 밀려나게 되었다. 삼자원리의 주창자 중 하나인 앤더슨의 경우를 보더라도 그는 확실히 현지의 문화를 유지하는 것을 적극적으로 장려하지 않았다. 그는 문화 적응을 필수적인 것으로 보지 않았다. 그는 그 시대의 사람으로 서구 이외의 문화 속에서 보존의 가치를 발견치 못했다. 그는 당시의 사람들처럼 유럽과 미국의 문명을 '기독교적'이라고 생각했다.[33] 이러한 태도는 오늘날 상황화라는 측면에서 보면 비판받을 소지가 있는 것이 분명하다.

그러나 앤더슨은 지역교회가 선교사들에 의해 주어진 양식을 바꿀 권리가 있음을 주장했기 때문에[34] 그가 지역 문화와의 관련성을 전혀 고려치 않았다고 보

---

32) Paul G. Hiebert, *Anthropological Insights for Missionaries* (Grand Rapids, MI: Baker Book House, 1985), 195-196.
33) R.P. Beaver, "Rufus Anderson's Missionary Principles," in *Christian Predikking in de Wereld* (Kampen: J.H. Kok, 1965), 60.
34) Ibid., 60.

기는 어렵다. 상황은 성경해석이나 신학화의 작업에 있어서 부인할 수 없을 정도의 결정적인 성질과 역할을 가진 것은 사실이다. 그러나 상황이 지나치게 강조되거나 신학적인 반성을 위한 유일한 기본적인 권위로 여겨질 때 파생되는 문제는 위험한 것일 수 있다. 상황 속에서의 실천은 이론의 결정적인 통제를 필요로 한다. 그렇지 않을 경우 실천은 너무 많은 것을 의미할 수 있다. 또한 일치된 신앙 전통이 부재한 곳에서의 상황화는 신앙주의적인 정치의 새로운 분파를 형성할 수 있고, 신학적인 대화를 무용하게 만들 수도 있다.[35] 또한 현지의 문화를 지나치게 강조할 경우에 혼합주의의 위험성이 있음을 잘 인식해야 할 것이다.

3. 삼자원리의 유용성

지금까지 삼자원리의 주된 강조점 및 약점 등을 살펴보았다. 이제 우리는 왜 여전히 삼자원리를 고려해야할 필요가 있으며, 거기서 어떠한 선교에의 지혜를 얻을 수 있는지를 살펴보고자 한다. 즉 삼자원리가 어떤 점에서 오늘의 선교에 기여할 수 있는지를 살펴보고자 한다.

1) 선교의 도구인 교회의 성장에 기여할 수 있음

하나님의 선교신학은 교회중심적인 선교를 강하게 비난한다. 선교지에서 교회 개척과 성장을 강조하는 것을 제국주의적인 선교라고 규정하면서, 교회를 개척하는 것이 선교의 목표가 될 수 없고 샬롬을 이루는 것이 선교의 주된 목표가 되어야 한다고 주장한다. 이러한 강조점은 확실히 교회의 선교자세를 교정하는

---

35) 보쉬, 『변화하고 있는 선교』, 김병길 장훈태 역 (서울: CLC, 2000), 637.

데 도움을 주었고, 세계에 대한 교회의 책임성을 일깨워주는 데 크게 기여하였다. 그러나 이러한 주장은 동시에 교회를 매우 약화시키는 데도 일조하였다는 것도 사실이다. 이런 점에서 서정운은 호켄다이크의 하나님의 선교신학에 대하여 많은 공헌점을 인정하면서도 그의 교회관에 대하여 평가하기를 "어쩌면 오늘의 서구교회가 활력을 잃고 신자의 수가 현저히 준 것은 그가 그토록 부르짖은 반 교회중심신학(反敎會中心神學)이 가져온 하나의 결과로 볼 수도 있다"[36] 라고 말한다.

하나님의 선교개념에서도 교회가 선교의 도구라는 사실만은 인정한다. 유일한 도구는 아니라해도 적어도 도구라는 사실만은 인정한다. 이런 점에서 평생을 통해 가차 없이 교회를 비판하고 교회론을 위한 여지가 전혀 없다고 강하게 주장했던 호켄다이크 마저도 후에는 교회를 향하여 등을 돌리는 것이 불가능한 것임을 인정했다고 보쉬는 언급한다.[37] 선교의 도구인 교회가 제대로 서지 못할 때 선교가 효과적으로 수행되어지기 어렵기 때문이다. 확실히 교회는 여전히 필요하다. 물론 삼자원리에서처럼 교회설립 자체를 목적으로 삼고 지나치게 교회를 강조할 경우 교회가 지나치게 자기 중심적이 되고 사회를 변혁시키지 못하는 게토로 전락되는 위험성을 안고 있는 것은 사실이다. 그러나 이것이 교회 자체의 중요성을 부인하는 것으로 오해되어서는 안 된다. 이것은 마치 학교에 문제가 있다고 학교 자체의 중요성을 부인하는 것과 같은 잘못이다. 학교가 본래의 기능을 잘 수행하도록 갱신해 나가야 한다는 주장이 학교 자체의 필요성 자체를 감소시키는 것으로 바뀌어서는 안 될 것이다. 교회가 참으로 세상을 섬기고 왕국사역의 수행자가 되기 위해서 먼저 든든히 서는 것이 필요하다. 특별히 교회 자체가 유약하여 교회의 존립자체가 문제가 되는 선교지에서는 더더

---

36) 서정운, "후켄다이크의 선교관", 「교회와 신학」, 20집, 1988년, 222.
37) 보쉬, 『변화하고 있는 선교』, 572.

욱 그러하다.

  이런 점에서 생각하면 선교의 초기 단계에서 교회를 든든히 세우는데 기여할 수 있는 삼자원리는 여전히 귀한 가치를 지니고 있다. 앞에서도 보았듯이 삼자원리의 가장 주된 강조점은 바로 스스로 서갈 수 있는 건강한 교회의 설립이다. 즉 삼자원리의 가장 주된 관심은 교회이다. 그래서 삼자원리를 따르는 선교사나 목회자는 선교를 일차적으로 교회개척으로 해석하고 건강한 교회를 세우는 데 그들의 전 생애를 바쳤다.[38] 물론 이러한 강조는 선교의 목표를 너무 협소화시킬 가능성이 있음도 사실이다. 그러나 선교의 목표를 포괄적으로 잡는다 해도 역시 이 모든 목표를 이루는 가장 기초적이고 핵심적인 사역은 교회라는 사실을 부인할 수 없다. 예를 들어 요하네스 벌카일은 선교의 목적을 개인 영혼 구원, 교회 설립, 기독교 사회 형성, 사회 복음의 구현, 그리고 거시적 사회 구조 개선 등의 5가지로 정리하고 있는데,[39] 이 같은 목표들은 서로 깊이 연관되어져 있으며 모두 다 이루어져야하는 목표들이다. 그런데 현실적으로 이같은 목표들이 동시에 이루어질 수는 없다. 즉 이 목표들은 단계적으로 차근차근 이루어져야 하는데, 이같은 목표들을 성취하려고 할 때에 가장 우선적으로 이루어야 할 목표는 교회 설립과 성장이라 할 수 있다. 즉 든든하게 서가는 자립교회가 세워질 때에 영혼 구원의 목표도 효과적으로 이루어질 수 있고, 기독교적인 문화로 사회를 변화시켜 나가고 거시적인 사회 구조 개선을 위한 노력도 할 수 있기 때문이다.

---

38) 도날드 A. 맥가브란, 『교회성장이해』, 이요한 외 역 (서울 : 대한예장총회출판국, 1987), 247-248.
39) J. Verkuyl, 『현대선교신학개론』, 최정만 역 (서울: CLC, 1991), 273-304.

2) 선교의 효율성을 높일 수 있음

선교는 제한된 인원과 재원과 시간을 가지고 이루어지는 사역이므로 늘 효율성을 고려하지 않으면 안된다. 역사상 가장 위대한 선교사 중의 하나였던 사도 바울은 약 10년만에 로마 지역 동부의 선교를 마치면서,[40] "이제는 이 지방에 일할 곳이 없고…"(롬 15:23)라고 말할 정도로 능력 있는 선교사역을 펼쳤는데, 그러한 성공적인 사역의 가장 주된 원인 중의 하나는 바로 자립교회 설립의 전략이었다. 그는 자립교회를 세우기 위해 신속하게 현지 지도력을 훈련하여 세웠고, 그들에게 인건비를 지급하지 않았고, 스스로 교회의 문제들을 해결할 수 있도록 자율권을 주었다. 물론 그가 그 지방에 사는 모든 사람을 다 구원에 이르게 하지는 않았다. 또한 그 지역의 사회적, 경제적 문제들을 해결한 것은 더더욱 아니었다. 그러나 그 지역의 복음화를 책임지고 감당해갈 수 있는 믿음의 공동체를 만들었고, 이 공동체에게 나머지 복음화의 임무를 위임하고 그는 새로운 선교사역을 구상하였던 것이다.[41] 무엇을 말하는가? 바울은 선교의 가장 급선무이면서 가장 효율적인 사역이 바로 자립교회를 세우는 것으로 생각하였던 것이다.

현재 우리 선교사들이 수행하고 있는 선교사역 가운데는 1년에도 수 십만불씩의 자금이 소요되는 사역들이 있다. 그런데 이러한 막대한 자금 중 상당부분이 복음사역에 쓰이기보다는 이차적인 사역 즉 방대한 시설을 운영하기 위한 인건비, 관리비, 운영비 등으로 유실되는 경우가 많다. 더더욱 안타까운 사실은 이처럼 많은 자금과 인력이 언제까지 투입되어야 현지인들에 의해 스스로 유지되어갈 수 있을지 희망이 보이질 않는다는 사실이다. 외부에서 조달된 선교비로 운

---

40) 바울은 로마 제국 동부의 주요지역인 갈라디아, 마케도니아, 아가야, 그리고 소아시아 지역에 건강하게 서가는 자립교회들을 세웠는데, 그의 사역 기간은 서기 47년부터 57년 경으로 추측된다. Roland Allen, St. Paul's or Ours?(Grand Rapids, MI: Eerdmans, 1962), 3.
41) 레슬리 뉴비긴, 『다원주의 사회에서의 복음』, 허성식 역 (서울: IVP, 1998), 199.

영되는 신학교, 병원, 학교 등은 대부분 건강하게 성장하질 못하고 겨우 명맥만 유지하는 경우가 많다. 이러한 사역들은 선교사를 통하여 들어가는 자금이 철수되면 그대로 사라질 사역들인 경우가 많다. 아울러 선교사가 철수할 때에 시설들의 관리 문제와 관련하여 이권에 밝은 현지인 지도자들 가운데 커다란 분쟁이 일어날 가능성이 매우 높다.[42]

삼자원리를 잘 알고 충실히 따른 선교사들이라면 이러한 사역은 시작하지 않았거나 시작했다해도 현재와 같은 무책임한 몸집 불리기를 시도하지는 않았을 것이다. 삼자원리를 따른 선교사역은 처음부터 자립을 고려하면서 시작된다. 그러니까 결코 무리하게 돈을 투자하지 아니한다. 돈을 가지고 짧은 시간에 기가 막힌 결과를 내고자 하는 유혹을 처음부터 배제한다. 시간이 걸리지만 천천히 그러면서도 탄탄하게 기초를 쌓아간다. 아울러 현지인이 감당할 수 있을 정도로 사역이 성장하면 선교사는 또 다른 사역이나 다른 사역지를 찾아 나선다. 즉 삼자원리를 따르면 제한된 인적자원과 물적 자원이 일정지역에 과다하게 투자되거나 한 없이 낭비되는 것을 막을 수 있다. 즉 삼자원리를 따른다면 선교자금을 훨씬 더 많이 절약할 수 있고 절약한 자금을 다른 곳에 사용할 수 있을 것이다. 아울러 이 원리를 충실히 따를 때 선교사가 불필요하게 오래 한곳에 머물지 않게 되므로 제한된 인원으로 보다 큰 효과를 거둘 수 있게 된다.

3) 에큐메니칼 운동에 기여

현대는 약간의 예외를 제외하고는 "선교사를 보내는 교회"와 "선교사를 받는 교회" 또는 "어른" 교회들과 "어린" 교회들을 확연하게 구분하는 것이 선교에 도움이 안 되는 시대가 되었다. 선교는 더 이상 서구 세계에서 제3세계로의 일

---

42) 목만수, 『선교 신학 문화』, 218.

방통행이 되어서는 안되고 실제로 될 수도 없다. 이제는 오대양 육대주에 있는 모든 교회가 각자가 지닌 것을 내어놓고 그것들을 합하여 세계선교의 목표를 이루어가는 선교적인 교회가 되어야 한다. 즉 모든 교회가 "순종의 협력관계"를 이루면서 에큐메니칼적인 선교를 이루어가야 한다.[43]

흔히 삼자원리는 에큐메니칼 운동에 반하는 원리라고 오해되어지는 경향이 많다. 예를 들어 한국에서 네비우스 선교정책을 시행함에 있어서 각 교파 영역의 경계선을 설정하였는데, 이것으로 인해 한국교회가 분열되었다고 생각하는 경향이 있다. 분열의 원인이 이러한 지역 경계 분할에도 조금은 있었겠지만 사실 실제적인 분열의 이유는 매우 다양하였기에 지역 경계 분할만을 교회분열의 이유로 드는 것은 적절하지 않다. 그리고 실제로 경계선을 설정한 근본적인 취지는 선교를 수행하는 과정에서 불필요한 경쟁과 힘의 낭비를 막기 위하여 다른 교파들과의 효과적인 협력 선교 즉 에큐메니칼 선교를 하기 위하여 선린 우호적인 합의 아래 이루어진 것이었다.[44] 따라서 삼자원리를 에큐메니칼 정신에 반하는 원리로 보는 것은 오해이며, 삼자원리의 정신은 오히려 참된 에큐메니칼 정신에 합하는 선교원리라고 말할 수 있다.

오늘날 실제적으로 에큐메니칼 정신을 헤치는 것들은 무엇인가? 그것은 자신들을 드러내려는 과도한 경쟁심과 이기적인 파벌과 중복투자와 물량공세 그리고 제국주의적 거만함 등이다. 삼자원리의 참 정신은 이러한 자세들과는 거리가 멀다. 삼자원리는 유급 사역자의 고용을 최대한 자제하므로 유급 사역자를 고용하고 물량공세를 하여 재빠른 선교결과를 얻어 그것을 과시하고자 하는 사람은 결코 삼자원리를 따를 수 없다. 제국주의적 선교자세를 지닌 사람은 결코 삼자원리의 바른 정신을 실천할 수 없다. 삼자원리를 바로 이해한 선교사라면 자신

---

43) 보쉬, 『변화하고 있는 선교』, 562.
44) George Thompson Brown, *Mission to Korea* (Presbyterian Church U.S.: Board of World Missions, 1962), 16.

을 철저히 현지 교회를 세우기 위해 썩어지는 한 알의 밀알과 같은 존재로 여기므로 결코 자신을 현지인 위에 군림하는 자로 둘 수 없다. 삼자원리의 참 정신은 세례요한이 메시아를 위한 길을 예비하고 자신은 신속하게 무대에서 사라진 것처럼 현지인들을 위한 길을 예비해주고 선교사는 최단시일 내에 사라지는 것을 목표로 하기 때문에 경쟁심과 이기심 그리고 제국주의적 거만함을 지니고서는 결코 삼자원리를 수행할 수 없다. 아울러 바울은 로마 선교를 계획하면서, "…이는 남의 터 위에 건축하지 아니하려 함이라"(롬 15: 20)라는 말로 자신의 선교 철학을 표현하였는데, 바울의 이 정신에 가장 근접하는 자세가 바로 삼자원리라고 생각된다. 삼자원리의 기본적인 정신이 바로 개척지를 찾는 것이기 때문이다. 그리고 이러한 개척정신을 갖는 선교사는 업적경쟁, 중복투자, 자기 과시 등 에큐메니칼 정신을 헤치는 일을 멀리하는 일에 최선의 노력을 기울인다. 이러한 이유에서 삼자원리는 에큐메니칼 선교시대에도 아주 적합한 선교원리가 되는 것이다.

요약 및 전망

오늘날 선교지에서 가장 심각한 문제 중의 하나는 선교사에게만 의존하고 있는 교회들의 문제이다. 10년이 지나고 20년이 흘러도 선교사의 도움이 없이는 설 수 없는 교회들이 비일비재하다. 어느 날 선교사가 떠나는 날 이 교회들은 문을 닫거나 다른 용도의 건물로 바뀌어버릴 가능성이 매우 높다. 교회들이 이처럼 약하다보니 신학교들도 힘이 없기는 마찬가지다. 교회가 약하니 신학교를 후원할 수도 없을 뿐 아니라 신학교에 보내줄 신학후보생이 드물고 교회로부터 인적 물적 지원을 받지 못하는 신학교는 자연히 유약한 신학교로 남을 수밖에 없는 악순환이 지속되면서 선교지의 교회와 신학교 기타 시설들은 선교사의 손만 바라보는 실정이 지속되고 있는 것이 대다수의 상황임을 부인할 수 없다. 이러한 상황을 방지하고 해결하기 위한 가장 좋은 선교원리 중의 하나가 바로 삼자원리라고 할 수 있다.

물론 모든 원리가 그렇듯이 삼자원리 역시 완전한 선교원리는 아니며 문제점들을 내포하고 있다. 또 삼자원리만이 유일한 대답은 아니다. 삼자원리를 그대로 적용한다고 해서 문제가 쉽게 해결되고, 선교의 열매가 척척 맺힌다는 것은 아니다. 선교지에 따라서 삼자원리를 그대로 적용하기에는 무리가 되는 지역도 있을 것이다. 그러나 앞에서 살펴본 대로 삼자원리는 적은 인력과 재력으로 건강하게 서가는 자립교회를 만드는 데 매우 효과적인 전략이며 에큐메니칼 시대에도 적절한 전략이므로, 모든 선교사들과 선교하는 교회들이 반드시 고려해야 할 선교의 원리라 할 수 있겠다. 옛말에 "온고지신"이라는 말이 있다. "옛것을 익히고 그것으로 미루어 새 것을 안다"는 뜻이다. 삼자원리는 과거에 가장 핵심적인 선교원리로 쓰임 받았던 원리이다. 이것을 옛것이라고 무조건 무시할 것이 아니라 잘 익히고 여기에서 강조하는 것들을 잘 유의하여 비판적으로 수용 발전시키면 오늘의 선교현장에 매우 유익한 원리가 되리라 생각한다. 특별히 선교사만 의존하고 있는 유약한 교회들로 가득 찬 선교지를 새롭게 변화시켜 하나님 나라 확장에 훨씬 더 효과적으로 기여하게 하는 데 도움이 되리라고 본다.

CLC 도서안내

변화하고 있는 선교

Transforming Mission

데이비드 J. 보쉬 지음 / 김병길·장훈태 옮김
신국판 양장 / 816면

『변화하고 있는 선교』 가이드북

A Reader's Guide to Transforming Mission

스탠 너스바움 지음 / 최형근 옮김
신국판 / 264면

전 세계에서 가장 널리 사용되는 선교학 교과서 『변화하고 있는 선교』, 많은 사람들은 이 책의 내용을 정확하게 파악하기 어렵다고 한다. 그래서 스탠 너스바움은 보다 간결하고, 명확하며, 정확한 이해를 위해 『변화하고 있는 선교 가이드북』을 저술하였다. 『변화하고 있는 선교』가 놀이동산을 천천히 여행하는 것과 같다면, 『변화하고 있는 선교 가이드북』은 그 놀이동산 위를 빠르게 저공비행하는 것이라 할 수 있다.

성장하는 이슬람 약화되는 기독교

Rising Islam, Weakening Christianity

안승오 지음 / 사륙판 192면

본서는 기독교의 입장에서 이슬람을 바라보고, 동시에 이슬람을 보면서 기독교를 들여다보고 분석하였다. 따라서 본서를 통해 이슬람을 알게 될 뿐 아니라 동시에 기독교 우물 밖의 기독교를 알게 될 것이다.

현대선교의 핵심 주제 8가지
8 Crucial Issues in Contemporary Mission

2006년 9월 15일 초판 발행
2011년 4월 11일 개정증보판 발행

지은이 | 안 승 오

펴낸곳 | 사) 기독교문서선교회
등록 | 제16-25호(1980. 1. 18)
주소 | 서울시 서초구 방배동 983-2
전화 | 02) 586-8761~3(본사) 031) 923-8762~3(영업부)
팩스 | 02) 523-0131(본사) 031) 923-8761(영업부)
홈페이지 | www.clcbook.com
이메일 | clckor@gmail.com
온라인 | 국민은행 043-01-0379-646, 기업은행 073-000308-04-020
　　　　　예금주: 사)기독교문서선교회

ISBN 978-89-341-1077-4 (93230)
* 낙장 · 파본은 교환해 드립니다.